城市桥梁预制装配成套技术研究与应用

姜海西　编著

上海科学技术出版社

内 容 提 要

本书主要介绍了城市桥梁全预制装配设计施工关键技术研究的主要过程和核心成果，包括桥墩预制装配快速连接构造，预制装配快速连接构造试验研究，成套预制技术，成套装配技术，异形段节段拼装及防撞墙预制装配技术，BIM、二维码等信息化管理技术在预制装配项目中的应用，以及新型技术体系在上海嘉闵高架、S3公路等工程中的应用情况，是对上海地区近十年来在桥梁全预制装配技术领域研究与实践的系统总结。

本书将对从事桥梁全预制装配设计和施工的研究人员和工程师有积极的参考意义，有助于建筑工业化发展，提升上海乃至全国其他地区的桥梁装配式建造水平。

图书在版编目（CIP）数据

城市桥梁预制装配成套技术研究与应用 / 姜海西编著. -- 上海 : 上海科学技术出版社, 2021.9
ISBN 978-7-5478-5458-7

Ⅰ. ①城… Ⅱ. ①姜… Ⅲ. ①城市桥－预制结构－装配式构件－成套技术－研究 Ⅳ. ①U448.15

中国版本图书馆CIP数据核字(2021)第175464号

城市桥梁预制装配成套技术研究与应用

姜海西 编著

上海世纪出版(集团)有限公司
上 海 科 学 技 术 出 版 社 出版、发行
(上海钦州南路71号 邮政编码 200235 www.sstp.cn)
上海锦佳印刷有限公司印刷
开本 787×1092 1/16 印张 16.25
字数 375 千字
2021年9月第1版 2021年9月第1次印刷
ISBN 978-7-5478-5458-7/U·114
定价：120.00 元

编写委员会

序

随着我国城市化进程持续推进，城市高架桥梁在内的各类交通基础设施建设迅速发展。与此同时，人口红利逐渐消失，适龄及高素质劳动力短缺，社会公众对现浇施工引发的环境和交通影响日益敏感，加之国家层面越来越高的环保要求，均使城市高架桥梁建造方式亟须变革，传统的现浇模式显然已难以满足城市高质量发展的需求。所幸经济社会发展带来新的机遇，一是装备制造业的进步，使大型机械设备保有量大幅提升；二是材料科学发展，间接引发了土木工程材料的革新；三是整个社会的信息化应用逐渐普及，相关专业人才供应充足。这些都为建筑业向工业化、标准化、信息化方向转型发展奠定了坚实基础。城市桥梁全预制装配技术便是当下建筑业转型发展的历史趋势中具有代表性的先进技术体系之一。

本书以上海嘉闵高架(G2－S6)、S3公路高架桥梁建造为工程背景，介绍了桥梁预制装配设计施工关键技术研究的主要过程和核心技术成果，包括多种快速装配接头的设计，专利接头产品的研发，大比例尺静、动力模型试验验证，现代化的构件预制工厂和流水生产线设计，现场快速装配装置的开发，BIM、二维码等信息化管理手段，以及大型构件预制和现场装配的新型技术管理生产体系，是对上海地区近十年来在桥梁全预制装配技术领域研究与实践的系统总结。

本书兼具理论研究和实际操作的指导作用，对从事桥梁全预制装配设计和施工的研究人员和工程师将有积极的参考意义，有助于提升上海乃至全国的桥梁装配式建造水平。

2020年10月

前　言

随着城市的快速发展，交通压力日益严重，同时为了节约有限的土地资源，国内各大城市都开始建造大量的桥梁工程。但按照传统的现浇施工工艺，城市内桥梁工程建造过程本身会对已是建成区的城市造成巨大的伤害，主要带来了以下一系列问题：

(1) 现场需搭设大量支架和模板，施工过程安全风险大，监管工作量大、难度高、效率低(见图 1)。

图 1　传统支架施工方式容易造成坍塌事故

(2) 支架对空间的占用造成本来就很拥堵的交通雪上加霜，社会舆论反响强烈(见图 2)。

图 2　桥梁传统建造模式对城市既有交通影响非常大

(3) 大量的现浇工作造成施工效率低下、建造工期过长。

(4) 现场大规模作业模式产生了大量的声、光、尘、泥浆等污染，严重影响了城市自然环境和居民生活环境。

(5) 粗放型的施工模式导致行业整体能耗高，浪费严重。

同时，随着国民经济的发展，社会背景也发生了巨大的变化，如劳动力工资不断上涨、技术型劳动力储备严重不足、社会公众对改善环境和交通诉求日益高涨、国家越来越重视环保节能战略等。因此，城市高架桥梁的传统现浇施工工艺已不能满足社会发展的需求，必须寻求一种工厂化、快速化、集约化的城市高架桥梁桥墩建造施工工艺。

参考飞机、汽车等机械行业，以及装配式住宅的构件化生产、集成组装的现代化生产模式，城市高架桥梁桥墩也可以采用工厂预制、现场装配的建造模式，这种工艺已经被世界各国高度重视并进行深入研究。预制装配技术工艺相对于传统技术工艺主要有如下特点：

(1) 缩短工期。预制装配施工技术是将现场需要立模、绑扎钢筋及浇筑混凝土等的工作转到预制工厂，即立柱、盖梁等在基础工程完成之前就可以预制施工，把传统顺序施工过程变成并行的工序，通过合理安排预制、装配工序来加快施工进度，缩短施工工期。

(2) 降低施工对现有交通的干扰。立柱、盖梁构件工厂预制，由专用设备进行现场装配，可显著降低对施工场地周围城市正常交通的影响，减轻对周围环境的影响。

(3) 降低工程风险。减少大量的现场人工和人数，减少现场支架、钢筋、模板搭设和拆除工序，降低工人长时间高空作业，便于现场管理，减少施工危险。

(4) 提高工程质量。由于预制装配结构主要在工厂完成，质量稳定且有保证。同时预制装配对精度要求高的特性决定施工质量比传统施工质量要高，工厂化生产质量稳定，也利于质量和精度的控制。

(5) 当工程规模大时，可摊销降低工程成本。因为预制装配主要的投入是建造预制加工厂和购买相关的生产、吊装设备，通过大工程的实施，施工机械成本和预制生产成本均可以得到充分的摊销。

本书总结了上海地区自 2011 年以来桥梁全预制装配技术，特别是预制装配桥墩研究与应用的系列成果，包括了各类拼接接头的可靠性、结构体系的力学行为、现代化预制工厂、快速装配工艺及 BIM 在相关项目中的应用等一系列设计施工关键技术。主要内容如下：

(1) 依据桥梁预制构件特点、施工条件和所处工程环境等因素，研发了多种预制装配构件之间的连接构造和连接装置，如连接套筒、金属波纹管、高强无收缩压浆料、Pocket、Member socket 等。

(2) 开展了预制装配桥墩接缝力学行为、抗震设计和分析计算方法研究，包括预制装配构件在正常使用条件下预制构件裂缝控制、强度、刚度和耐久性等的设计理论和方法研究；预制桥墩抗震延性变形、破坏机理、倒塌模式、抗震设计和分析计算方法研究。

(3) 预制混凝土桥梁构件制备技术，主要内容为现代化的预制构件厂工装和流水线的集成预制工艺研发、信息化组织管控技术研究和相关配套机械化设备(如预制墩身、盖梁专用模板、吊具等)的集成研发，并进行了工程应用。

（4）进行了预制混凝土桥梁吊装、运输和现场装配等施工工艺研究，主要包括大型的运输设备、现场装配吊装设备、压浆设备、构件间装配对准技术、施工监控和施工组织管理等。研究内容包括信息化施工模拟分析与技术革新研究；配合吊装研发自动调整系统等相关产品，建立适应桥梁预制节段快速对准和装配的工法；高强度无收缩砂浆搅拌和压浆设备研发，并进行了工程实际应用。

（5）对城市高架异形段节段拼装及预制防撞护栏技术进行了初步研究。

本书的面世将有助于城市高架桥梁设计与施工向文明、耐久、美观、配置集约化、能源节约、人力资源合理配置的方向发展，并推动新型绿色产业链的形成，培育全预制装配桥梁技术相关设计单位、现代化预制梁厂、新型连接装置加工企业，扩大社会就业范围，促进上海市桥梁结构产业化发展，并引领全国预制桥梁结构的产业化发展。

作　者

目 录

第一章 桥梁全预制装配技术研究进展 / 1

第二章 桥墩预制装配快速连接构造 / 17

CHAPTER 1

第一章

桥梁全预制装配技术研究进展

1.1 国外桥梁全预制装配技术

1945—1948 年，法国学者 E. Freyssinet 首次采用预制节段施工法进行预应力混凝土主梁施工。1952 年，E. Freyssinet 的公司在一座单跨桥梁中第一次采用了节段密接匹配预制法，采用后张预应力将节段组合在一起[1,2]。1962 年，Jean Muller 改进了节段剪力键构造、密接匹配预制及装配工艺，并从法国推广到了美国。由 Jean Muller 设计的美国 Long Key 桥，于 1980 年竣工，是美国第一座采用预制节段逐跨装配施工的体外预应力混凝土桥梁，也是新一代的体外预应力混凝土桥梁。此后，结合体外预应力技术和先进架桥设备的标准化预制节段装配施工方法在全世界得到了发展[3,4]。20 世纪 70 年代，桥梁下部结构的预制节段装配施工技术在荷兰、美国等一些国家开始应用。美国的 Linn Cove 高架桥(见图 1.1)于 1978 年开始建造。该桥下部桥墩预制节段采用有黏结后张预应力筋连接，并采用环氧接缝构造增强耐久性。该桥通过采用预制装配技术顺利解决了环境制约与工程进度等问题，成为预制装配技术应用的一个典型工程范例[5]。

图 1.1 Linn Cove 高架桥(预应力筋连接构造)

此后，国外的研究人员和工程设计人员依据桥型特点、施工条件和所处工程环境等因素，对预制装配桥墩连接构造提出很多类型，主要可归结为采用有黏结后张预应力筋钢绞线(精轧螺纹钢)、灌浆套筒连接、波纹管连接方式、插槽式、承插式、钢筋焊接、搭接并采用湿接缝及混合方式实现连接等构造，实现预制桥墩之间、预制墩身与盖梁、预制墩身与承台的连接[6-9]。

1.1.1 有黏结后张预应力筋连接构造

在美国一些地震危险性低的地区，预制装配桥墩技术的应用逐渐增多，节段之间的装配连接技术为有黏结预应力筋环氧接缝连接方式。有黏结后张预应力筋连接构造往往配合砂浆垫层或环氧胶接缝构造实现节段预制桥墩的建造，方案中的预应力筋可采用钢绞线或精轧螺纹钢等高强钢筋，如图 1.2 所示。考虑到施工的便利性，通常采用预应力筋底部锚固在现浇承台中，在墩顶部张拉的方式；墩身节段间采用环氧树脂接缝，可以改善桥墩的耐久性。该构造的优点是预应力筋通过接缝，其强度、刚度等力学特性可靠，设计理论、计算分析及施工技术经验成熟，实际工程应用较多；不足是墩身在配有预应力筋的同时，还需要布置一定数量的构造配筋，墩身造价比传统现浇混凝土桥墩要高许多，施工工艺复杂，且施工时间较长，通常一个工序需要 1～3 d 时间。

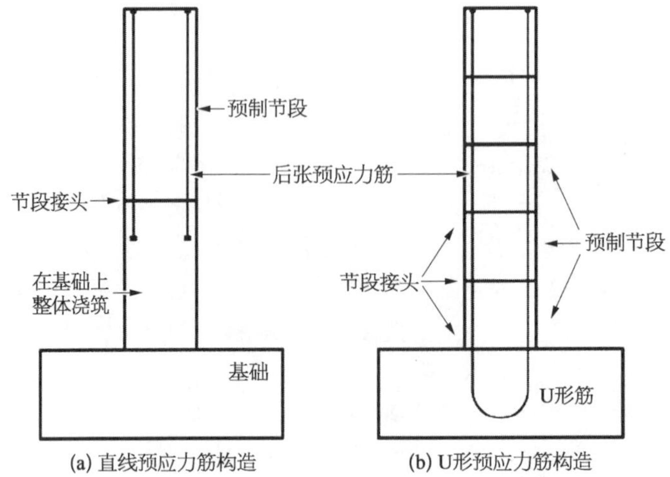

图 1.2　预制墩柱预应力筋装配连接构造示意图

具体实桥应用有如 Long key 桥（佛罗里达州，1980）、The Seven Mile 桥（1982）、Dauphin island 桥（亚拉巴马州，1982）、Sunshine skyway 引桥（1987）、Wando river 桥（南卡罗来纳州，1988）、James river 桥（弗吉尼亚州，1989）、Chesapeake and Delaware Canal 桥（1995）、183 号公路桥（得克萨斯州奥斯汀，1996）、Vail Pass 桥（科罗拉多州，1999）、Victory 桥（新泽西州，2005）等。

其中，The Seven Mile 桥上部结构和下部结构均采用预制装配技术施工，下部桥墩为匹配法预制的箱形墩，通过后张竖向预应力筋连成整体，18.3 m 高的桥墩一天可以建成，一周可以完成三跨 123 m 主梁的建造，是当时世界上最长的桥梁（见图 1.3）。美国得克萨斯州奥斯汀的 183 号公路桥建于 1996 年，主梁采用逐跨拼装施工方法，下部桥墩采用后张有黏结预应力筋连接的节段拼装施工方法（见图 1.4）。位于科罗拉多州的 Vail Pass 桥梁（见图 1.5），桥墩预应力筋布置为环向，顶部张拉。

图 1.3　Seven Mile 桥

图 1.4　美国得克萨斯州奥斯汀 183 号公路桥

图 1.5　Vail Pass 桥

1.1.2　灌浆套筒连接构造

灌浆套筒连接构造是预制墩身节段通过灌浆连接套筒连接伸出的钢筋，在墩身与盖梁或承台之间的接触面往往采用砂浆垫层，墩身节段之间采用环氧胶接缝构造，如图 1.6 所

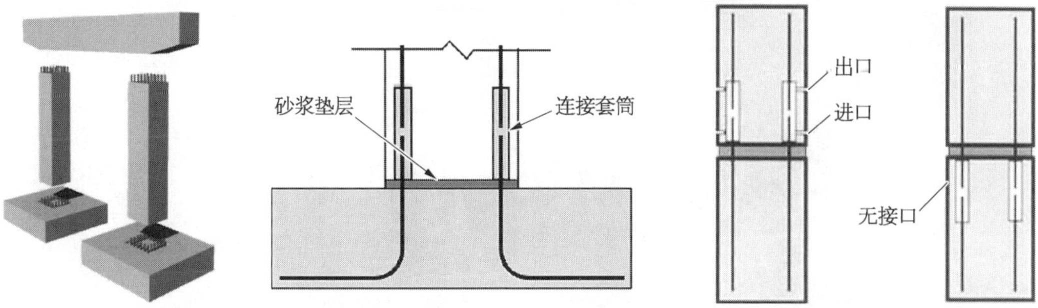

(a) 预制装配桥墩　　(b) 灌浆接套筒构造图

图 1.6　预制装配桥墩和灌浆连接套筒连接构造图

示。其构造特点是施工精度要求较高,现场施工所需时间短,约 1 d 或更少的时间后即可进行后续施工,现场工作量显著减小;相比后张预应力筋连接构造,造价较低;造价仅略高于传统现浇混凝土桥墩。其正常使用条件下的力学性能与传统现浇混凝土桥墩类似,因此具有一定的经济优越性。裂缝控制需要关注,此外,其抗震性能如何,尚需深入研究。

佛罗里达州 The Edison Bridge(见图 1.7)和佐治亚州 I-85 interchange 桥(见图 1.8)位于低地震危险性地区,共同特点是桥墩预制节段采用了灌浆套筒连接方式实现桥墩与承台、盖梁之间的连接。

图 1.7　佛罗里达州 The Edison Bridge

图 1.8　佐治亚州 I-85 interchange 桥梁立柱装配

另外,美国 I－5 Grand Mount to Maytown I/C 2－span Precast Girder Bridge 于 2011 年夏天建成。该桥位于华盛顿州高地震危险性地区,是第一座考虑抗震性能的采用预制装配技术建造下部桥墩的桥梁工程。预制立柱划分为 3 个节段,立柱节段间采用大直径粗钢筋并通过灌浆套筒连接形成整体的技术建造,如图 1.9 所示。

图 1.9 佐治亚州 I－5 Grand Mount to Maytown I/C · 2－span Precast Girder Bridge 桥梁立柱装配

1.1.3 灌浆金属波纹管连接构造

该构造常用于墩身与承台或墩身与盖梁的连接,预制墩身通过预埋于承台或盖梁内的灌浆金属波纹管连接墩身内伸出的钢筋,在墩身与承台或盖梁之间的接触面往往采用砂浆垫层,墩身节段之间采用环氧胶接缝构造,如图 1.10 所示。该构造与灌浆套筒连接构造类似,现场施工时间短,通常在 1 d 内即可开展后续施工。不同的是,需要预制墩身钢筋的伸出量较长,需要满足纵筋足够的锚固长度。目前,国外已有少数桥梁使用这种连接构造进行施工,高地震危险区域内应用较少,其抗震性能如何仍在研究中。

图 1.10 灌浆金属波纹管连接

2002 年,得克萨斯州 SH66 over Lake Ray Hubbard Bridge 预制盖梁与现浇墩身之间采用了大直径粗钢筋和金属波纹管的连接构造技术。其后,美国又有几座桥的预制盖梁与墩身采用这种连接构造进行施工(见图 1.11)。

图 1.11　金属波纹管连接构造

1.1.4　承插式连接构造

承插式连接构造是将预制墩身插入基础对应的预留孔内，插入长度一般为墩身截面尺寸的 1.2～1.5 倍，底部铺设一定厚度的砂浆，周围用半干硬性混凝土填充(见图 1.12)。优点是施工工序简单，现场作业量少；缺点是接缝处的力学性能，特别是抗震性能，尚需进一步研究。美国一些桥梁采用该连接构造进行建造。

图 1.12　承插式立柱装配

1.1.5 插槽式连接构造

这种连接构造如图 1.13 所示，主要用于墩身与盖梁、桩与承台处的连接。与灌浆套筒、金属波纹管等相比，优点是所需施工公差可以大一些，现场需要浇筑一定的混凝土，所需时间在 2 d 左右。

图 1.13 插槽式连接构造

美国得克萨斯州在 1994 年完工的 Redfish Bay Bridge 中采用了插槽式连接构造进行施工，如图 1.14 所示。

图 1.14 插槽式连接构造

1.1.6 钢筋焊接或搭接并采用湿接缝构造

预制装配桥墩预先伸出一定数量的钢筋以便与相邻构件预留钢筋搭接，需设临时支撑，钢筋连接部位需通过后浇混凝土（湿接缝）方式连接。采用该构造建造桥墩，力学性能往往与传统现浇混凝土桥墩类似，但湿接缝的存在会增加施工时间、现场钢筋搭接和浇注的作业量，从快速施工角度考虑，该方案存在一定不足。

1.1.7 其他构造

近年来国内外一些研究人员还提出一些其他类型的预制墩身节段连接构造，如增设耗能钢筋连接构造、混合式连接构造等(见图 1.15)，但由于种种限制条件，目前仍处于学术研究阶段。

图 1.15 中心无黏结预应力筋配合耗能装置、设置橡胶垫块构造、整体式构造

日本于 2007—2008 年开展了预制阶段装配桥墩的研究，提出了一些连接构造(见图 1.16)，并开展了相关的抗震性能研究。

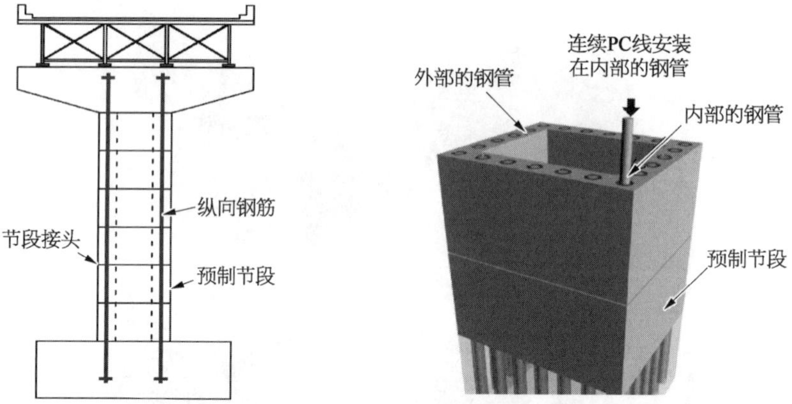

图 1.16 预应力筋与普通钢筋混凝土联合使用的连接构造

1.2 国内桥梁全预制装配技术

国内于 20 世纪 90 年代初开始了预制装配桥墩的研究，早期采用预制桥墩施工技术的桥梁工程有北京积水潭桥试验工程，近年来在东海大桥(见图 1.17)、杭州湾大桥、上海长江大桥、港珠澳大桥(见图 1.18)等跨海、跨江长大桥梁工程中，都采用节段装配桥墩的施工方

案。其中，北京积水潭桥试验工程中的5座桥梁为承插式预制钢筋混凝土墩；东海大桥海上段20 km左右的梁桥，下部结构墩身采用钢筋焊接或搭接并采用湿接缝连接构造的预制节段装配施工技术，主梁采用大吨位整体吊装技术施工。这些技术的采用确保了大桥顺利建成，这也是目前国内较多采用的节段装配桥墩的设计思路[10-15]。

图 1.17　东海大桥桥墩预制装配(湿接头)

图 1.18　港珠澳大桥桥墩预制装配(湿接头)

国内一些学者也对预制装配桥墩各种连接类型构造开展了力学行为研究。2008—2010年，王志强、葛继平等学者开展了预应力筋连接方式预制装配桥墩抗震性能试验和数值分析研究[16-19]。2011年，布占宇、唐光武等学者开展了节段装配混凝土桥墩抗震性能数值分析研究，利用纤维模型方法对无黏结预应力节段装配桥墩进行了拟静力试验仿真分析，通过与试验结果的比较验证了计算方法的正确[20]。

另外，我国台湾地区台中市生活圈4号线桥北段及大里联络道工程桥梁(2010)为城市快速路[21,22]，下部桥墩采用预制装配后张有黏结预应力、环氧接缝连接构造施工技术建造(见图1.19)。

图 1.19　台中生活圈4号线桥

表 1.1 和表 1.2 从技术完备性和综合性技术指标等角度对上述几种预制装配连接构造进行简要的比较。

表 1.1　各种预制装配连接方式技术成熟度对比

连接构造类型	有黏结预应力筋	灌浆套筒	波纹管	插槽式	湿接缝	承插式
理念接受度	100%	100%	100%	100%	100%	100%
设计理论	100%	75%	75%	75%	100%	75%
地震响应数值分析	75%	25%	50%	25%	50%	50%
抗震试验	75%	25%	50%	25%	50%	75%
设计及施工指南	75%	25%	25%	50%	50%	50%
非地震区实际桥梁工程应用	已有应用	已有应用	已有应用	已有应用	已有应用	已有应用
地震区实际桥梁工程应用	已有应用	试验桥应用	试验桥应用	暂无	已有应用	已有应用

表 1.2　各种预制装配连接方式综合性能对比(同现浇混凝土模式相比)

连接构造类型	有黏结预应力筋	灌浆套筒	波纹管	插槽式	湿接缝	承插式
抗震性能	稍逊	稍逊	相当	相当	相当	相当
耐久性	相当	相当	相当	相当	相当	略好
可检查性	相当	相当	相当	相当	相当	相当
施工风险(对精度要求)	高	高	高	略低	低	低
施工速度	较慢	非常快	非常快	较慢	慢	快

1.3　国内全预制装配桥梁典型案例

1.3.1　嘉闵高架北段二期工程

嘉闵高架是虹桥综合交通枢纽外围快速路系统“一纵三横”中的“一纵”,上海嘉闵高架北段二期工程全长约 6.8 km,全线采用“主线高架”加“地面道路敷设”形式,其中工程 3 km 长的高架结构采用全预制装配式,即除桩基和承台外,立柱、盖梁、带防撞护栏小箱梁等均为工厂预制、现场装配。预制装配桥墩采用了灌浆套筒连接的施工工艺,承台以上结构预制率 82%以上。它是我国首座桥梁下部结构大规模应用灌浆套筒连接的全预制装配式城市高架桥,也是上海市第一个大面积推广采用桥墩全预制装配的示范项目(见图 1.20)。为配合工程实施,建立了国内首个生产桥梁下部结构预制构件的现代化预制厂(见图 1.21)。在上部结构方面,国内首次应用免焊接新型桥面板小型湿接缝构造(见图 1.22),首次实现小箱梁边梁和防撞墙同步预制装配(见图 1.23)。这些都颠覆了传统城市高架桥梁的施工模式,使文明施工和社会影响得到革命性的改善。

图 1.20　嘉闵高架北段二期工程盖梁装配

图 1.21　下部结构现代化预制厂

图 1.22　小箱梁免焊接小型桥面湿接缝

图 1.23　小箱梁边梁与防撞墙同步预制装配

1.3.2　中环国定东路下匝道工程

上海中环线内圈国定东路下匝道工程地处繁华的杨浦区市级商圈，位于五角场环岛“彩蛋”以东约 120 m 处，主线桥梁拼宽 4.35 m 沿翔殷路与中环线并行约 200 m；至国定东路路口右转后匝道桥宽变为 8 m，匝道向南延伸约 320 m 跨规划安波路后落地；匝道工程全长约 520 m(见图 1.24)。该工程是上海中环内首个全预制装配桥梁项目，是国内首次应用灌浆金

图 1.24　中环线国定东路下匝道效果图

属波纹管连接的桥梁工程(见图 1.25),创纪录地仅用 25 d 完成全部立柱、盖梁、混凝土小箱梁、钢箱梁的现场安装工作。施工全部在夜间进行,白天社会交通不受影响。工程预制装配率达 81.7%,在国内遥遥领先,被列为上海市交通建设工程首批装配式示范项目,也是杨浦区基础设施建设“双十”重大项目。

图 1.25　灌浆金属波纹管连接

1.3.3　S7 公路新建工程

S7 公路(S20 -月罗公路)是上海规划高速公路网“十二射”中东北方向的重要射线,南起 S20 - S6 立交,北至月罗公路跳水台,线路全长 8.7 km。线路在宝安公路南北两侧,月罗公路南侧设置平行匝道,与 S20、S6 及 G1503 为全互通立交。S7 公路建设继续引领“桥梁全预制装配”技术革新和推广,坚持低碳、环保和绿色的建筑工业化发展道路,在立柱、盖梁和小箱梁装配的基础上,对悬臂装配分节盖梁、组合梁桥面板、桥台(插槽式)、箱涵、挡土墙、防汛墙、防撞墙、排水沟、管理用房等工程结构均成功应用了装配式技术,实现了国内桥梁工程预制装配的多个首次。首次实现匝道桥台的预制装配(见图 1.26),成功应用插槽式装配连接

图 1.26　预制装配桥台

图 1.27　盖梁节段悬臂装配

构造；首次实现采用胶接缝的盖梁节段拼装和超重门墩盖梁的无支架装配（见图 1.27、图 1.28），解决了超重盖梁运输和吊装难题；首次实现了跨路箱涵的预制装配（见图 1.29）；首次实现了地面中小桥全预制装配（见图 1.30），项目装配化率达到 95%以上，是目前我国预制装配率最高、装配构件种类最多的公路桥梁项目。

图 1.28　门式墩盖梁装配

图 1.29　预制箱涵

图 1.30　地面中小桥全预制装配

CHAPTER 2

第二章

桥墩预制装配快速连接构造

国内的跨海大桥桥墩预制装配技术采用的通常是湿接头模式，即桩基、承台(预制)、预制立柱之间预留一定长度的钢筋在现场焊接并后浇混凝土的工艺形式。这种模式现场工作量较大，占用的时间较长，并不符合在城市内建造桥梁的实际情况，因此必须研发适应交通繁忙建成区的快速连接构造。

2.1 灌浆套筒连接构造

灌浆套筒连接构造的力学机理是通过高强无收缩水泥灌浆料填充在钢筋与连接套筒间隙，硬化后形成接头，将一根钢筋中的力传递至另一根钢筋的连接构造[23-29](见图 2.1)。其组合体系横剖面如图 2.2 所示。

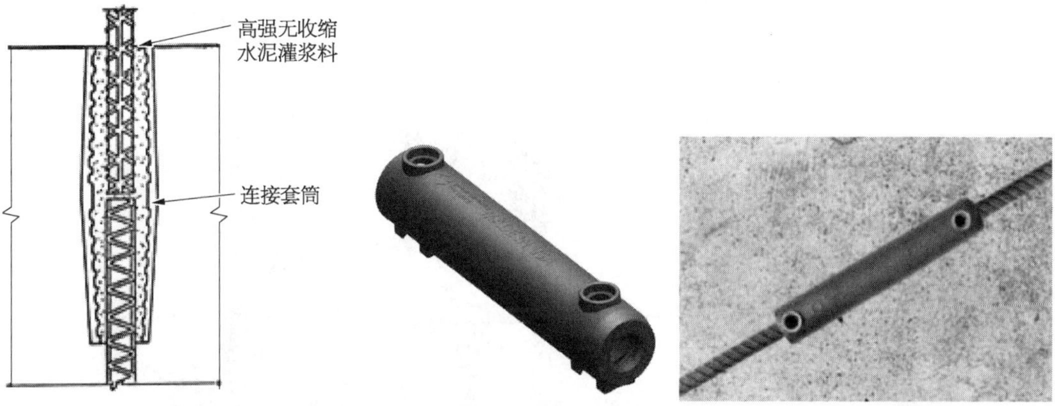

图 2.1 灌浆套筒连接示意图

图 2.2 灌浆套筒横剖面图

2.1.1 套筒构造

灌浆连接套筒的作用是将一根钢筋的力传递至另一根钢筋，需要承受相应的荷载，因此在套筒构造设计时需要保证一定的壁厚和齿状构造。其横断面图如图 2.3 所示。

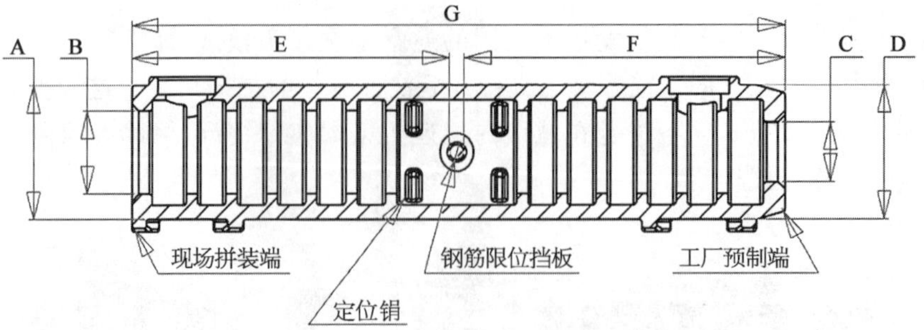

图 2.3 灌浆套筒横断面示意图

从筒身构造来讲，整体灌浆连接型套筒一端为工厂预制安装端，另一端为现场装配端，套筒中间应设置钢筋限位挡板。同时，考虑到地震时的抱箍作用，应保证在压浆口下缘布置一道箍筋。因此，压浆口下缘与端部净距应大于 20 mm。

常见的灌浆套筒为两端均为灌浆连接(整体灌浆连接)(见图 2.4)。另外，考虑到机械连接的可靠性，在工厂预制安装端可以采用机械套筒连接模式(一端灌浆连接一端机械连接型套筒)(见图 2.5)。

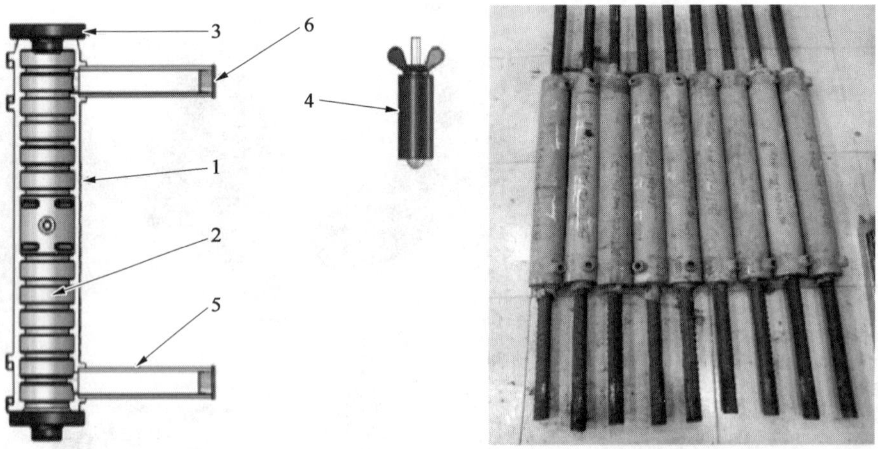

(a) 整体灌浆连接型套筒示意图

(b) 整体灌浆连接型套筒实例图

图 2.4 整体灌浆连接套筒

1 -套筒筒体；2 -高强灌浆料；3 -止浆塞；4 -定位销；5 -进浆口；6 -出浆口

灌浆套筒材质可以采用不锈钢或者铸铁，但由于球墨铸铁具备良好的物理、力学、机械加工性能，同时强度-成本比优势非常明显，因此建议采用球墨铸铁。

2.1.2 高强无收缩水泥灌浆料

高强无收缩水泥灌浆料套筒连接中需使用填充料的物理力学指标是保证结构安全、可靠、耐久和可施工性的重要因素，特别是要求其强度高、收缩小、工作度好等，以进一步减少钢筋与高强砂浆的锚固长度，进一步缩短套筒的长度。

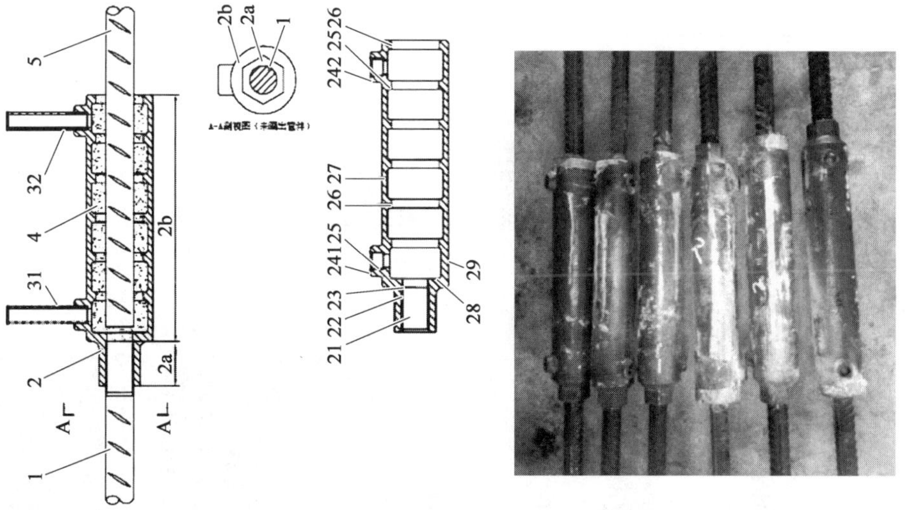

(a) 一端灌浆连接一端机械连接型套筒　　(b) 一端灌浆连接一端机械连接型套筒

图 2.5　一端灌浆连接一端机械连接套筒

1、5 -带肋钢筋；2 -套筒；2a -多边形柱体；2b -圆柱体；4 -灌浆料；21 -通孔；22 -内螺纹；23 -台肩；241 -凸台Ⅰ；242 -凸台Ⅱ；25 -内螺纹通孔；26 -圆柱状凸肋，26 凹槽；28 -多边形柱体底面；31、32 -管件

为保证上述性能，根据目前世界上高强混凝土及高强砂浆材料的应用和发展，高强无收缩水泥灌浆料的组分可以水泥作为结合剂，辅以高强骨料及高性能外加剂，如石英粉、微硅粉、纳米硅、聚羧酸减水剂等。其控制的指标主要包括流动度、抗压强度、竖向自由膨胀率、氯离子含量、泌水率等。

2.1.3　高强灌浆料—套筒组合体系控制指标

用于预制装配桥墩的高强灌浆料—套筒组合体系，需满足现行国家行业标准《钢筋机械连接技术规程》(JGJ 107—2016)中对连接套筒性能的要求，同时考虑到塑性铰区反复地震荷载下套筒内钢筋存在拔出的风险，会导致立柱承载力和延性能力降低，因此提出断于母材，即组合体系的抗拉强度不小于被连接钢筋的实际拉断强度。

其中，对于高强无收缩水泥灌浆料，在参考国外和国内房屋建筑预制装配相应灌浆料技术指标的基础上，经大量的基础试验，得出了适用于灌浆套筒的具体技术指标(见表 2.1)。

表 2.1　高强无收缩水泥灌浆料技术指标

检　测　项　目		性 能 指 标
流动度	初始	≥300 mm
	30 min	≥260 mm
抗压强度	1 d	≥35 MPa
	3 d	≥60 MPa
	28 d	≥100 MPa
竖向自由膨胀率	24 h 与 3 h 差值	0.02%～0.50%

续表

检 测 项 目	性 能 指 标
氯离子含量	≤0.03%
泌水率	0.00%

同时，对于套筒筒体而言，为保证钢筋、灌浆料及套筒体系可靠，根据试验得出，套筒内高强灌浆料与钢筋锚固长度不能小于 $10d_s$（d_s为被连接纵向钢筋直径）；套筒下端应设置压浆口，套筒上端应设置出浆口，安装时套筒方向应正确。

2.1.4 高强灌浆料—套筒组合体系配件

为满足预制和装配施工，灌浆连接套筒生产厂家应提供一整套配件，包括压浆管、出浆管、压浆后的止浆塞、厂内预制用的定位销等。其中，压浆管、出浆管宜为非金属材料，如图 2.6 所示。

图 2.6 连接套筒及其整套配件

2.2 灌浆金属波纹管连接构造

灌浆金属波纹管连接构造的力学机理是通过高强无收缩水泥灌浆料填充在钢筋与金属波纹管间隙，硬化后形成对钢筋的锚固构造[30-36]（见图 2.7）。其组合体系横剖面示意图如图 2.8 所示。

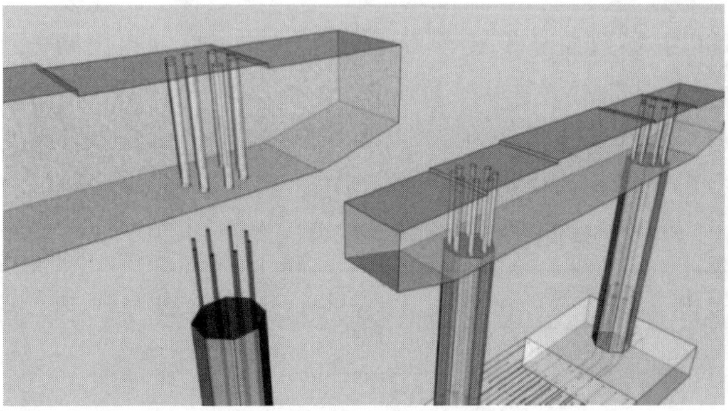

图 2.7 灌浆金属波纹管连接示意图

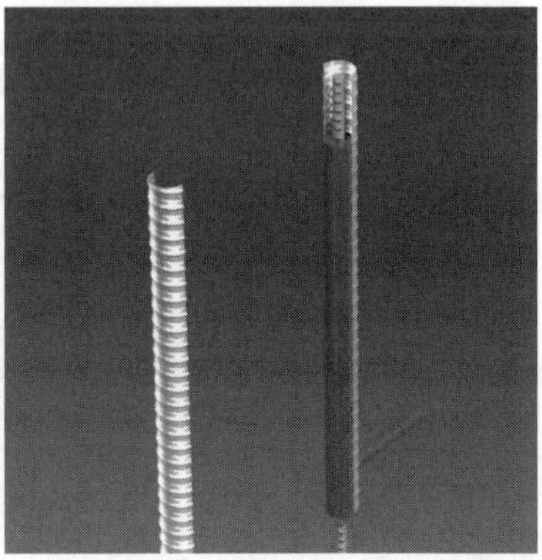

图 2.8 灌浆金属波纹管组合体系横剖面示意图

为保证钢筋、波纹管与混凝土三者锚固可靠和耐久性，波纹管材质应为防腐性能较好的金属材质，形状应为圆形。因此，建议采用圆形镀锌波纹管或者不锈钢波纹管（见图 2.9）。

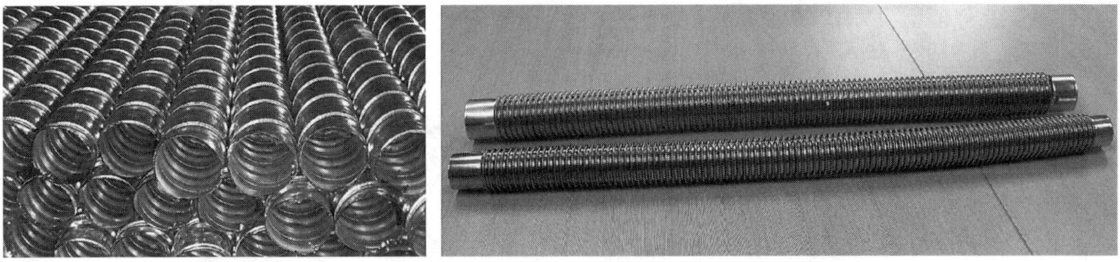

图 2.9　金属波纹管实物图

我国《公路钢筋混凝土及预应力混凝土桥涵设计规范》(JTG D62—2004)及《公路桥梁抗震设计细则》(JTG/T B02-01—2008)对受拉直筋锚固强度大于C40混凝土,建议锚固长度大于$30d_s$,考虑抗震影响,建议增加$10d_s$。美国AASHTO建议的锚固长度计算见下式:

$$Max\left(\frac{0.02A_b f_y}{\sqrt{f'_c}}\times 0.8\times 0.75, 0.06d_b f_y\right)\approx 24d_b$$

考虑到预制立柱中金属波纹管灌浆料强度可达100 MPa,波纹管中钢筋的锚固长度可适当缩短。根据试验研究,为确保灌浆金属波纹管连接可靠,金属波纹管应符合国家现行标准《预应力混凝土用金属波纹管》(JG 225)的相关规定,全长不应小于$24d_s$(d_s为被连接纵向钢筋直径),且不得拼接;内径不宜小于d_s(d_s为被连接纵向钢筋直径)+40 mm,内径尺寸允许偏差为±0.5 mm;对于内径不大于10 cm的波纹管,其钢带厚度(壁厚)应不小于0.45 mm,波纹管肋高应不小于3.10 mm。

同时,为保证压浆质量,压浆顺序应由下至上,并保证在压浆口下缘布置一道箍筋。因此,压浆口下缘与端部净距应大于20 mm。

金属波纹管内填充的灌浆料性能要求同表2.1中所制定的高强无收缩水泥灌浆料相关指标。

2.3　承插式连接构造

承插式连接构造类似于建筑上采用的杯形基础[37-39],主要应用于桥梁立柱与承台的快速连接。承插式连接构造可采用两种方式:一是承台浇筑时预留比立柱稍大的孔洞,待承台浇筑完成后将立柱安放在孔洞内,并填充高强度混凝土;二是立柱临时搁置在地坪上,待承台钢筋绑扎完成后一次性浇筑完成。其结构示意图如图2.10所示。

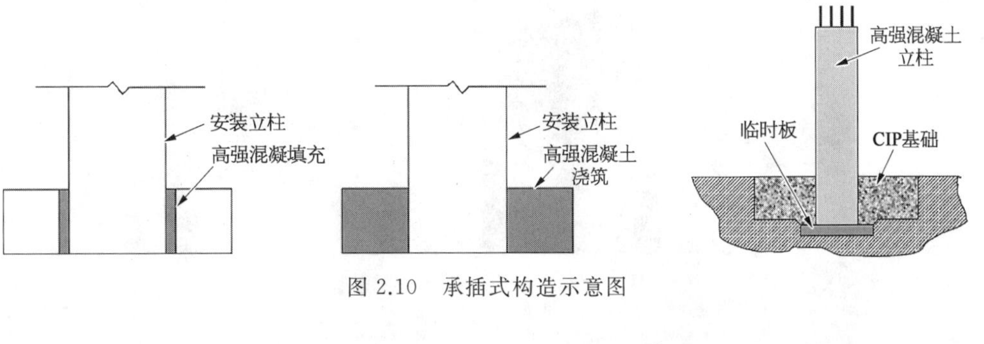

图 2.10　承插式构造示意图

对于承台预留孔洞的施工方式，立柱上需设置剪力键。剪力键的形式可以是波浪形的齿口(见图 2.11)；对于承台钢筋后绑扎的方式，可以在立柱柱身上预留钢筋后穿所需的孔洞。

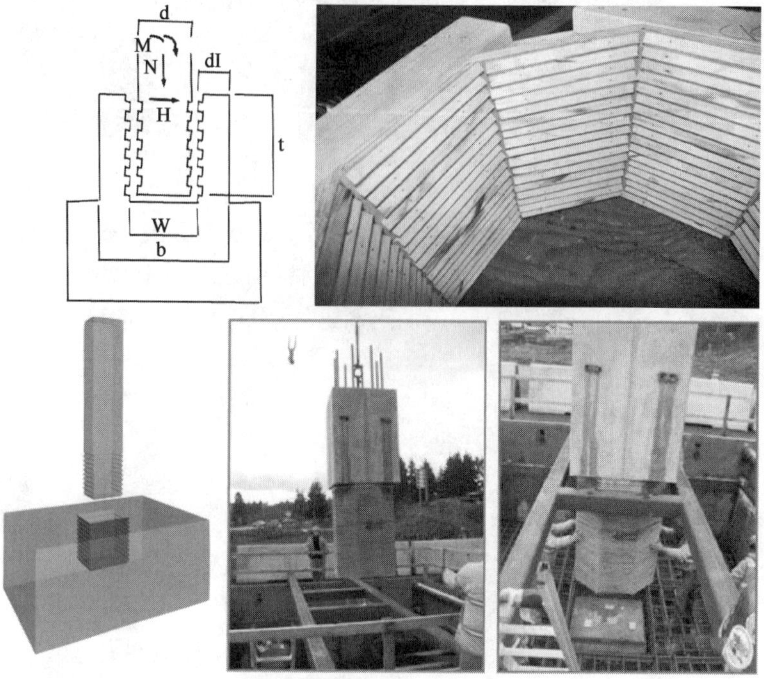

图 2.11　承插式立柱剪力键构造示意图

2.4　插槽式连接构造

插槽式连接构造是在上一层桥梁构件中设置一个比下一层构件尺寸稍大的带有剪力键的孔洞[40-43]。插槽式连接构造可应用于桩基与承台、立柱与盖梁的连接。考虑到浇筑混凝土需设置模板，可在构件中放置大型波纹管(见图 2.12)。

图 2.12　插槽式连接构造示意图

CHAPTER 3

第三章

预制装配快速连接构造试验研究

为研究不同轴压比与剪跨比下节段预制立柱的滞回特性、延性变形、接缝处的非线性力学行为、损伤和破坏机理等，并探讨提高节段预制立柱抗震性能的构造形式，本章以典型实际工程桥墩构造为原型，通过对各种连接构造方案的节段预制立柱试件的拟静力试验和有限元数值分析，进行矩形实心节段预制立柱的低周反复水平加载缩尺试验研究、试件设计结合施工方式及经济性等因素。具体试验研究目的如下：

(1) 研究施工缺陷对普通钢筋混凝土桥墩的破坏形态、滞回耗能、位移、延性能力等抗震性能的影响。

(2) 比较普通钢筋混凝土桥墩和节段预制立柱的破坏形态、滞回耗能、位移、延性能力等抗震性能的异同。

(3) 研究在实际工程中采用大直径钢筋配筋的节段预制装配桥墩的破坏形态、滞回耗能、位移、延性能力等抗震性能。

(4) 比较在相同直径主筋条件下采用半套筒连接和全套筒连接的节段预制立柱的破坏形态、滞回耗能、位移、延性能力等抗震性能。

(5) 通过不同轴压比与剪跨比下预制装配单柱墩抗震性能试验，深入了解桥墩的破坏机理，普通钢筋和混凝土的变化规律、塑性铰区的变形、塑性铰的长度及装配接缝处的非线性力学行为等，并验证配筋构造等细节的合理性。

(6) 开展节段预制立柱抗剪强度(主要是接缝处抗剪行为)试验研究，确保节段预制立柱不发生剪切破坏。

(7) 借助拟静力试验，一方面可研究试件本身的抗震性能，另一方面为校正有限元数值分析模型、开展相关设计参数敏感性分析研究提供基础的试验数据，并为工程设计提供依据。

3.1 试件设计

3.1.1 试件描述

对于节段预制装配桥墩，连接构造及接缝是设计的关键，考虑到城市高架桥实际工程施工特点，即要求快速施工且对周围交通、环境干扰小，选定灌浆套筒连接构造方案，接缝采用高强砂浆接缝，并基于此开展此类预制装配桥墩抗震性能的研究。

由于金属波纹管连接模式只需满足一定的锚固长度即可，因此本研究只针对灌浆套筒、插槽式及承插式连接构造。设计试件构造如下：

1) 灌浆套筒连接试件

灌浆套筒预埋在墩身底部，钢筋绑扎、灌浆套筒定位、压浆等施工工艺相对简单，但灌浆套筒所在墩身区段的刚度、强度较大，可能会在墩底砂浆垫层接缝处形成薄弱面，纵筋发生局部屈曲、断裂、墩身与承台间发生剪切错动的可能性较大。此外，还可能提高塑性铰区的高度。

灌浆套筒预埋在承台顶部，节段预制立柱的性能近似传统现浇钢筋混凝土桥墩，但是施工工序相对复杂，如灌浆套筒的定位、承台顶层钢筋的绑扎、灌浆套筒处箍筋的绑扎等。

针对灌浆套筒可能的预埋位置和构造特点，分别设计 3＃、4＃与 6＃、7＃试件，即灌浆套筒分别预埋在预制墩身底部和承台顶部的节段预制立柱试件。

1＃试件设计为无施工缺陷现浇普通钢筋混凝土桥墩，作为灌浆套筒连接构造的预制装配桥墩抗震性能研究的比较基准。

2＃试件设计为有施工缺陷现浇普通钢筋混凝土桥墩，以用于研究施工缺陷对混凝土立柱抗震性能的影响。

5＃试件设计为现浇普通钢筋混凝土矮墩，作为灌浆套筒连接构造的预制装配矮墩抗震性能研究的比较基准。

2）插槽式及承插式连接试件

插槽式连接是将桥墩钢筋插入盖梁的预留孔内，插孔由钢波纹管和顶底面的钢筋构成，盖梁安装就位后，在孔内浇筑混凝土。该构造已在一些桥梁工程中得到应用，主要用于墩身与盖梁、桩与承台处的连接。与灌浆套筒、灌浆波纹管等连接构造相比，优点是施工精度要求较小；不足是该连接构造需要在现场浇筑一定量的混凝土，等待 2 d 左右才可以进行后续施工。

承插式连接是将预制墩身插入基础的预留孔内，桥墩与基础之间没有钢筋连接，底部铺设一定厚度的砂浆，基础可以现浇，也可以预制。该连接构造的优点是施工工序简单，现场作业量少。但关于节点处的力学行为、墩柱埋入深度与墩柱尺寸的关系、插孔粗糙度等问题，还有待进一步研究。目前，美国的一些桥梁已采用了该连接构造进行建造。

针对插槽式及承插式连接方式，分别设计 12＃～14＃试件。

其中，12＃为现浇普通钢筋混凝土桥墩，作为插槽式连接构造的预制装配桥墩抗震性能研究的比较基准。13＃为插槽式连接预制墩-盖梁装配试件，14＃为承插式连接预制墩-盖梁装配试件。

所有试件的构造特点和具体试验研究内容见表 3.1，试件构造示意图如图 3.1 所示。

表 3.1　试件说明和研究内容

试件编号	试　件　类　型	试验研究内容
1＃(新)	现浇普通钢筋混凝土单柱墩试件(无施工缺陷)	作为节段预制立柱(灌浆套筒连接)抗震性能研究的比较基准
1＃(旧)	现浇普通钢筋混凝土单柱墩试件(有施工缺陷)	研究施工缺陷对混凝土立柱抗震性能的影响
2＃	灌浆套筒预埋在墩底的节段预制立柱单柱墩试件(轴压比 0.1)	研究连接套筒设置在墩身内的塑性铰长度、墩柱的抗震性能
3＃	灌浆套筒预埋在墩底的节段预制立柱单柱墩试件(轴压比 0.2)	研究连接套筒设置在墩身内的塑性铰长度、墩柱的抗震性能
4＃	现浇混凝土单柱墩试件(剪跨比 1/1.7)	作为节段预制立柱抗震性能研究的比较基准
5＃	连接套筒预埋在承台的节段预制立柱单柱墩试件(剪跨比 1/0.85)	研究连接套筒设置在承台内的墩柱的抗剪性能
6＃	连接套筒预埋在承台并设有剪力键的节段预制立柱单柱墩试件(剪跨比 1/0.85)	研究连接套筒设置在承台内的墩柱的抗剪性能
7＃	40 mm 主筋采用全套筒连接节段预制单柱墩试件	实际工程中大直径钢筋配筋的节段预制立柱的抗震性能
8＃	40 mm 主筋采用半套筒连接节段预制单柱墩试件	对比 7＃试件，研究采用半套筒连接对立柱抗震性能的影响

续表

试件编号	试 件 类 型	试验研究内容
9#	32 mm 主筋采用全套筒连接节段预制单柱墩试件	实际工程中大直径钢筋配筋的节段预制立柱的抗震性能
10#	32 mm 主筋采用半套筒连接节段预制单柱墩试件	对比 9# 试件,研究采用半套筒连接对立柱抗震性能的影响
11#	现浇普通钢筋混凝土墩-承台试件	作为节段预制立柱(插槽式连接)抗震性能研究的比较基准
12#	承插式连接预制墩-承台装配试件	研究该构造下预制装配桥墩抗震性能及损伤机理等
13#	插槽式连接预制墩-盖梁装配试件	研究该构造下预制装配桥墩抗震性能及损伤机理等

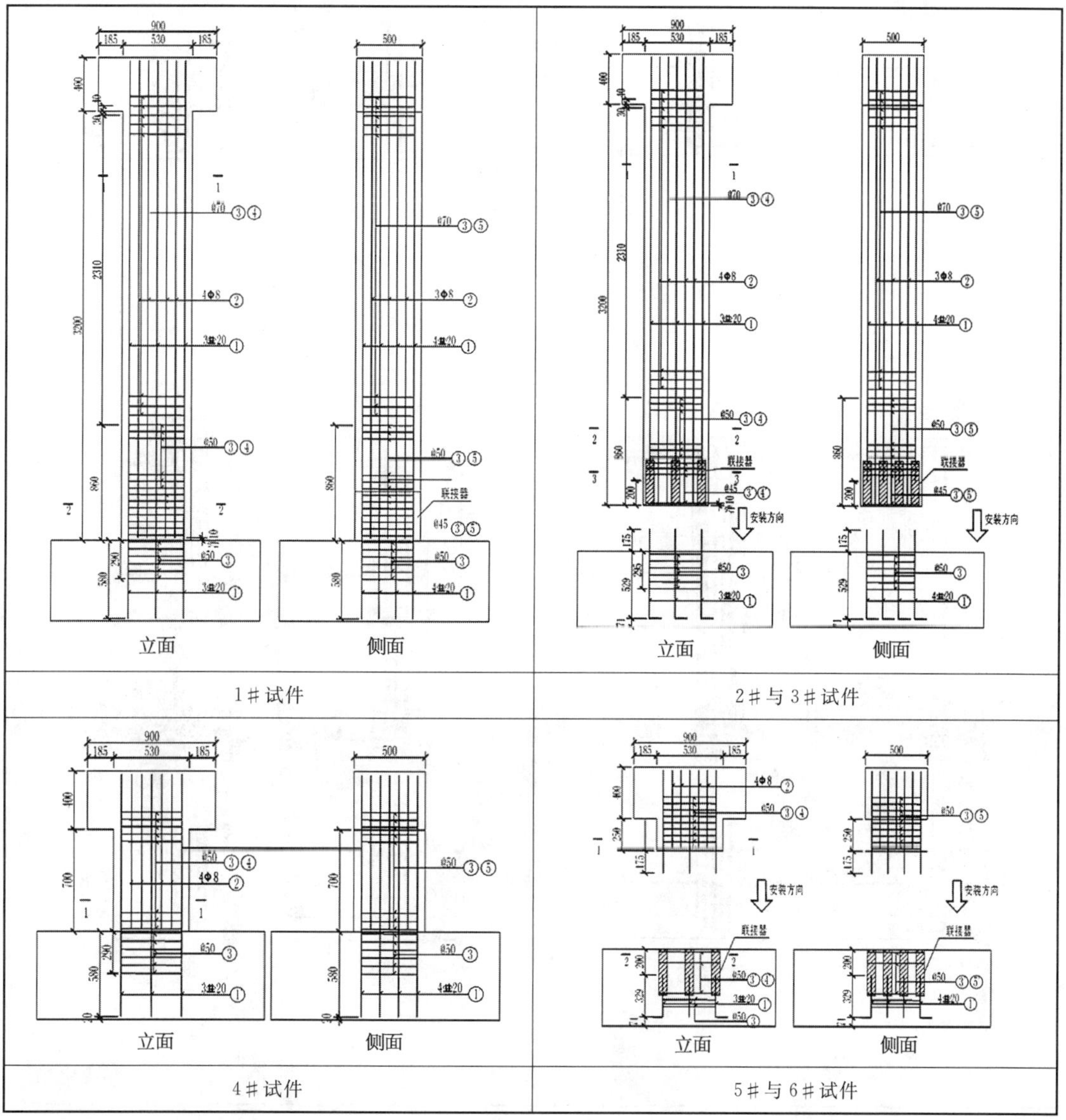

(a)

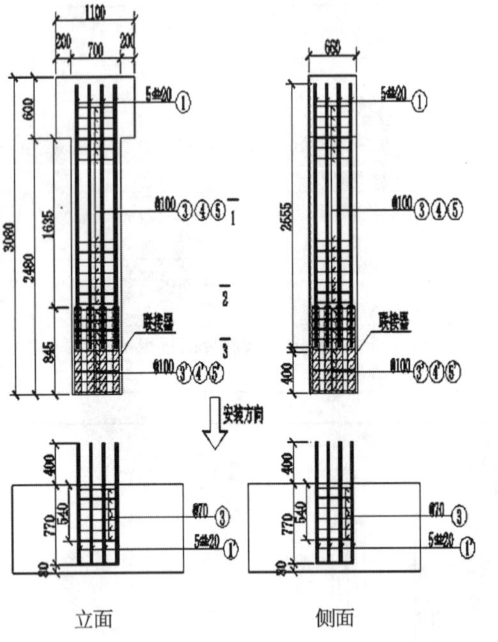

7＃试件

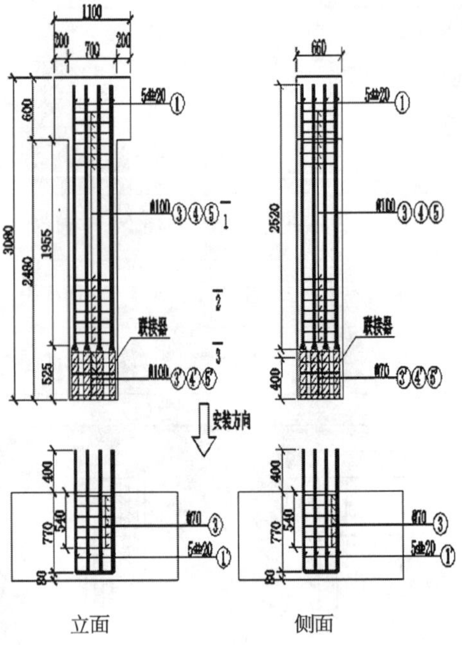

8＃试件

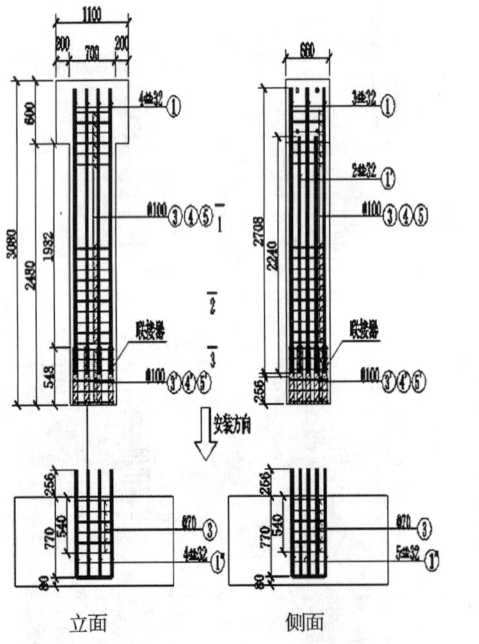

9＃试件

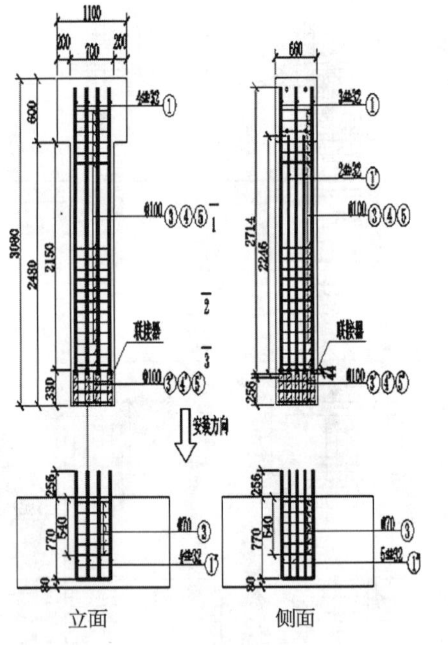

10＃试件

(b)

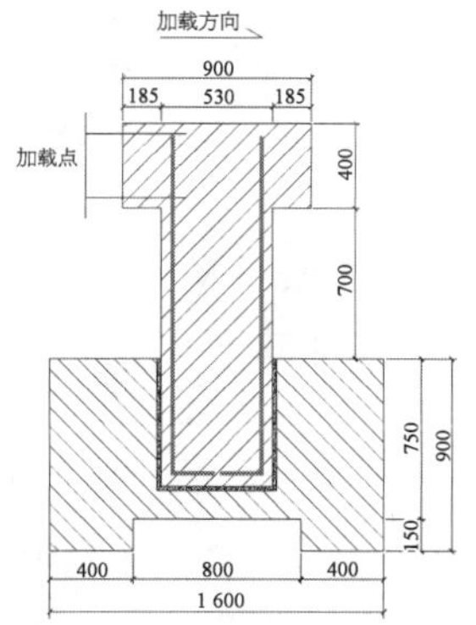

11＃试件

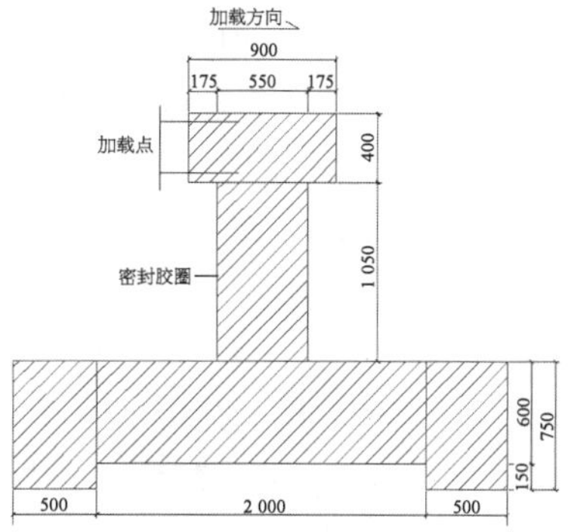

12＃试件

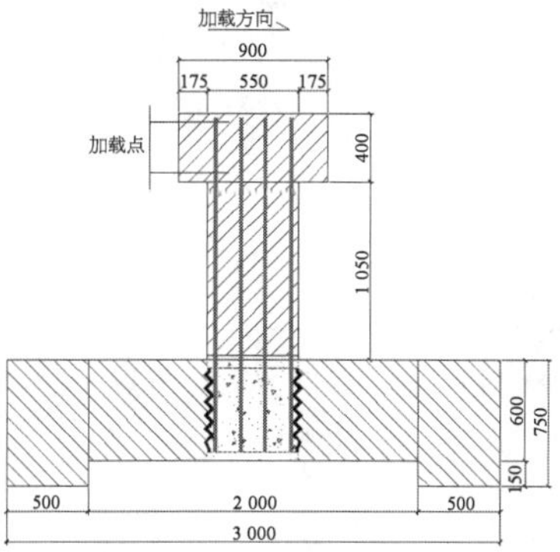

13＃试件

(c)

图 3.1　试件构造示意图

3.1.2　试件尺寸设计

据试验室试验设备的尺寸和实际工程需求，对于 1＃～6＃及 11＃～13＃试件，确定试件的模型缩尺比例为 1/3；对于 7＃～10＃试件，确定试件的模型缩尺比例为 1/2。其他设计参数的相似关系见表 3.2。

表 3.2　静力试验模型的相似常数

模型缩尺比	C_l	C_x	C_E	C_σ	C_ε	C_p	C_M	C_q	C_K
1/3	1/3	1/3	1	1	1	1/9	1/27	1/3	1/3
1/2	1/2	1/2	1	1	1	1/4	1/8	1/2	1/2

注：C_l 为长度相似比；C_x 为位移相似比；C_E 为材料弹性模量相似比；C_σ 为应力相似比；C_ε 为应变相似比；C_p 为集中力相似比；C_M 为弯矩相似比；C_q 为线分布力相似比；C_K 为线刚度相似比。

1＃～3＃试件设计采用统一尺寸，立柱的尺寸为 530 mm×500 mm×3 200 mm，加载端的尺寸为 900 mm×500 mm×400 mm，底座的尺寸为 1 600 mm×1 600 mm×600 mm。试件加载中心到立柱底的距离为 3 400 mm，沿长边（边长 530 mm）加载，则试件的剪跨比为 6.42。

4＃试件立柱的尺寸为 530 mm×500 mm×700 mm，加载端的尺寸为 900 mm×500 mm×400 mm，底座的尺寸为 1 600 mm×1 600 mm×600 mm。试件加载中心到立柱底的距离为 900 mm，沿长边（边长 530 mm）加载，则试件的剪跨比为 1.7。

5＃与 6＃试件立柱的尺寸为 530 mm×500 mm×250 mm，加载端的尺寸为 900 mm×500 mm×400 mm，底座的尺寸为 1 600 mm×1 600 mm×600 mm。试件加载中心到立柱底的距离为 450 mm，沿长边（边长 530 mm）加载，则试件的剪跨比为 0.85。

7＃～10＃试件采用同一尺寸，立柱的尺寸为 700 mm×660 mm×2 480 mm，加载端的尺寸为 1 100 mm×660 mm×600 mm，底座的尺寸为 2 400 mm×2 400 mm×850 mm。试件加载中心到立柱底的距离为 2 780 mm，沿长边（边长 700 mm）加载，则试件的剪跨比为 3.97。

11＃试件为现浇普通钢筋混凝土试件，其立柱截面为圆形，立柱直径为 550 mm，立柱高度为 1 050 mm，加载端的尺寸为 900 mm×650 mm×400 mm，盖梁的尺寸为 2 000 mm×750 mm×600 mm。试件加载中心到立柱底的距离为 1 250 mm，则试件的剪跨比为 2.3。

12＃试件为插槽式连接预制墩-盖梁装配试件，立柱、盖梁和加载端的尺寸与 11＃试件均相同，所不同的是，12＃试件的立柱和盖梁均为预制构件，立柱插入盖梁的一端有预留钢筋伸出，长度为 575 mm，盖梁内预留了一个直径约 500 mm 的插槽。插槽由一个直径 500 mm、高 400 mm 的钢波纹管形成，插槽顶部、底部均有盖梁纵筋穿过。插槽内采用 C60 高性能混凝土填充。

13＃试件为承插式连接预制墩-承台装配试件，其立柱截面为矩形，立柱的尺寸为 530 mm×500 mm×700 mm，加载端的尺寸为 900 mm×500 mm×400 mm，承台的尺寸为 1 600 mm×1 600 mm×600 mm，沿长边（边长 530 mm）加载，剪跨比为 1.7。立柱高度为 1 300 mm，立柱插入承台的深度为 600 mm，也即立柱埋深与加载方向截面长度之比为 1.13。承台的尺寸为 1 600 mm×1 600 mm×750 mm，插孔位于承台中心，其尺寸为 570 mm×540 mm×620 mm，底板高度为 130 mm，插孔底部预留 2 cm 左右的高度作为垫层，立柱与插孔内壁之间的宽度为 2 cm，底部垫层及立柱周围的空隙均采用高强砂浆来填充。此外，立柱埋入承台的部分和承台的插孔内壁均设有剪力键。

3.1.3 试件配筋设计

试件所用混凝土的强度等级均为 C40，钢筋均为三级钢（HRB400 钢筋）。

1＃～6＃及 13＃试件的立柱配筋设计如图 3.2(a)所示，纵筋采用直径 20 mm 的 HRB400 热轧带肋钢筋，构造筋采用直径 8 mm 的热轧光圆钢筋，箍筋、拉筋采用直径 8 mm 的热轧光圆钢筋，箍筋外净保护层 39 mm。2＃、3＃、5＃、6＃试件直径 20 mm 的 HRB400 纵筋穿过接缝，并通过灌浆套筒连接。灌浆套筒处的截面配筋设计如图 3.2(b)所示，箍筋、拉筋采用直径 8 mm 的热轧光圆钢筋，灌浆套筒箍筋外净保护层 15 mm。

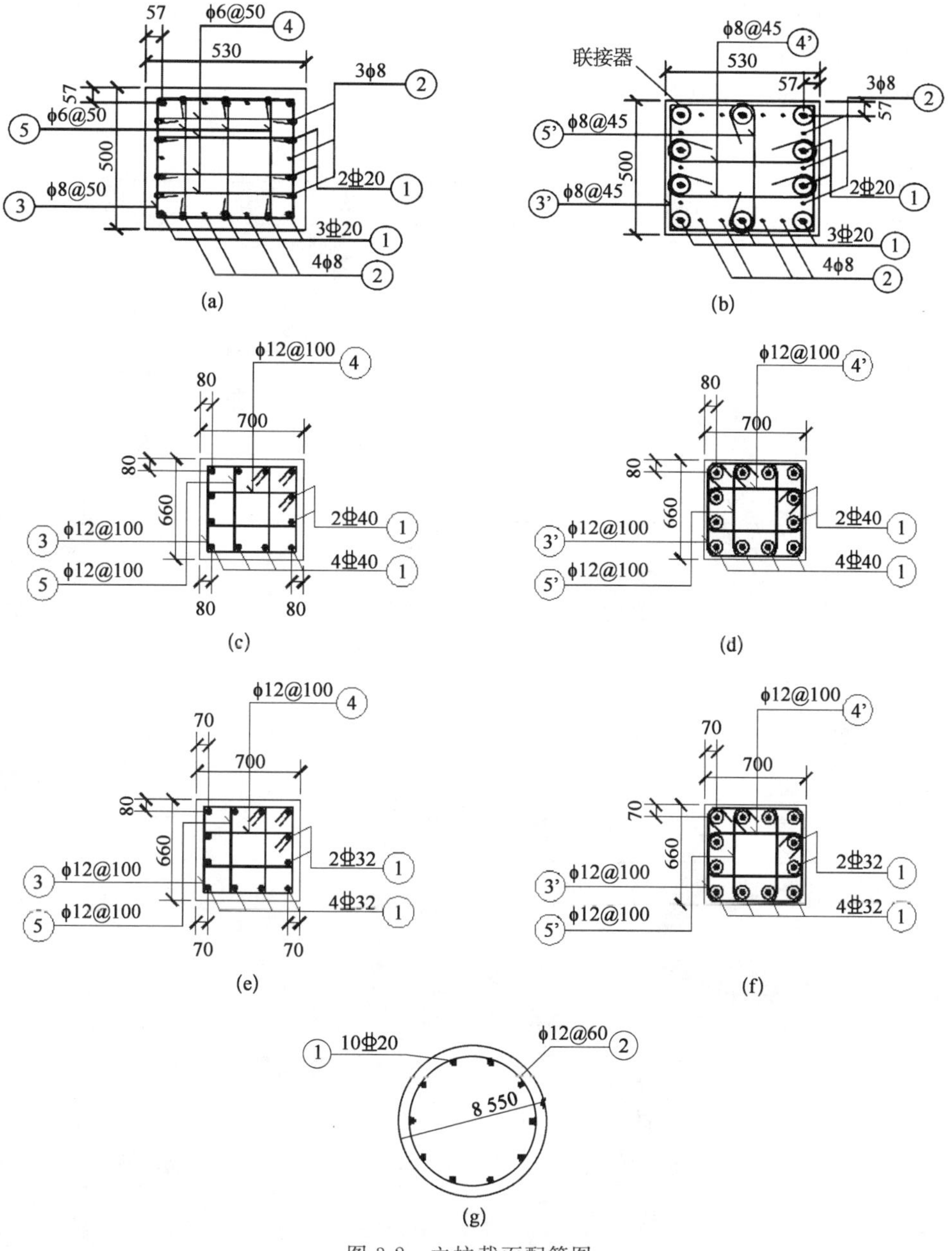

图 3.2　立柱截面配筋图

7＃、8＃试件立柱配筋设计如图 3.2(c)所示，纵筋采用直径 40 mm 的 HRB400 热轧带肋钢筋，箍筋、拉筋采用直径 12 mm 的热轧光圆钢筋，箍筋外净保护层 48 mm。纵筋穿过接缝，并通过灌浆套筒连接。灌浆套筒处的截面配筋设计如图 3.2(d)所示，箍筋、拉筋采用直径 12 mm 的热轧光圆钢筋，灌浆套筒箍筋外净保护层 20 mm。

9＃、10＃试件立柱配筋设计如图 3.2(e)所示，纵筋采用直径 32 mm 的 HRB400 热轧带肋钢筋，箍筋、拉筋采用直径 12 mm 的热轧光圆钢筋，箍筋外净保护层 42 mm。纵筋穿过接缝，并通过灌浆套筒连接。灌浆套筒处的截面配筋设计如图 3.2(f)所示，箍筋、拉筋采用直径 12 mm 的热轧光圆钢筋，灌浆套筒箍筋外净保护层 20 mm。

11＃、12＃试件立柱配筋设计如图 3.2(g)所示，纵筋采用直径 20 mm 的 HRB400 热轧带肋钢筋，箍筋采用直径 12 mm 的热轧光圆钢筋。

各试件的主要设计参数见表 3.3。

表 3.3　试件的主要设计参数

编　号	纵　筋		箍筋、拉筋		构 造 筋	
	配置	配筋率/%	配置(立柱底)	配箍率/%	配置	配筋率/%
1＃(新)	10ϕ20	1.19	ϕ8@50 mm	1.55	14ϕ8	0.27
1＃(旧)	10ϕ20	1.19	ϕ8@50 mm	1.55	14ϕ8	0.27
2＃	10ϕ20	1.19	ϕ8@50 mm	1.55	14ϕ8	0.27
3＃	10ϕ20	1.19	ϕ8@50 mm	1.55	14ϕ8	0.27
4＃	10ϕ20	1.19	ϕ8@50 mm	1.55	14ϕ8	0.27
5＃	10ϕ20	1.19	ϕ8@50 mm	1.55	14ϕ8	0.27
6＃	10ϕ20	1.19	ϕ8@50 mm	1.55	14ϕ8	0.27
7＃	12ϕ40		ϕ12@100 mm		—	—
8＃	12ϕ40		ϕ12@100 mm		—	—
9＃	12ϕ32		ϕ12@100 mm		—	—
10＃	12ϕ32		ϕ12@100 mm		—	—
11＃						
12＃						
13＃						

3.2　试件制作

7 个试件委托专门预制构件生产单位根据设计图纸进行加工制作并养护，试件制作完成及养护达到要求后，运输至试验室，进行试件安装和拟静力试验。图 3.3 为试件制作过程中的照片。

(a) 试件立柱钢筋笼绑扎

(b) 试件混凝土浇筑

(c) 试件浇筑后拆除

(d) 2#试件混凝土浇筑后有施工缺陷

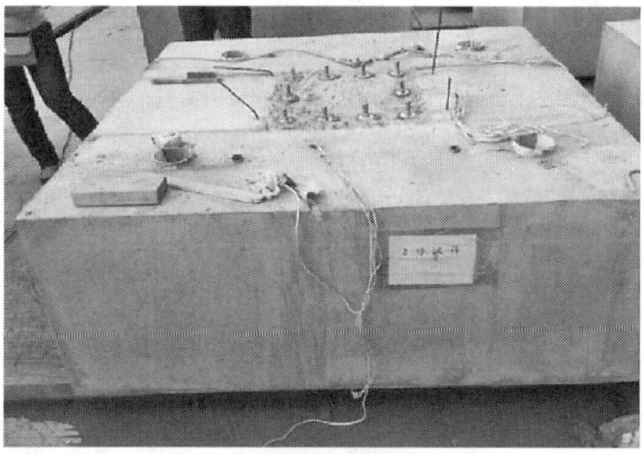

(e) 承台养护

(f) 试件承台与立柱进行预拼装

(g) 试件承台与立柱进行拼装

(h) 试件拼装与灌浆

(i) 试件运输

(j) 立柱实验室安装

图 3.3 试件制作、运输、安装过程

3.3 试件加载方案

3.3.1 试验装置

对于1#～6#试件及11#～13#试件等小尺寸试件，节段预制立柱拟静力试验装置如图3.4所示。试件的底座通过地脚螺栓锚固在反力地槽上。试件上部通过两副竖向反力架及支撑在两副反力架上的大尺寸钢横梁构建竖向加载平台，以施加竖向荷载。竖向荷载由两台工作吨位为100 t的千斤顶施加，千斤顶的加载截面中心对准柱顶截面的形心位置。两个千斤顶采用同一个传感器控制进行同步加载。水平推拉反复荷载由加载吨位为1 500 kN、位移行程为±250 mm的电液伺服作动器（MTS793系列作动器）施加。

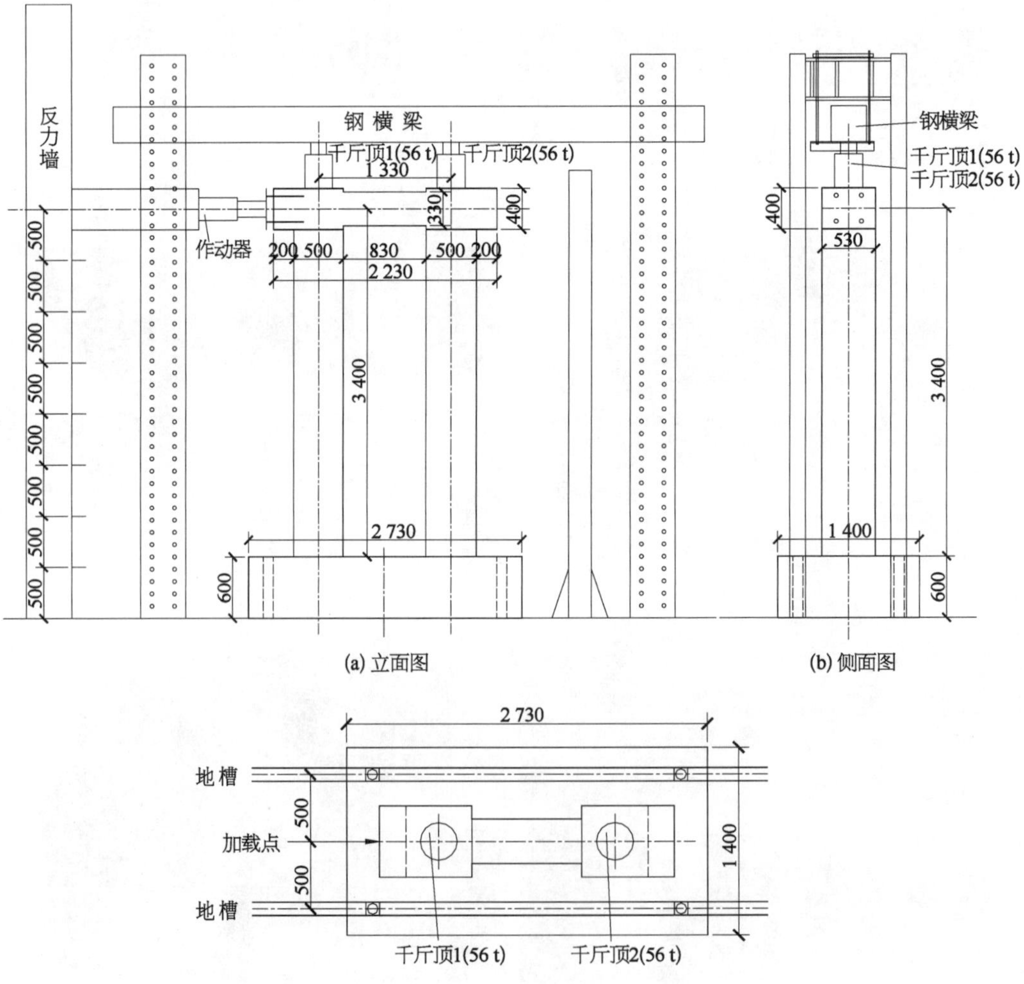

(a) 立面图　(b) 侧面图　(c) 平面图

图3.4　小尺寸试件加载示意图

在水平侧移较大的情况下，为保证柱顶的竖向荷载随着框架的侧移一起移动，在每个竖向加载千斤顶（顶板）和钢横梁之间放置了滚轴。试验结果证明，该措施的效果良好。

试验数据采用国产 DH3817 数据自动采集系统进行采集，采集频率为 5 Hz。

对于大尺寸试件 7＃～10＃，节段预制立柱拟静力试验装置如图 3.5 所示。试件的底座通过地脚螺栓锚固在反力地槽上。试件上部通过两副竖向反力架及支撑在两副反力架上的大尺寸钢横梁构建竖向加载平台，以施加竖向荷载。竖向荷载由两台工作吨位为 100 t 的千斤顶施加，千斤顶的加载截面中心对准柱顶截面的形心位置。两个千斤顶采用同一个传感器控制进行同步加载。水平推拉反复荷载由加载吨位为 2 000 kN、位移行程为±250 mm 的电液伺服作动器（弗力系列作动器）施加。

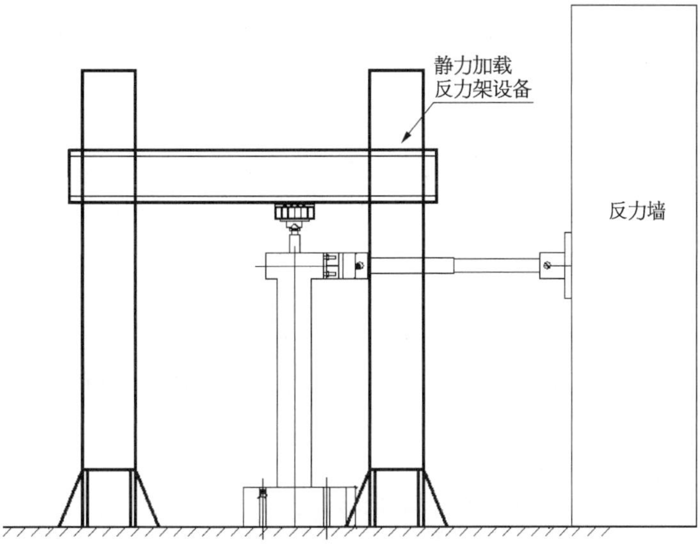

图 3.5　大尺寸试件加载示意图

在水平侧移较大的情况下，为保证柱顶的竖向荷载随着框架的侧移一起移动，在每个竖向加载千斤顶（顶板）和钢横梁之间放置了滚轴。试验结果证明，该措施的效果良好。

试验数据采用国产 DH3820 数据自动采集系统进行采集，采集频率为 5 Hz。

3.3.2　竖向荷载模拟

墩柱的轴压比对桥墩的抗震性能有很大影响，需要准确模拟，原型桥墩在恒载作用下单个墩柱轴力以及 1＃～13＃试件模型的轴力见表 3.4。

表 3.4　各试件竖向荷载模拟

		恒载轴力/t	恒载轴压比/%
原型		469.2	10.3
1＃、2＃及 4＃～6＃试件	缩尺后（$C_p=1/9$）	52.1	10.3
	实际值	56.0	11.1

续表

		恒载轴力/t	恒载轴压比/%
3#试件	缩尺后($C_p=1/9$)	104.2	20.6
	实际值	112.0	22.1
7#～10#试件	缩尺后($C_p=1/4$)	90.7	10.3
	实际值	93.3	10.6
13#试件	缩尺后($C_p=1/9$)	52.1	10.3
	实际值	53.0	10.5
11#、12#试件	原型	438.1	10.0
	缩尺后($C_p=1/9$)	48.7	10.0
	实际值	52.0	10.7

另外，对于13#试件，为了测试其竖向承载能力，在水平加载工况前后分别进行了一个竖向加载工况。其中，竖向加载工况1是在保证试件不发生任何破坏的前提下进行的，以防对后续的水平加载试验结果产生影响。最终，在竖向加载工况1中最大竖向力为950 kN（相当于墩柱截面19.4%设计轴压比）。水平加载试验结束后，又对试件施加了竖向加载工况2，目的是探究试件的极限承载能力。但考虑到试验设备的负荷能力，加载幅值达到1 400 kN（相当于墩柱截面28.6%设计轴压比）时终止加载。此时，承台底面和节点区域均没有发生破坏。

上述两个荷载工况的加载制度见表3.5。

表3.5　13#试件竖向加载工况

加载等级		1	2	3	4	5	6	7	8	9	10	11
力加载幅值/kN	竖向加载工况1	100	200	300	400	500	600	700	800	850	900	950
	竖向加载工况2	500	600	800	1 000	1 200	1 400					

3.3.3　水平荷载模拟

试件在同时承受轴压和绕弱轴的单轴水平循环加载方式下直至破坏，加载采用位移控制的加载制度，加载频率0.01 Hz，采样频率5 Hz。每级加载到最大位移时持载，进行破坏现象的观察和标记工作。加载直至试件的强度下降到最大强度的80%，加载结束。

1#～4#试件加载制度如图3.6和表3.6所示，每级做3次加载循环，前两级的3次加载循环控制位移相等，以后每级的3次加载循环中前2次循环控制位移相等，第3次循环控制位移与前一级加载循环控制位移相等。

5#～7#试件为剪切型破坏试件，破坏模式及位移能力与1#～4#试件不同，其加载制度如图3.7和表3.7所示。

表 3.6　1＃～4＃试件每级加载控制位移

加载级数	控制位移/mm	加载级数	控制位移/mm
1	2－2－2	10	80－80－60，持载 3 min
2	5－5－5	11	100－100－80
3	10－10－5，持载 3 min	12	120－120－100，持载 3 min
4	15－15－10，持载 3 min	13	140－140－120，持载 3 min
5	20－20－15，持载 3 min	14	160－160－140，持载 3 min
6	25－25－20，持载 3 min	15	180－180－160
7	30－30－25，持载 3 min	16	200－200－180
8	40－40－30，持载 3 min	17	220－220－200
9	60－60－40	18	240－240－220

注："2－2－2"表示每级加载做 3 次循环，每次循环加载位移是 2 mm；"10－10－5"表示每级加载做 3 次循环，前 2 次循环加载位移是 10 mm，第 3 次循环加载位移是 5 mm。

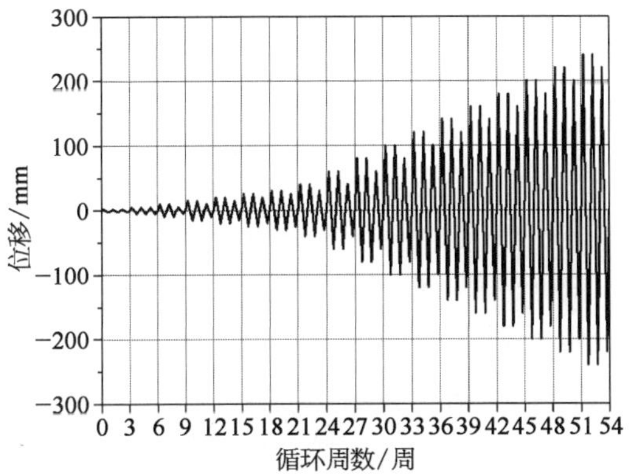

图 3.6　1＃～4＃试件加载制度

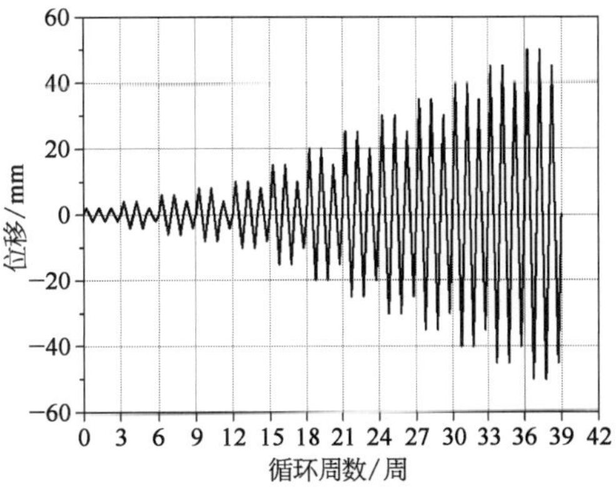

图 3.7　5＃～7＃试件加载制度

表 3.7　5＃～7＃试件每级加载控制位移

加载级数	控制位移/mm	加载级数	控制位移/mm
1	2－2－2，持载 3 min	8	25－25－20，持载 3 min
2	4－4－2，持载 3 min	9	30－30－25，持载 3 min
3	6－6－4，持载 3 min	10	35－35－30，持载 3 min
4	8－8－6，持载 3 min	11	40－40－35，持载 3 min
5	10－10－8，持载 3 min	12	45－45－40，持载 3 min
6	15－15－10，持载 3 min	13	50－50－45，持载 3 min
7	20－20－15，持载 3 min	14	以后每级递增 5 mm

7＃、8＃试件加载共分为两大工况。第一工况为力控制单向加载，每级持载 5 min；第二工况为位移控制循环加载，每级做 3 次加载循环，第一级的 3 次加载循环控制位移相等，以后每级的 3 次加载循环中前 2 次循环控制位移相等，第 3 次循环控制位移与前一级加载循环控制位移相等。9＃、10＃由于配筋率有所差别，采用相同的加载方式，但每级数值不同。

4 个试件的加载制度如图 3.8、图 3.9 和表 3.8～表 3.11 所示。

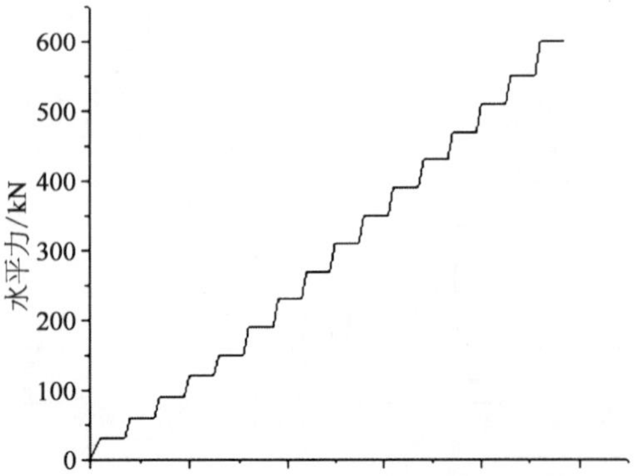

图 3.8　7＃～10＃试件力控制加载制度

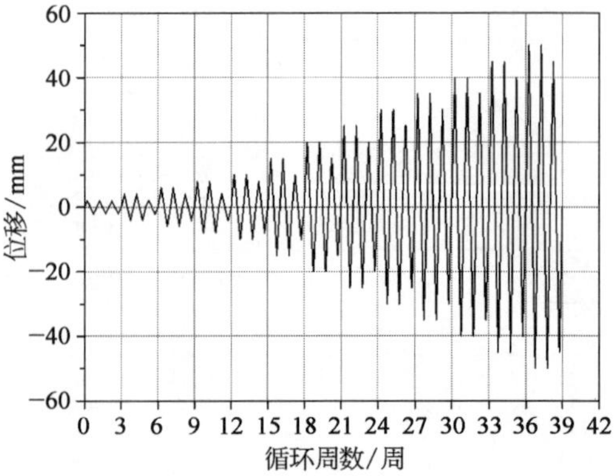

图 3.9　7＃～10＃试件位移控制加载制度

表 3.8　7＃～8＃试件每级加载控制荷载

加载级数	控制荷载/kN	加载级数	控制荷载/kN
1	30,持载 3 min	9	310,持载 3 min
2	60,持载 3 min	10	350,持载 3 min
3	90,持载 3 min	11	390,持载 3 min
4	120,持载 3 min	12	430,持载 3 min
5	150,持载 3 min	13	470,持载 3 min
6	190,持载 3 min	14	510,持载 3 min
7	230,持载 3 min	15	550,持载 3 min
8	270,持载 3 min	16	600,持载 3 min

表 3.9　7＃～8＃试件每级加载控制位移

加载级数	控制位移/mm	加载级数	控制位移/mm
1	7-7-7,持载 3 min	9	104-104-78,持载 3 min
2	13-13-7,持载 3 min	10	130-130-104,持载 3 min
3	20-20-13,持载 3 min	11	156-156-130,持载 3 min
4	26-26-20,持载 3 min	12	182-182-156,持载 3 min
5	39-39-26,持载 3 min	13	208-208-182,持载 3 min
6	52-52-39,持载 3 min	14	234-234-208,持载 3 min
7	65-65-52,持载 3 min	15	260-260-234,持载 3 min
8	78-78-65,持载 3 min	16	以后每级递加 26 mm

表 3.10　9＃、10＃试件每级加载控制荷载

加载级数	控制荷载/kN	加载级数	控制荷载/kN
1	30,持载 3 min	3	90,持载 3 min
2	60,持载 3 min	4	120,持载 3 min

续表

加载级数	控制荷载/kN	加载级数	控制荷载/kN
5	150,持载 3 min	11	390,持载 3 min
6	190,持载 3 min	12	430,持载 3 min
7	230,持载 3 min	13	470,持载 3 min
8	270,持载 3 min	14	510,持载 3 min
9	310,持载 3 min	15	550,持载 3 min
10	350,持载 3 min	16	600,持载 3 min

表 3.11　9＃、10＃试件每级加载控制位移

加载级数	控制位移/mm	加载级数	控制位移/mm
1	7－7－7,持载 3 min	9	100－100－75,持载 3 min
2	13－13－7,持载 3 min	10	125－125－100,持载 3 min
3	20－20－13,持载 3 min	11	150－150－125,持载 3 min
4	25－25－20,持载 3 min	12	175－175－150,持载 3 min
5	38－38－25,持载 3 min	13	200－200－175,持载 3 min
6	50－50－38,持载 3 min	14	225－225－200,持载 3 min
7	63－63－50,持载 3 min	15	250－250－225,持载 3 min
8	75－75－63,持载 3 min	16	以后每级递加 25 mm

11＃、12＃试件水平加载制度分为 2 个阶段：第一阶段为力控制，如图 3.10 所示；第二阶段为位移控制，如图 3.11 所示。其中，在力控制阶段，目标荷载是通过对墩柱截面进行弯矩曲率分析，得到其初始屈服弯矩，进而计算得到墩柱发生初始屈服时所对应的水平推力理论值，将该目标荷载分为 4 级，逐渐进行加载，直至墩柱发生初始屈服，得到实际的初始屈服位移，将初始屈服位移乘以等效屈服弯矩与初始屈服弯矩的比值，从而得到近似的等效屈服位移值 μ。在位移控制阶段，每级荷载进行 3 个循环加载，加载幅值为 1μ、1.5μ、2μ、3μ、4μ，其后以 1μ 的幅值递增。

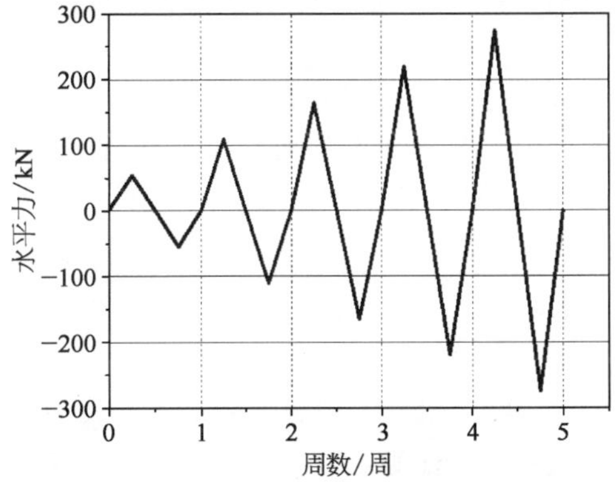

图 3.10　11＃、12＃试件力控制阶段加载制度

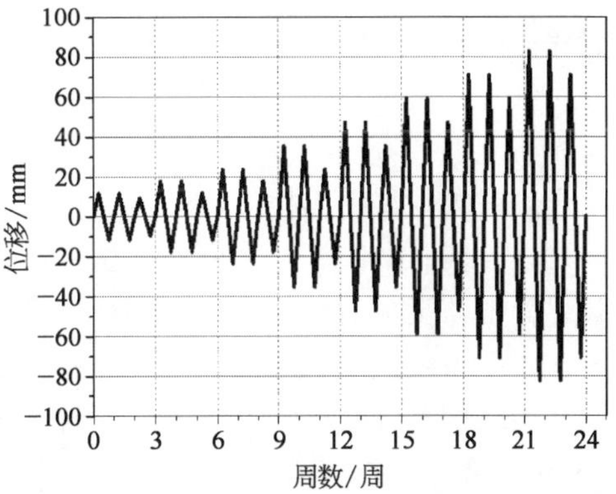

图 3.11　11＃、12＃试件位移控制阶段加载制度

13＃试件加载制度如图 3.12 所示。每级荷载进行 3 个循环加载，加载幅值为 2 mm、5 mm、10 mm、15 mm、20 mm、25 mm、30 mm、40 mm、60 mm，其后以 20 mm 的幅值递增。

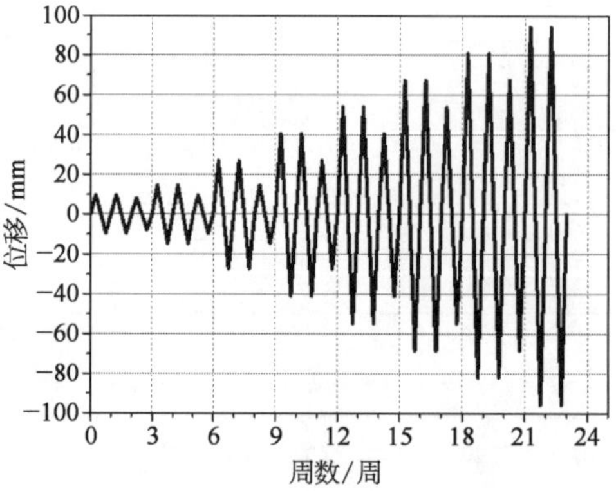

图 3.12　13＃试件位移控制阶段加载制度

3.4　量测内容

对于可能发生弯曲破坏的试件，实测项目有 4 项：① 塑性铰区域的曲率分布；② 塑性铰区域的钢筋、箍筋和预应力的应变；③ 墩身关键位置位移；④ 水平荷载和竖向荷载。对于可能发生剪切破坏的试件，除测试以上 4 项外，还测试立柱剪切角。

3.5　试验现象

3.5.1　1＃试件(新)

1＃试件为无施工缺陷传统现浇普通钢筋混凝土立柱试件，其试验加载图和加载后的变形照片如图 3.13 所示。

1＃试件(新)的五水准损伤水平[44]照片如图 3.14 所示，损伤状态和性能水平描述如下：

损伤级别Ⅰ，即开裂阶段如图 3.14(a)所示，试件沿柱身出现发丝般微小裂缝，卸载后裂缝闭合。该级别试件无损伤，不需要修复。

损伤级别Ⅱ如图 3.14(b)所示，试件沿柱身出现多条弯曲裂缝，裂缝间距比较均匀，并有多条裂缝延伸至侧面，裂缝宽度 0.04～0.28 mm；柱底出现裂缝，宽度约为 1 mm。卸载后裂缝闭合。在该级别，试件可不修复；若需修复，则只需要小修。

损伤级别Ⅲ如图 3.14(c)所示，柱身出现多条弯曲裂缝和斜裂缝，裂缝宽度 0.1～0.8 mm，多条水平裂缝在正反两方向荷载作用下贯通闭合，柱底裂缝宽度 5～9 mm，柱脚混凝土有脱落的趋势。

(a) 加载前　　　　　　　　(b) 加载后

图 3.13　1＃试件(新)实际加载图及加载变形后的图

(a) 级别Ⅰ

注：为了清晰显示，图中裂缝已经加粗

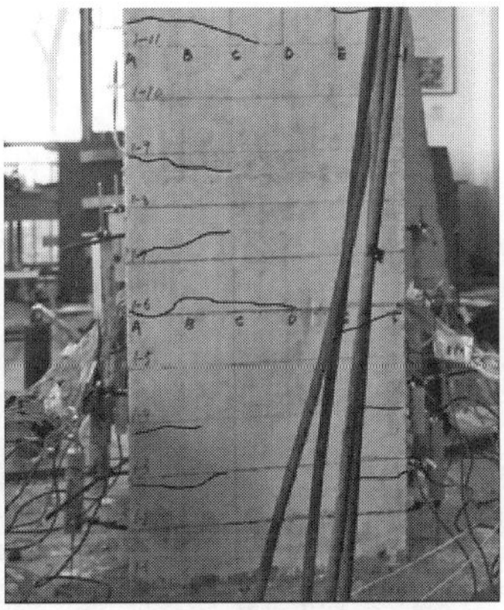

(b) 级别Ⅱ

注：为了清晰显示，图中裂缝已经加粗

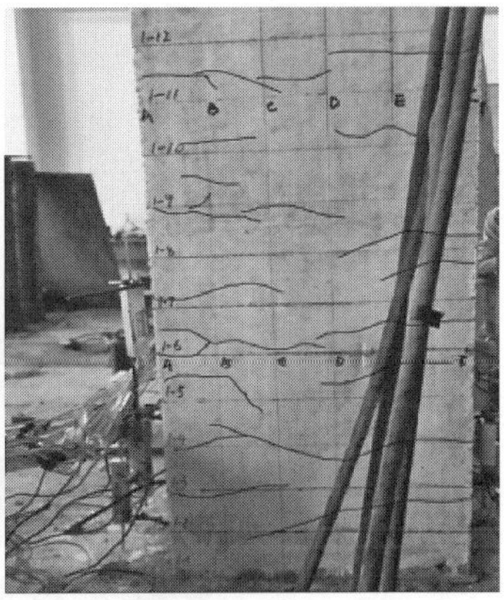

(c) 级别Ⅲ

注：为了清晰显示，图中裂缝已经加粗

(d) 级别Ⅳ

注：为了清晰显示，图中裂缝已经加粗

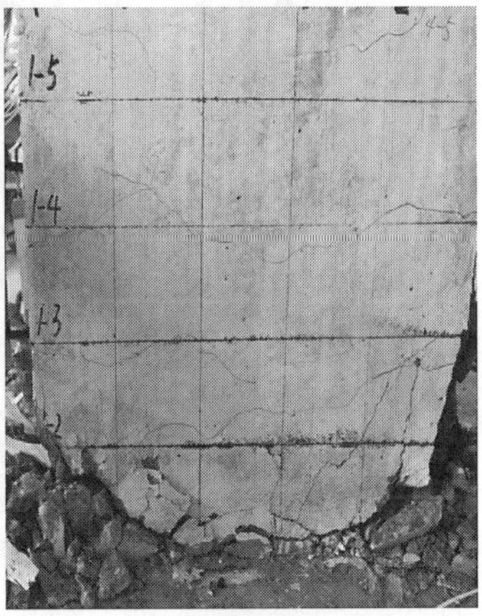

(e) 级别Ⅴ

(f) 试验结束后

图 3.14　1＃试件(新)损伤状态

随着变形的增加，保护层混凝土持续剥落且混凝土剥落区高度保持不变，标志着试件达到损伤级别Ⅳ，如图 3.14(d)所示。在距离承台 15 cm 高度内，混凝土裂缝交错发展，在10 cm高度内，混凝土保护层大量脱落。柱底弯曲裂缝宽度超过 10 mm。构件在达到该损伤级别时，为了保证其正常使用功能，需要进行大修。

损伤级别Ⅴ如图 3.14(e)所示，核心混凝土压碎标志着试件失效。清理塑性铰区压碎的混凝土后[见图 3.14(f)]，发现纵筋屈曲(柱底有钢筋断裂)、箍筋外鼓。在这个阶段，一般不推荐进行修复，有必要直接更换破坏的构件。

3.5.2　1＃试件(旧)

1＃试件(旧)为有施工缺陷传统现浇普通钢筋混凝土立柱试件，其试验加载图和加载后的变形照片如图 3.15 所示。

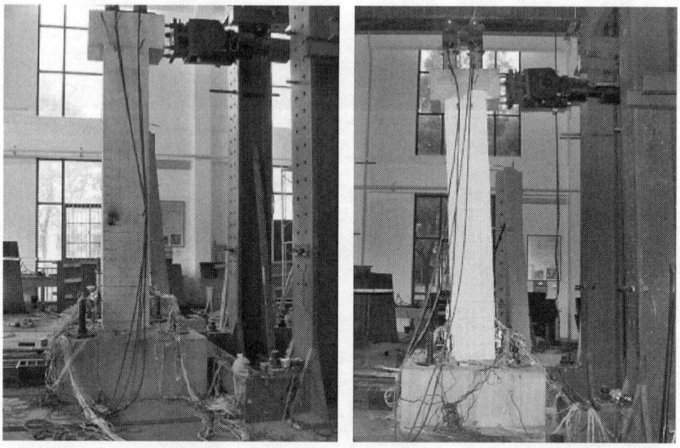

(a) 加载前　　(b) 加载后

图 3.15　1＃试件(旧)实际加载图及加载变形后的图

1＃试件(旧)的五水准损伤水平照片如图 3.16 所示，损伤状态和性能水平描述如下：

损伤级别Ⅰ，即开裂阶段如图 3.16(a)所示，试件沿柱身出现发丝般微小裂缝，卸载后裂缝闭合。该级别试件无损伤，不需要修复。

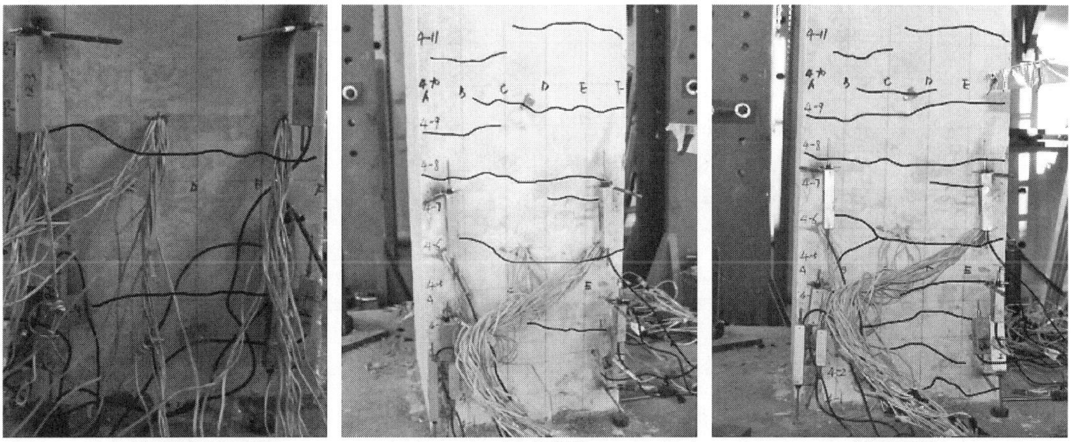

(a) 级别Ⅰ　　(b) 级别Ⅱ　　(c) 级别Ⅲ

注：为了清晰显示，图中裂缝已经加粗　注：为了清晰显示，图中裂缝已经加粗　注：为了清晰显示，图中裂缝已经加粗

(d) 级别Ⅳ　　(e) 级别Ⅴ

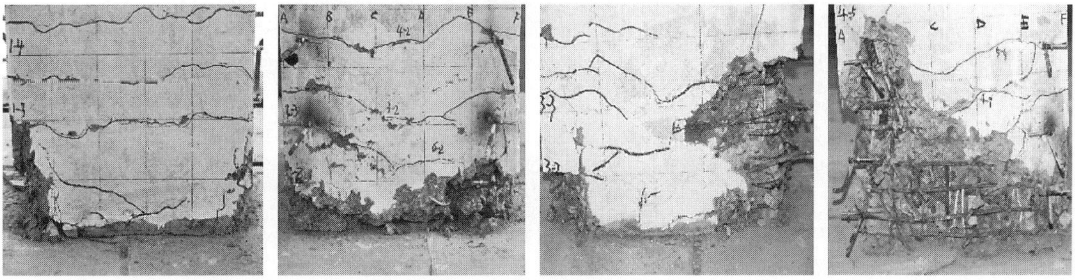

(f) 试验结束后

图 3.16　1＃试件(旧)损伤状态

损伤级别Ⅱ如图 3.16(b)所示，试件沿柱身出现多条弯曲裂缝，裂缝间距比较均匀，并有多条裂缝延伸至侧面，裂缝宽度 0.02～0.14 mm，卸载后裂缝闭合。在该级别，试件可不修复；若需修复，则只需要小修。

损伤级别Ⅲ如图 3.16(c)所示，柱身出现多条弯曲裂缝，裂缝宽度 0.14～0.38 mm，多条水平裂缝在正反两方向荷载作用下贯通闭合，柱底出现裂缝并有剥落趋势，承台出现开裂。

随着变形的增加，保护层混凝土持续剥落且混凝土剥落区高度保持不变，标志着试件达到损伤级别Ⅳ，如图 3.16(d)所示。在距离承台 30 cm 高度内，混凝土裂缝交错发展，在 20 cm 高度内，混凝土保护层大量脱落。柱底弯曲裂缝宽度超过 8 mm。构件在达到该损伤级别时，为了保证其正常使用功能，需要进行大修。

损伤级别Ⅴ如图 3.16(e)所示。清理塑性铰区压碎的混凝土后[见图 3.16(f)]，发现纵筋屈曲、箍筋外鼓。在这个阶段，一般不推荐进行修复，有必要直接更换破坏的构件。

3.5.3 2＃试件

2＃试件为节段预制装配立柱试件，灌浆套筒设置在墩底，轴压比为 0.1，其试验加载图和加载后的变形照片如图 3.17 所示。

(a) 加载前　　(b) 加载后

图 3.17　2＃试件实际加载图及加载变形后的图

2＃试件的五水准损伤水平照片如图 3.18 所示，损伤状态和性能水平描述如下：

损伤级别Ⅰ，即开裂阶段如图 3.18(a)所示，试件沿柱身出现发丝般微小裂缝，卸载后裂缝闭合。该级别试件无损伤，不需要修复。

损伤级别Ⅱ如图 3.18(b)所示，试件沿柱身出现多条弯曲裂缝，裂缝间距比较均匀，并有多条裂缝延伸至侧面，裂缝宽度 0.02～0.20 mm，卸载后裂缝闭合。在该级别，试件可不修复；若需修复，则只需要小修。

损伤级别Ⅲ如图 3.18(c)所示，柱身出现多条弯曲裂缝，裂缝宽度 0.16～0.52 mm，多条水平裂缝在正反两方向荷载作用下贯通闭合，柱底砂浆层出现竖向裂缝与斜裂缝，裂缝宽度约为 0.5 mm，立柱底与承台间的接缝张开。

损伤级别Ⅳ如图 3.18(d)所示，柱底砂浆层破坏，立柱底与承台间的接缝张开，宽度约为 9 mm，并不再发展，附近混凝土发生剥离破坏。套筒上方裂缝仍在发展，宽度约为 1 mm。构件在达到该损伤级别时，为了保证其正常使用功能，需要进行大修。

损伤级别Ⅴ如图 3.18(e)所示，纵筋受压屈曲，并有钢筋断裂，立柱底和承台间的砂浆垫层压碎，柱底与承台间的接缝完全脱开。试验结束后，清除塑性铰区保护层混凝土后，试件

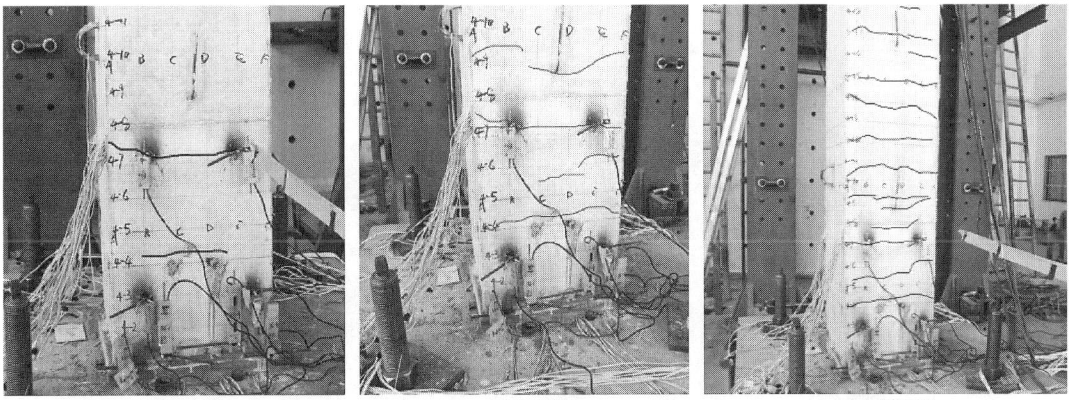

(a) 级别Ⅰ　　(b) 级别Ⅱ　　(c) 级别Ⅲ

注：为了清晰显示，图中裂缝已经加粗　注：为了清晰显示，图中裂缝已经加粗　注：为了清晰显示，图中裂缝已经加粗

(d) 级别Ⅳ　　(e) 级别Ⅴ

(f) 试验结束后

图 3.18　2＃试件损伤状态

破坏状态如图 3.18(f)所示。从图中可以看出，破坏区域主要集中在立柱底和承台的接缝处。在这个阶段，一般不推荐进行修复，有必要直接更换破坏的构件。

3.5.4　3＃试件

3＃试件为节段预制装配立柱试件，灌浆套筒设置在墩底，轴压比为 0.2，其试验加载图和加载后的变形照片如图 3.19 所示。

3＃试件的五水准损伤水平照片如图 3.20 所示，损伤状态和性能水平描述如下：

(a) 加载前　　　　(b) 加载后

图 3.19　3＃试件实际加载图及加载变形后的图

损伤级别Ⅰ，即开裂阶段如图 3.20(a)所示，试件沿柱身出现发丝般微小裂缝，卸载后裂缝闭合。该级别试件无损伤，不需要修复。

损伤级别Ⅱ如图 3.20(b)所示，试件沿柱身出现多条弯曲裂缝，裂缝间距比较均匀，并有多条裂缝延伸至侧面，裂缝宽度 0.02～0.36 mm，卸载后裂缝闭合。在该级别，试件可不修

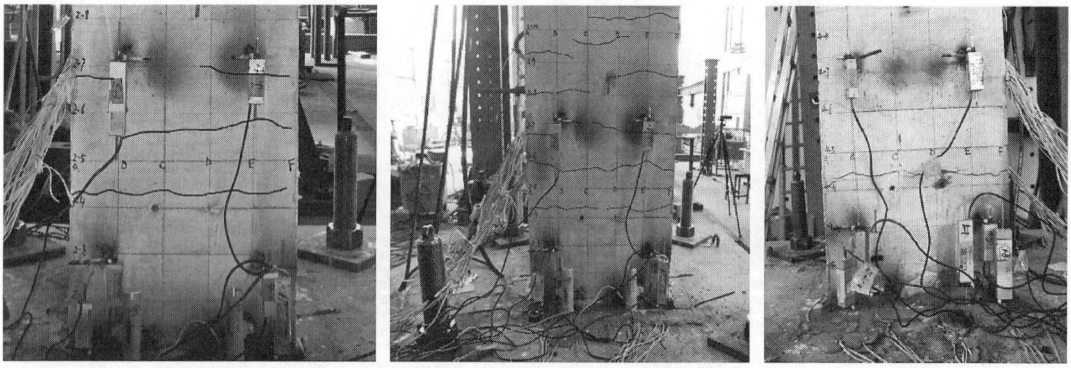

(a) 级别Ⅰ
注：为了清晰显示，图中裂缝已经加粗

(b) 级别Ⅱ
注：为了清晰显示，图中裂缝已经加粗

(c) 级别Ⅲ

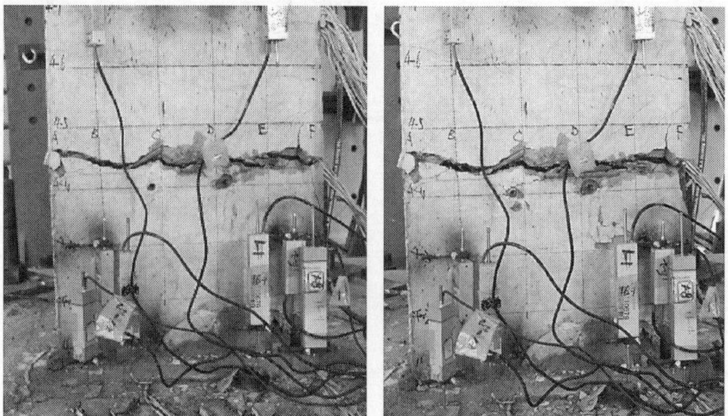

(d) 级别Ⅳ　　　　(e) 级别Ⅴ

(f) 试验结束后

图 3.20　3＃试件损伤状态

复;若需修复,则只需要小修。

损伤级别Ⅲ如图 3.20(c)所示,柱身出现多条弯曲裂缝,多条水平裂缝在正反两方向荷载作用下贯通闭合,套筒顶部附近出现一条极大的贯穿裂缝。柱底砂浆层出现竖向裂缝与斜裂缝,立柱底与承台间的接缝张开,宽度约为 2.3 mm,柱底附近混凝土剥落。

损伤级别Ⅳ如图 3.20(d)所示,套筒上方裂缝仍在发展,宽度约为 11 mm。柱底砂浆层破坏,立柱底与承台间的接缝继续张开,宽度约为 3.6 mm,附近混凝土发生剥离破坏。构件在达到该损伤级别时,为了保证其正常使用功能,需要进行大修。

损伤级别Ⅴ如图 3.20(e)所示,纵筋受压屈曲,套筒上方裂缝宽度已发展成 15 mm。柱底砂浆层破坏,但并未完全破坏,立柱底与承台间的接缝继续张开,宽度约为 5 mm。试验结束后,清除塑性铰区保护层混凝土后,试件破坏状态如图 3.20(f)所示。从图中可以看出,破坏区域主要集中在套筒顶部附近。在这个阶段,一般不推荐进行修复,有必要直接更换破坏的构件。

3.5.5　4＃试件

4＃试件为剪跨比 1.7 的普通现浇钢筋混凝土单柱矮墩试件,其试验加载图和加载后的变形照片如图 3.21 所示。

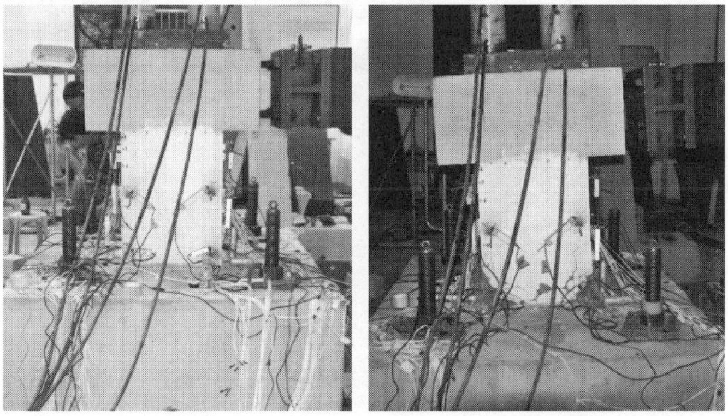

(a) 加载前　　(b) 加载后

图 3.21　4＃试件实际加载图及加载变形后的图

4＃试件的五水准损伤水平照片如图 3.22 所示，损伤状态和性能水平描述如下：

损伤级别Ⅰ，即开裂阶段如图 3.22(a)所示，试件柱底出现发丝般微小裂缝，卸载后裂缝闭合。该级别试件无损伤，不需要修复。

损伤级别Ⅱ如图 3.22(b)所示，试件沿柱身出现多条弯曲裂缝，裂缝宽度 0.04～0.6 mm，同时在加载侧面出现 1～2 条斜裂缝，卸载后裂缝闭合。在该级别，试件可不修复；若需修复，则只需要小修。

损伤级别Ⅲ如图 3.22(c)所示，柱身出现多条弯曲裂缝和斜裂缝，裂缝宽度 0.24～4 mm，多条水平裂缝在正反两方向荷载作用下贯通闭合，加载侧面斜裂缝成 45°角发展，受压侧混凝土剥落。

(a) 级别Ⅰ

注：为了清晰显示，图中裂缝已经加粗

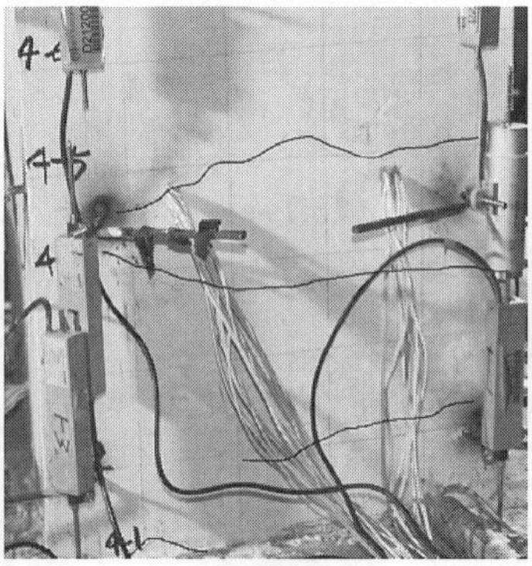

(b) 级别Ⅱ

注：为了清晰显示，图中裂缝已经加粗

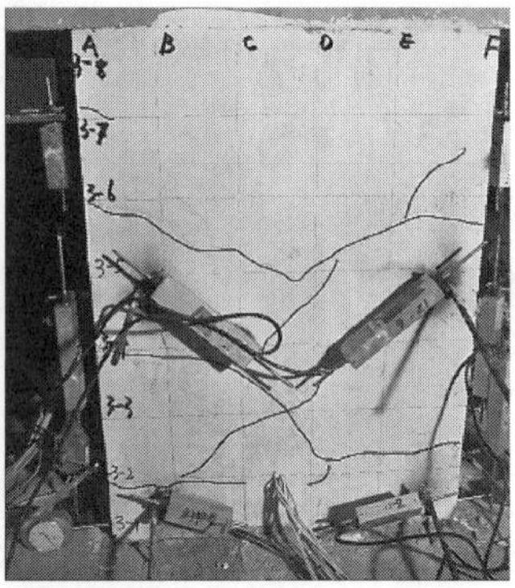

(c) 级别Ⅲ

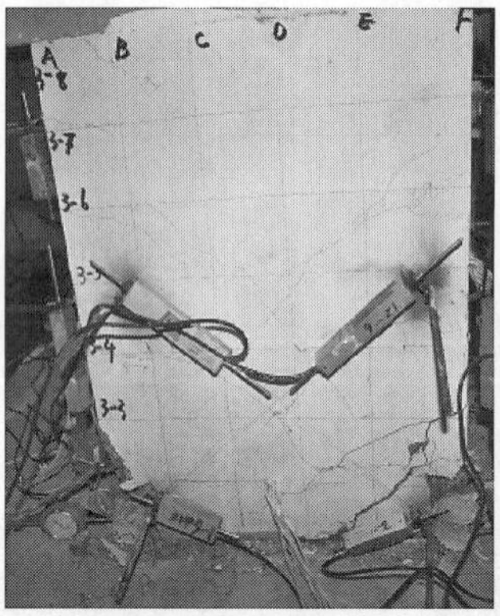

(d) 级别Ⅳ

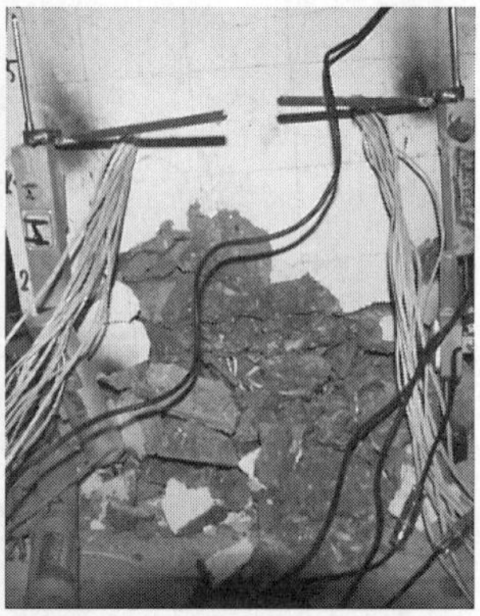

(e) 级别Ⅴ

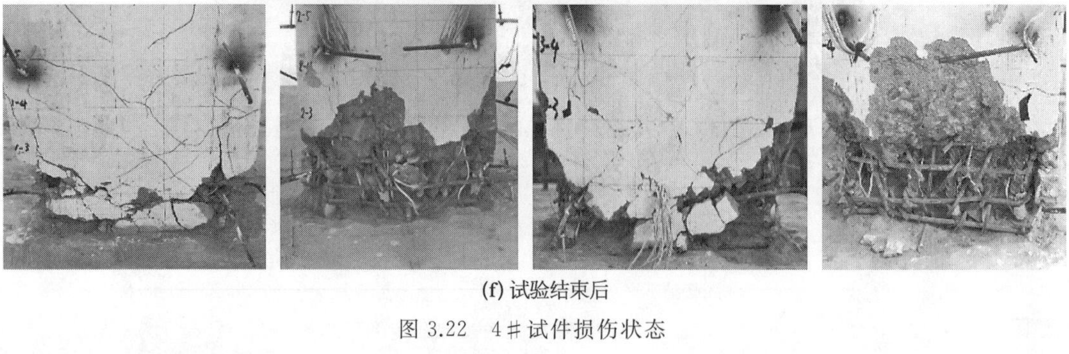

(f) 试验结束后

图 3.22　4＃试件损伤状态

损伤级别Ⅳ如图 3.22(d)所示，在距离承台 20 cm 高度内，混凝土竖向裂缝、斜向裂缝交错发展，特别是柱脚处竖向裂缝发展丰富，在 10 cm 高度内，混凝土保护层大量脱落。加载侧面斜裂缝间距约为 15 cm，并逐渐贯通。构件在达到该损伤级别时，为了保证其正常使用功能，需要进行大修。

损伤级别Ⅴ如图 3.22(e)所示，混凝土保护层及柱脚混凝土剥落严重。混凝土保护层剥落后裸露出来的箍筋保持完好，没有鼓出、屈曲等现象。试验结束后，清除保护层混凝土后，试件破坏状态如图 3.22(f)所示。从图中可以看出，纵筋已经发生了屈曲。在这个阶段，一般不推荐进行修复，有必要直接更换破坏的构件。

3.5.6　5＃试件

5＃试件为剪跨比 0.85 的普通现浇钢筋混凝土单柱矮墩试件，其试验加载图和加载过程中的变形照片如图 3.23 所示。

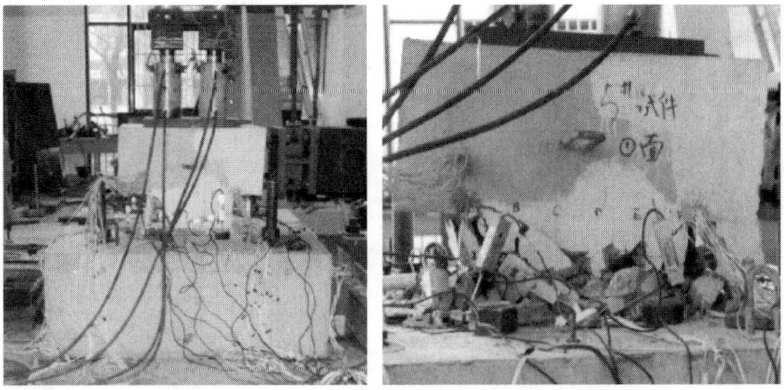

(a) 加载前　　(b) 加载后

图 3.23　5＃试件实际加载图及加载变形后的图

5＃试件的五水准损伤水平照片见图 3.24 所示，损伤状态和性能水平描述如下：

损伤级别Ⅰ，即开裂阶段如图 3.24(a)所示，立柱底接缝上方出现十分微小的裂缝，卸载后裂缝闭合。该级别试件无损伤，不需要修复。

损伤级别Ⅱ如图 3.24(b)所示，试件柱身正面出现多条横向裂缝，裂缝宽度 0.04～0.3 mm，同时在加载侧面出现 1～2 条斜裂缝，卸载后裂缝闭合。在该级别，试件可不修复；若需修复，则只需要小修。

损伤级别Ⅲ如图 3.24(c)所示，柱身出现多条横向裂缝和斜裂缝，裂缝宽度 0.24～2 mm，多条水平裂缝在正反两方向荷载作用下贯通闭合，加载侧面斜裂缝成 45°角发展，受压侧混凝土剥落。柱底与承台连接处接缝张开，接缝宽度已达到了 4 mm。

损伤级别Ⅳ如图 3.24(d)所示，柱身混凝土横向裂缝、斜向裂缝交错发展，柱脚处混凝土严重开裂，保护层混凝土大量脱落。柱身侧面混凝土斜裂缝贯通，斜裂缝最大宽度达到了 3 mm。构件在达到该损伤级别时，为了保证其正常使用功能，需要进行大修。

损伤级别Ⅴ如图 3.24(e)所示，立柱柱底混凝土保护层已完全破坏。混凝土保护层剥落后裸露出来的箍筋保持完好，无鼓出、屈曲等现象。试验结束后，清除保护层混凝土后，试件

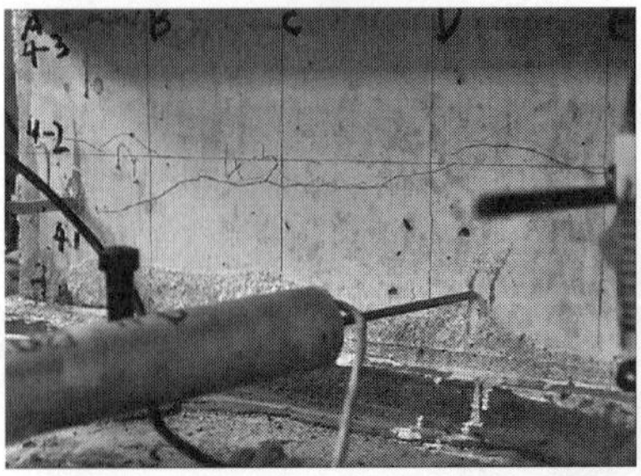

(a) 级别Ⅰ

注：为了清晰显示，图中裂缝已经加粗

(b) 级别Ⅱ

注：为了清晰显示，图中裂缝已经加粗

(c) 级别Ⅲ

(d) 级别Ⅳ

(e) 级别Ⅴ

(f) 试验结束后

图 3.24　5＃试件损伤状态

破坏状态如图 3.24(f)所示。从图中可以看出，纵筋已经发生了屈曲。在这个阶段，一般不推荐进行修复，有必要直接更换破坏的构件。

3.5.7　6＃试件

6＃试件为剪跨比 0.85 的普通现浇钢筋混凝土单柱矮墩试件，其试验加载图和加载过程中的变形照片如图 3.25 所示。

6＃试件的五水准损伤水平照片见图 3.26 所示，损伤状态和性能水平描述如下：

损伤级别Ⅰ，即开裂阶段如图 3.26(a)所示，立柱底接缝上方出现十分微小的裂缝，卸载后裂缝闭合。该级别试件无损伤，不需要修复。

损伤级别Ⅱ如图 3.26(b)所示，试件柱身正面出现数条横向裂缝，裂缝宽度 0.14～0.4 mm；同时在加载侧面出现 1～2 条细微的斜裂缝，卸载后裂缝闭合。在该级别，试件可不修复；若需修复，只需要小修。

(a) 加载前　　(b) 加载后

图 3.25　6＃试件实际加载图及加载变形后的图

(a) 级别Ⅰ　　(b) 级别Ⅱ　　(c) 级别Ⅲ

注：为了清晰显示，图中裂缝已经加粗　注：为了清晰显示，图中裂缝已经加粗

(d) 级别Ⅳ　　(e) 级别Ⅴ

(f) 试验结束后

图 3.26　6＃试件损伤状态

损伤级别Ⅲ如图 3.26(c)所示，柱身出现多条横向裂缝和斜裂缝，裂缝宽度 0.02～2 mm，多条水平裂缝在正反两方向荷载作用下贯通闭合，加载侧面斜裂缝成 45°角发展，受压侧混凝土出现剥落。柱底与承台连接处接缝张开，接缝宽度已达到了 3 mm。

损伤级别Ⅳ如图 3.26(d)，柱身混凝土横裂缝、斜裂缝交错发展，柱脚处混凝土严重开裂，保护层混凝土大量脱落。柱身侧面混凝土斜裂缝贯通，斜裂缝最大宽度达到了 3 mm。墩柱承载能力开始有下降趋势。构件在达到该损伤级别时，为了保证其正常使用功能，需进行大修。

损伤级别Ⅴ如图 3.26(e)所示，立柱底混凝土保护层已完全破坏，一侧钢筋被拉断。混凝土保护层剥落后裸露出来的箍筋保持完好，无鼓出、屈曲等现象。试验结束后，清除保护层混凝土后，试件破坏状态如图 3.26(f)所示。从图中可以看出，纵筋已经发生了屈曲。在这个阶段，一般不推荐进行修复，有必要直接更换破坏的构件。

3.5.8 7#试件

7#试件为直径 40 mm 主筋全套筒连接的节段预制装配独柱，套筒设置在墩底，轴压比 0.1，其试验加载图和加载后变形如图 3.27 所示。

(a) 加载前　　(b) 加载后

图 3.27　7#试件实际加载图及加载变形后的图

7#试件的五水准损伤水平照片如图 3.28 所示，损伤状态和性能水平描述如下：

损伤级别Ⅰ，即开裂阶段如图 3.28(a)所示，试件沿柱身出现发丝般微小裂缝，卸载后裂缝闭合。该级别试件无损伤，不需要修复。

损伤级别Ⅱ如图 3.28(b)所示，试件沿柱身出现多条弯曲裂缝，裂缝间距比较均匀，并有多条裂缝延伸至侧面，裂缝宽度 0.02～0.38 mm；柱底出现裂缝，宽度约为 1 mm。卸载后裂缝闭合。在该级别，试件可不修复；若需修复，则只需要小修。

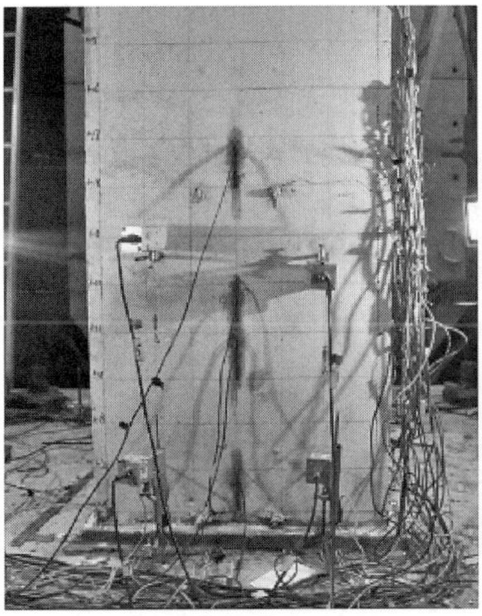

(a) 级别Ⅰ

注：为了清晰显示，图中裂缝已经加粗

(b) 级别Ⅱ

注：为了清晰显示，图中裂缝已经加粗

(c) 级别Ⅲ

(d) 级别Ⅳ

(e) 级别Ⅴ

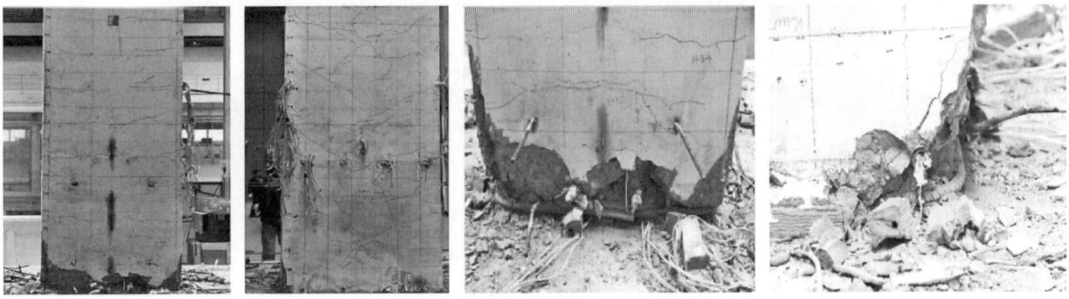

(f) 试验结束后

图 3.28　7＃试件损伤状态

损伤级别Ⅲ如图 3.28(c)所示，柱身出现多条弯曲裂缝和斜裂缝，裂缝宽度 0.1～0.5 mm，多条水平裂缝在正反两方向荷载作用下贯通闭合，柱底裂缝宽度 3～5 mm，柱脚混凝土有脱落的趋势。

随着变形的增加，保护层混凝土持续剥落且混凝土剥落区高度保持不变，标志着试件达到损伤级别Ⅳ，如图 3.28(d)所示。在距离承台 50 cm 高度内，混凝土裂缝交错发展，在 15 cm高度内，混凝土保护层大量脱落。柱底弯曲裂缝宽度超过 10 mm。构件在达到该损伤级别时，为了保证其正常使用功能，需要进行大修。

损伤级别Ⅴ如图 3.28(e)所示，核心混凝土压碎标志着试件的失效。清理塑性铰区压碎的混凝土后[见图 3.28(f)]，发现纵筋屈曲(柱底有钢筋断裂)、箍筋外鼓。在这个阶段，一般不推荐进行修复，有必要直接更换破坏的构件。

裂缝宽度测量见表 3.12，表格中裂缝测量 3 个位置，位置 1～3 分别对应裂缝中心位置及两边位置，当裂缝长度较短及两边裂缝宽度很小时不予测量。

表 3.12　7＃试件各工况主要裂缝描述

工　况	荷载等级/kN 或 mm	裂缝编号	主要裂缝宽度/mm		
			位置 1	位置 2	位置 3
1-6	190	1-6-1	0.02		
		1-6-2	0.02		
1-7	230	1-6-1	0.02		
		1-6-2	0.02		
		1-7-1	0.02	0.02	0.02
		1-7-2	0.02		
1-8	270	1-6-1	0.04	0.04	0.02
		1-6-2	0.04	0.02	
		1-7-1	0.02	0.04	0.02
		1-7-2	0.02		
		1-8-1	0.02		
1-9	310	1-6-1	0.04	0.06	0.04
		1-6-2	0.04		
		1-7-1	0.08	0.04	0.02
		1-7-2	0.02	0.02	0.02
		1-8-1	0.02		
1-10	350	1-6-1	0.06	0.04	0.04
		1-6-2	0.02	0.02	
		1-7-1	0.04	0.04	0.04
		1-7-2	0.02	0.02	0.01
		1-8-1	0.04	0.02	
		1-10-2	0.02		
1-11	390	1-6-1	0.06	0.1	0.12
		1-6-2	0.02	0.02	
		1-7-1	0.06	0.1	0.1
		1-7-2	0.04	0.02	0.02
		1-8-1	0.04		

续表

工　况	荷载等级/kN 或 mm	裂缝编号	主要裂缝宽度/mm		
			位置 1	位置 2	位置 3
1-11	390	1-8-4	0.04		
		1-10-2	0.02		
1-12	430	1-6-1	0.2	0.16	0.16
		1-6-2	0.08	0.08	
		1-7-1	0.16	0.18	0.16
		1-7-2	0.08	0.02	0.02
		1-8-1	0.06	0.02	
		1-8-4	0.06		
		1-10-2	0.04		
		1-11-1	0.04	0.02	0.02
		1-12-1	0.02		
1-13	470	1-6-1	0.2	0.2	0.21
		1-6-2	0.08	0.08	
		1-7-1	0.2	0.18	0.16
		1-7-2	0.16	0.04	0.02
		1-8-1	0.06	0.04	
		1-8-4	0.06	0.02	0.02
		1-10-2	0.04		
		1-11-1	0.06	0.04	0.03
		1-12-1	0.04		
1-14	510	1-6-1	0.24	0.2	0.2
		1-6-2	0.18	0.1	
		1-7-1	0.16	0.2	0.14
		1-7-2	0.18	0.06	0.04
		1-8-1	0.08	0.04	
		1-8-4	0.1		
		1-10-2	0.04		
		1-11-1	0.1	0.08	0.06
		1-12-1	0.08		
1-15	550	1-6-1	0.38	0.25	0.25
		1-6-2	0.18	0.18	
		1-7-1	0.2	0.2	0.2
		1-7-2	0.08	0.08	0.04
		1-8-1	0.18	0.1	
		1-8-4	0.12	0.1	0.06

续表

工况	荷载等级/kN或mm	裂缝编号	主要裂缝宽度/mm		
			位置1	位置2	位置3
1-15	550	1-10-2	0.06		
		1-11-1	0.16	0.12	0.12
		1-12-1	0.02		
		1-15-1	0.04		
		1-15-2	0.04		
1-16	600	1-6-1	0.4	0.25	0.4
		1-6-2	0.2	0.2	0.2
		1-7-1	0.2	0.22	0.2
		1-7-2	0.1	0.12	0.1
		1-8-1	0.16	0.1	
		1-8-4	0.14		
		1-10-1	0.5		
2-4	150	2-4-1	0.04		
2-5	190	2-5-1	0.02		
2-6	230	2-4-1	0.04		
		2-5-1	0.02		
		2-6-1	0.02		
2-7	270	2-5-1	0.02		
		2-7-1	0.04		
2-8	310	2-5-1	0.04		
		2-7-1	0.04		
		2-8-1	0.02		
2-9	350	2-8-3	0.02		
2-10	390	2-5-1	0.04	0.04	
		2-7-1	0.16	0.14	0.08
		2-8-1	0.14	0.1	0.1
		2-10-1	0.04	0.02	
		2-7-1	0.12	0.1	0.08
		2-10-1	0.04	0.04	0.02
		2-6-1	0.02	0.02	
2-12	470	2-4-1	0.19	0.02	
		2-5-1	0.14		
		2-7-1	0.15	0.17	0.12
		2-8-1	0.13	0.13	0.13
		2-6-1	0.04	0.02	0.02
		2-10-1	0.06	0.04	0.02

续表

工　况	荷载等级/kN 或 mm	裂缝编号	主要裂缝宽度/mm		
			位置 1	位置 2	位置 3
2-13	510	2-7-1	0.25	0.2	0.2
		2-8-1	0.12	0.12	0.13
		2-13-2	0.02		
2-14	550	2-5-1	0.12	0.1	
		2-6-1	0.06	0.04	
		2-7-1	0.22	0.2	0.2
		2-8-1	0.2	0.22	0.2
		2-10-1	0.08	0.08	0.06
		2-12-1	0.1	0.1	
		2-12-2	0.1	0.08	
2-15	600	2-7-1	0.24	0.24	0.24
		2-8-1	0.2	0.2	0.22
		2-12-1	0.04		
3-4	26(mm)	2-5-1	0.18	0.14	
		2-7-1	0.35	0.4	0.3
		2-8-1	0.28	0.28	0.28
		2-10-1	0.1	0.1	0.12
		2-12-2	0.12		
		2-12-1	0.17		
		2-14-1	0.12		
	−26(mm)	1-6-1	0.22	0.22	0.3
		1-7-1	0.2	0.2	0.2
		1-6-2	0.2	0.2	
		1-8-1	0.14		
		1-11-1	0.1	0.12	0.18
		1-12-3	0.04		
3-5	39(mm)	2-5-1	0.2	0.2	
		2-7-1	0.4	0.4	0.4
		2-8-1	0.3	0.4	0.4
		2-10-1	0.15	0.15	0.17
		2-12-1	0.17		
		2-12-2	0.17		
	−39(mm)	1-6-1	0.35	0.33	0.4
		1-6-2	0.3	0.25	
		1-7-1	0.25	0.25	0.27
		1-7-2	0.15		

工　况	荷载等级/kN 或 mm	裂缝编号	主要裂缝宽度/mm		
			位置 1	位置 2	位置 3
3-5	−39(mm)	1-11-1	0.17	0.19	0.2
		1-15-1	0.12		
3-6	52(mm)	2-5-1	0.33	0.22	
		2-7-1	0.4	0.5	0.4
		2-8-1	0.4	0.4	
		2-10-1	0.2	0.2	0.2
		2-12-1	0.2		
		2-12-2	0.2		
	−52(mm)	1-6-1	0.4	0.4	0.4
		1-6-2	0.32	0.2	
		1-7-1	0.25	0.3	
		1-7-2	0.2		
		1-11-1	0.15	0.17	0.2

注：工况“1”数字开头代表力控制拉力工况；“2”数字开头代表力控制压力工况；“3”数字开头代表位移控制循环工况。在荷载等级中，第一及第二工况表征作动器加载力大小，第三工况表征作动器加载位移大小。

3.5.9　8＃试件

8＃试件为直径 40 mm 主筋采用半套筒连接的节段预制装配立柱试件，套筒设置在墩底，轴压比为 0.1，其试验加载图和加载后的变形照片如图 3.29 所示。

(a) 加载前　　(b) 加载后

图 3.29　8＃试件实际加载图及加载后的图

8＃试件的五水准损伤水平照片如图 3.30 所示，损伤状态和性能水平描述如下：

损伤级别Ⅰ，即开裂阶段如图 3.30(a)所示，试件沿柱身出现发丝般微小裂缝，卸载后裂缝闭合。该级别试件无损伤，不需要修复。

损伤级别Ⅱ如图 3.30(b)所示，试件沿柱身出现多条弯曲裂缝，裂缝间距比较均匀，并有多条裂缝延伸至侧面，裂缝宽度 0.06～0.24 mm，卸载后裂缝闭合。在该级别，试件可不修复；若需修复，则只需要小修。

损伤级别Ⅲ如图 3.30(c)所示，柱身出现多条弯曲裂缝，裂缝宽度 0.04～0.7 mm，多条水

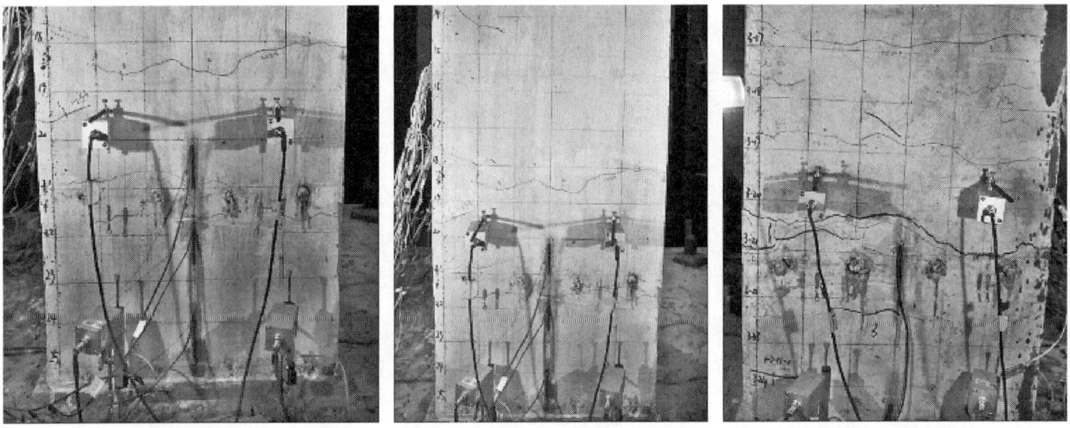

(a) 级别Ⅰ　(b) 级别Ⅱ　(c) 级别Ⅲ

注：为了清晰显示，图中裂缝已经加粗　注：为了清晰显示，图中裂缝已经加粗　注：为了清晰显示，图中裂缝已经加粗

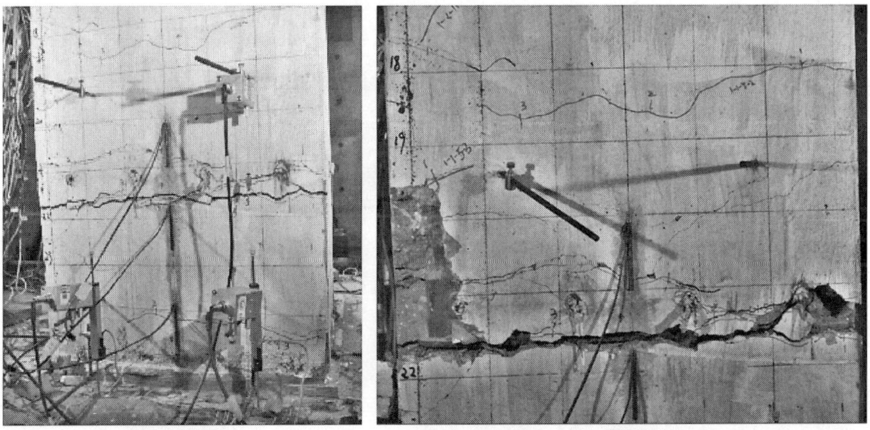

(d) 级别Ⅳ　(e) 级别Ⅴ

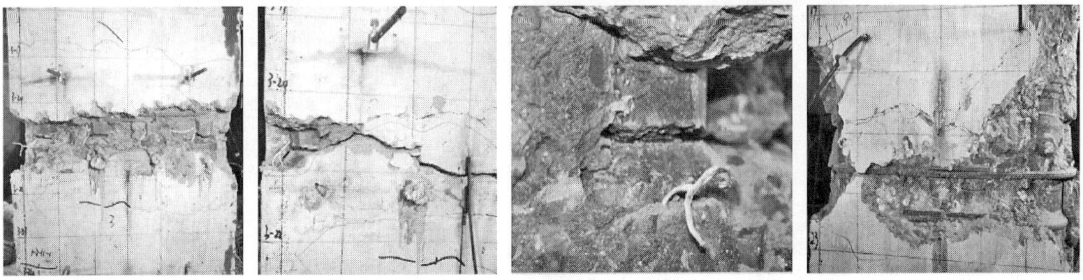

(f) 试验结束后

图 3.30　8＃试件损伤状态

平裂缝在正反荷载作用下贯通闭合，柱底出现裂缝并有剥落趋势，承台出现开裂，在半套筒顶部出现贯穿主裂缝。

随着变形的增加，保护层混凝土持续剥落且混凝土剥落区高度保持不变，标志着试件达到损伤级别Ⅳ，如图 3.30(d)所示。在距离承台 70 cm 高度内，混凝土裂缝交错发展，在 35 cm 处半套筒顶部处，混凝土保护层大量脱落，可以较为清楚地看到内部套筒及箍筋。柱底弯曲裂缝宽度较小，变形主要集中在套筒顶部主裂缝处。构件在达到该损伤级别时，为了保证其正常使用功能，需要进行大修。

损伤级别Ⅴ如图 3.30(e)所示。套筒顶部处混凝土大量剥落，套筒裸露，清理掉混凝土以后，可以发现最终破坏形式为套筒断裂，主筋并未发生破坏[见图 3.30(f)]。在这个阶段，一般不推荐进行修复，有必要直接更换破坏的构件；而在 40 mm 主筋配筋条件下，半套筒连接方式的可靠性有待加强。

裂缝宽度测量见表 3.13，表格中裂缝测量 3 个位置，位置 1～3 分别对应裂缝中心位置及两边位置，当裂缝长度较短及两边裂缝宽度很小时不予测量。

表 3.13　8＃试件各工况主要裂缝描述

工　况	荷载等级/kN 或 mm	裂缝编号	裂缝宽度/mm		
			位置 1	位置 2	位置 3
1-1	190	1-1-1	0.02		
		1-1-2	0.04	0.08	0.14
1-2	230	1-1-1	0.02		
		1-1-2	0.04	0.08	0.14
		1-2-1	0.02	0.06	0.1
1-3	270	1-1-1	0.04		
		1-1-2	0.1	0.16	0.16
		1-2-1	0.06	0.1	0.12
		1-3-1	0.04	0.02	0.02
1-4	310	1-1-1	0.06		
		1-1-2	0.1	0.16	0.16
		1-2-1	0.16	0.18	0.16
		1-3-1	0.06	0.02	0.02
		1-4-1	0.02		
1-5	350	1-1-1	0.04		
		1-1-2	0.16	0.2	0.16
		1-2-1	0.16	0.18	0.18
		1-3-1	0.08	0.02	0.02
		1-4-1	0.02		
1-6	390	1-1-1	0.1		
		1-1-2	0.18	0.2	0.22
		1-2-1	0.24	0.24	0.22

续表

工　况	荷载等级/kN 或 mm	裂缝编号	裂缝宽度/mm		
			位置 1	位置 2	位置 3
1-6	390	1-3-1	0.12	0.08	0.06
		1-4-1	0.04		
1-7	430	1-1-1	0.2		
		1-1-2	0.2	0.26	0.24
		1-2-1	0.34	0.26	0.22
		1-3-1	0.12	0.08	0.08
		1-7-1	0.04	0.04	
		1-7-2	0.06	0.06	
		1-7-3	0.04	0.02	0.02
1-8	470	1-1-1	0.22		
		1-1-2	0.24	0.26	0.24
		1-2-1	0.36	0.3	0.42
		1-3-1	0.16	0.14	0.12
		1-7-1	0.08	0.06	
		1-7-2	0.08	0.08	
		1-7-3	0.08	0.06	0.06
1-9	510	1-1-1	0.34		
		1-1-2	0.28	0.32	0.24
		1-2-1	0.46	0.4	0.46
		1-3-1	0.2	0.18	0.14
		1-7-1	0.1	0.06	
		1-7-2	0.08	0.08	
		1-7-3	0.1	0.1	0.08
		1-9-3	0.08	0.04	
1-10	550	1-1-1	0.36		
		1-1-2	0.28	0.32	0.26
		1-2-1	0.6	0.46	0.56
		1-3-1	0.22	0.2	0.16
		1-7-1	0.1	0.1	
		1-7-2	0.16	0.18	0.12
		1-7-3	0.14	0.12	0.1
		1-9-3	0.12	0.04	
1-11	600	1-1-1	0.4		
		1-1-2	0.32	0.36	0.34
		1-2-1	0.71	0.5	0.79

续表

工　况	荷载等级/kN 或 mm	裂缝编号	裂缝宽度/mm		
			位置 1	位置 2	位置 3
1-11	600	1-3-1	0.24	0.22	0.2
		1-7-1	0.1	0.1	
		1-7-2	0.22	0.22	0.16
		1-7-3	0.16	0.12	0.12
		1-9-3	0.2	0.18	
2-2	230	1-2-1	0.02		
		1-2-2	0.02		
		1-2-3	0.02		
2-3	270	1-2-1	0.04	0.02	
		1-2-2	0.06		
		1-2-3	0.08		
		1-3-1	0.08	0.04	
2-4	310	1-2-1	0.06	0.04	
		1-2-2	0.12	0.06	
		1-2-3	0.12	0.16	
		1-3-1	0.1	0.06	
		1-4-1	0.12	0.08	
		1-4-2	0.04		
		1-4-3	0.02	0.02	
2-5	350	1-2-1	0.08	0.06	
		1-2-2	0.24	0.16	
		1-2-3	0.12	0.08	
		1-3-1	0.1	0.08	
		1-4-1	0.2	0.16	
		1-4-2	0.02		
		1-4-3	0.06	0.02	
		1-5-1	0.02	0.02	
		1-5-2	0.02	0.02	
2-6	390	1-2-1	0.08	0.06	
		1-2-2	0.3	0.16	
		1-2-3	0.14	0.14	
		1-3-1	0.12	0.1	
		1-4-1	0.24	0.2	
		1-4-2	0.06		
		1-4-3	0.04	0.02	

续表

工　况	荷载等级/kN 或 mm	裂缝编号	裂缝宽度/mm		
			位置 1	位置 2	位置 3
2－6	390	1－5－1	0.04	0.02	
		1－5－2	0.04	0.04	
2－7	430	1－2－1	0.06	0.06	
		1－2－2	0.42	0.18	
		1－2－3	0.16	0.06	
		1－3－1	0.16	0.12	
		1－4－1	0.46	0.4	
		1－4－2	0.02		
		1－4－3	0.1	0.02	
		1－5－1	0.04	0.04	
		1－5－2	0.04	0.06	
		1－6－1	0.02	0.02	
		1－6－2	0.04	0.04	
		1－6－3	0.08		
		1－7－1	0.02		
		1－7－2	0.02		
2－8	470	1－2－1	0.08	0.08	
		1－2－2	0.46	0.2	
		1－2－3	0.08	0.06	
		1－3－1	0.16	0.16	
		1－4－1	0.48	0.42	0.26
		1－4－2	0.02		
		1－4－3	0.08	0.04	
		1－5－1	0.1	0.08	0.08
		1－5－2	0.1	0.1	0.08
		1－6－1	0.04	0.02	
		1－6－2	0.1	0.08	
		1－6－3	0.08		
		1－7－1	0.04		
		1－7－2	0.04		
2－9	510	1－2－1	0.16	0.1	0.12
		1－2－2	0.5	0.18	0.36
		1－2－3	0.16	0.14	
		1－3－1	0.16	0.16	
		1－4－1	0.48	0.52	0.34

续表

工　况	荷载等级/kN 或 mm	裂缝编号	裂缝宽度/mm		
			位置 1	位置 2	位置 3
2-9	510	1-4-2	0.02		
		1-4-3	0.08	0.04	
		1-5-1	0.12	0.12	0.12
		1-5-2	0.1	0.12	0.08
		1-6-1	0.06	0.02	
		1-6-2	0.12	0.08	0.02
		1-6-3	0.12		
		1-7-1	0.02		
		1-7-2	0.02		
		1-8-1	0.04		
		1-8-2	0.06	0.02	0.04
2-10	550	1-2-1	0.16	0.08	0.16
		1-2-2	0.5	0.2	0.6
		1-2-3	0.1	0.08	
		1-3-1	0.18	0.12	
		1-4-1	0.48	0.6	0.48
		1-4-2	0.02		
		1-4-3	0.04	0.04	
		1-5-1	0.14	0.12	0.12
		1-5-2	0.12	0.14	0.12
		1-6-1	0.08	0.04	
		1-6-2	0.16	0.12	0.04
		1-6-3	0.12		
		1-7-1	0.02		
		1-7-2	0.02		
		1-8-1	0.04	0.04	0.04
2-11	600	1-2-1	0.16	0.14	0.22
		1-2-2	0.7	0.2	0.7
		1-2-3	0.1	0.08	
		1-3-1	0.32	0.24	0.06
		1-4-1	0.61	0.7	0.61
		1-4-2	0.02		
		1-4-3	0.06	0.02	
		1-5-1	0.14	0.14	0.16
		1-5-2	0.14	0.14	0.1

续表

工　况	荷载等级/kN 或 mm	裂缝编号	裂缝宽度/mm		
			位置 1	位置 2	位置 3
2 - 11	600	1 - 6 - 1	0.1	0.04	
		1 - 6 - 2	0.2	0.14	0.04
		1 - 6 - 3	0.06		
		1 - 7 - 1	0.02		
		1 - 7 - 2	0.04		
		1 - 8 - 1	0.06	0.1	0.06

注：工况"1"数字开头代表力控制拉力工况；"2"数字开头代表力控制压力工况；"3"数字开头代表位移控制循环工况。在荷载等级中，第一及第二工况表征作动器加载力大小，第三工况表征作动器加载位移大小。

3.5.10　9＃试件

9＃试件为直径 32 mm 主筋全套筒连接的节段预制装配立柱试件，灌浆套筒设置在墩底，轴压比为 0.1，其试验加载图和加载后的变形照片如图 3.31 所示。

(a) 加载前　　(b) 加载后

图 3.31　9＃试件实际加载图及加载变形后的图

9＃试件的五水准损伤水平照片如图 3.32 所示，损伤状态和性能水平描述如下：

损伤级别Ⅰ，即开裂阶段如图 3.32(a)所示，试件沿柱身出现发丝般微小裂缝，卸载后裂缝闭合。该级别试件无损伤，不需要修复。

损伤级别Ⅱ如图 3.32(b)所示，试件沿柱身出现多条弯曲裂缝，裂缝间距比较均匀，并有多条裂缝延伸至侧面，裂缝宽度 0.02～0.16 mm，卸载后裂缝闭合。在该级别，试件可不修复；若需修复，则只需要小修。

损伤级别Ⅲ如图 3.32(c)所示，柱身出现多条弯曲裂缝，裂缝宽度 0.16～0.61 mm，多条水平裂缝在正反两方向荷载作用下贯通闭合，柱底砂浆层出现水平裂缝，接缝处张开约 3 mm。

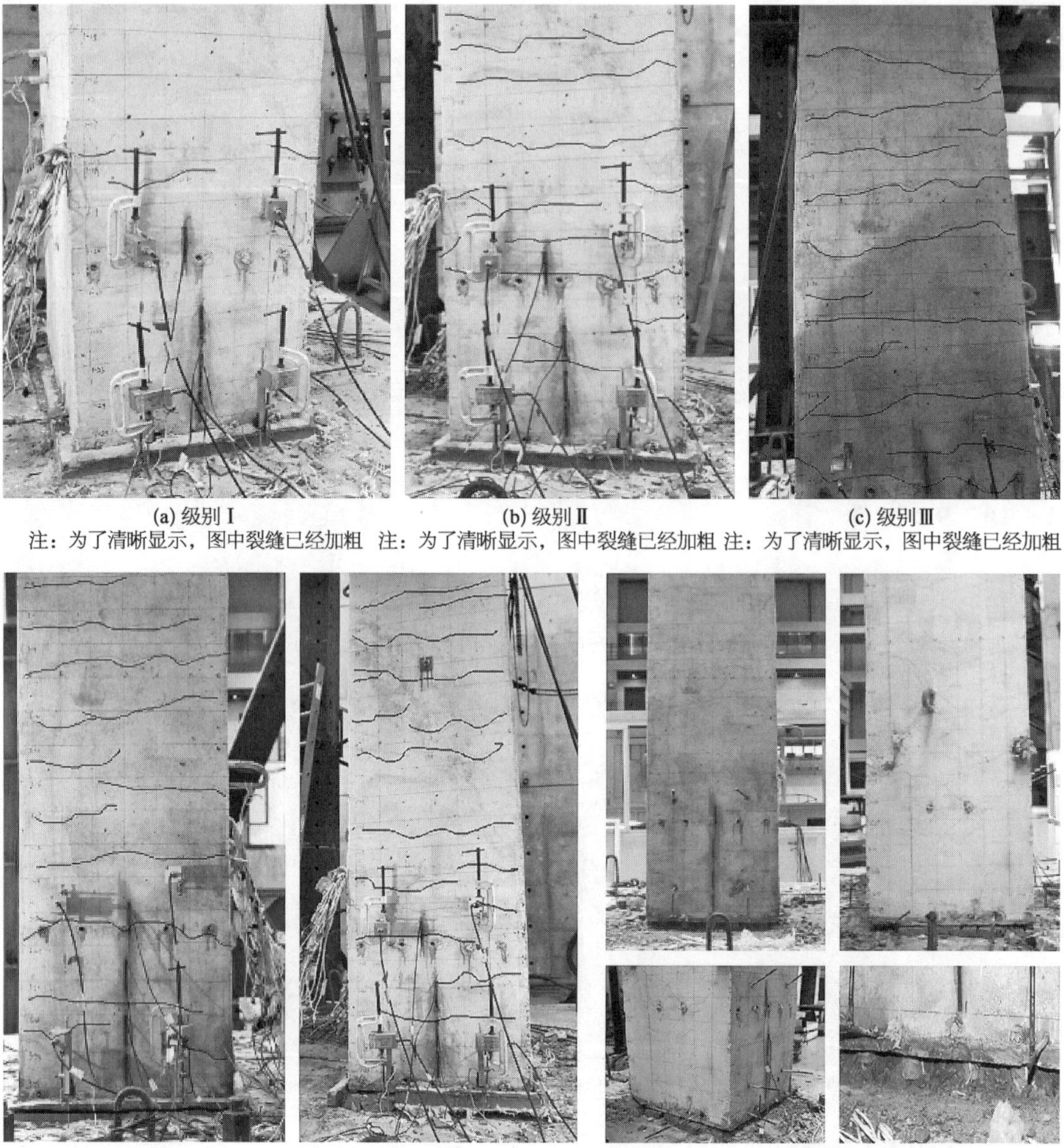

(a) 级别Ⅰ (b) 级别Ⅱ (c) 级别Ⅲ

注：为了清晰显示，图中裂缝已经加粗 注：为了清晰显示，图中裂缝已经加粗 注：为了清晰显示，图中裂缝已经加粗

(d) 级别Ⅳ (e) 级别Ⅴ (f) 试验结束后

图 3.32　9＃试件损伤状态

损伤级别Ⅳ如图 3.32(d)所示，柱底砂浆层破坏，立柱底与承台间的接缝张开，宽度约为 5 mm，且在继续发展，附近混凝土发生剥离破坏。构件在达到该损伤级别时，为了保证其正常使用功能，需要进行大修。

损伤级别Ⅴ如图 3.32(e)所示，纵筋受压屈曲，并有钢筋断裂，立柱底和承台间的砂浆垫层压碎，柱底与承台间的接缝完全脱开。试验结束后，清除塑性铰区保护层混凝土后，试件破坏状态如图 3.32(f)所示。从图中可以看出，破坏区域主要集中在立柱底和承台的接缝处。在这个阶段，一般不推荐进行修复，有必要直接更换破坏的构件。

裂缝宽度测量见表 3.14，表格中裂缝测量 3 个位置，位置 1～3 分别对应于裂缝中心位置及两边位置，当裂缝长度较短及两边裂缝宽度很小时不予测量。

表 3.14　9#试件各工况主要裂缝描述

工　况	荷载等级/kN 或 mm	裂缝编号	主要裂缝宽度/mm		
			位置 1	位置 2	位置 3
1-5	150	1-5-1	0.04	0.06	0.08
1-6	190	1-5-1	0.1	0.04	0.2
1-7	230	1-5-1	0.16	0.12	0.24
		1-7-1	0.04	0.02	0.04
		1-7-2	0.06	0.02	0.02
1-8	270	1-5-1	0.3	0.2	0.26
		1-7-1	0.04	0.02	0.04
		1-7-2	0.1	0.12	0.04
		1-8-1	0.02	0.02	0.02
1-9	310	1-5-1	0.32	0.3	0.28
		1-7-1	0.06	0.04	0.1
		1-7-2	0.1	0.1	0.04
		1-8-1	0.04	0.04	0.02
		1-8-2	0.02		
1-10	350	1-5-1	0.46	0.36	0.3
		1-7-1	0.04	0.08	0.08
		1-9-1	0.02		
		1-9-4	0.02		
		1-10-1	0.06	0.04	0.02
1-11	390	1-5-1	0.42	0.49	0.61
		1-7-1	0.1	0.16	0.16
		1-7-2	0.2	0.16	0.16
		1-8-1	0.12	0.1	0.1
		1-10-1	0.1	0.06	0.02
		1-11-1	0.02	0.02	
1-12	430	1-5-1	0.61	0.65	0.65
		1-7-1	0.14	0.14	0.18
		1-7-2	0.16	0.16	0.12
		1-8-1	0.14	0.08	0.08
		1-8-2	0.1	0.02	0.12
		1-9-4	0.06	0.1	0.08
		1-11-1	0.04	0.02	0.02
		1-12-1	0.02	0.02	
		1-12-2	0.02	0.06	

续表

工　况	荷载等级/kN 或 mm	裂缝编号	主要裂缝宽度/mm		
			位置 1	位置 2	位置 3
1-13	470	1-5-1	0.65	0.67	0.61
		1-7-1	0.12	0.12	0.2
		1-8-2	0.12		
		1-9-4	0.12	0.1	0.1
		1-11-1	0.06	0.08	0.04
		1-12-1	0.04	0.04	
		1-12-2	0.04	0.1	
2-7	230	2-7-1	0.02	0.02	0.08
2-8	270	2-7-1	0.16	0.1	0.12
2-9	310	2-7-1	0.2	0.16	0.1
		2-9-1	0.02	0.02	0.02
		2-9-2	0.02	0.02	
2-10	350	2-7-1	0.2	0.24	0.18
		2-9-1	0.04	0.06	0.04
		2-9-2	0.04	0.06	
		2-10-1	0.02	0.02	0.02
2-11	390	2-7-1	0.3	0.3	0.26
		2-9-1	0.06	0.06	0.04
		2-9-2	0.08	0.08	
		2-10-1	0.04	0.06	0.03
		2-11-1	0.02	0.02	0.04
		2-11-2	0.02		
2-12	430	2-7-1	0.2	0.22	0.3
		2-9-1	0.1	0.1	0.15
		2-9-2	0.22	0.2	0.2
		2-10-1	0.12	0.2	0.18
		2-11-1	0.1	0.1	0.12
		2-11-2	0.08	0.02	0.02
		2-12-1	0.04	0.04	0.04
2-13	470	2-7-1	0.38	0.35	0.35
		2-9-1	0.2	0.2	0.18
		2-10-1	0.2	0.2	0.18
		2-11-1	0.16	0.18	0.18
		2-12-1	0.06	0.1	0.1
		2-13-1	0.06	0.02	0.02

续表

工　况	荷载等级/kN或mm	裂缝编号	主要裂缝宽度/mm		
			位置1	位置2	位置3
3-4	25(mm)	2-7-1	0.6	0.65	0.65
		2-9-1	0.25	0.22	0.25
		2-9-2	0.2	0.2	0.2
		2-10-1	0.3	0.25	0.25
		2-12-1	0.2	0.2	0.18
		2-13-1	0.16	0.2	0.2
		3-4-1	0.02	0.04	0.02
		3-4-2	0.04	0.04	0.02
	−25(mm)	1-5-1	1	0.8	0.4
		1-7-1	0.22	0.25	0.25
		1-7-2	0.25	0.22	0.3
		1-8-1	0.2	0.22	0.2
		1-8-2	0.2	0.2	0.2
3-5	38(mm)	2-7-1	1	0.6	0.34
		2-9-1	0.35	0.32	0.2
		2-10-1	0.4	0.3	0.1
		2-11-1	0.08	0.12	0.3
		2-11-2	0.15	0.1	
		3-4-1	0.08	0.06	0.06
		3-4-2	0.12	0.12	0.12
		3-5-1	0.2	0.15	
		3-5-2	0.12		
		3-5-3	0.15		
	−38(mm)	1-5-1	1	1	0.8
		1-7-1	0.2	0.22	0.35
		1-7-2	0.22	0.22	0.22
		1-8-1	0.2	0.22	0.22
		1-9-4	0.24	0.22	0.22
		1-10-1	0.16	0.16	0.14
		3-5-6	0.11	0.06	
3-6	50(mm)	2-7-1	1.4	0.9	0.8
		2-9-1	0.4	0.4	0.25
		2-9-2	0.2	0.3	0.24
		2-10-1	0.4	0.34	
		2-11-1	0.3	0.2	0.3

续表

工　况	荷载等级/kN 或 mm	裂缝编号	主要裂缝宽度/mm		
			位置 1	位置 2	位置 3
3-6	50(mm)	3-4-1	0.1	0.1	
		3-4-2	0.12	0.18	
		3-5-1	0.2		
		3-5-2	0.2		
	−50(mm)	1-5-1	1.2	1.2	1
		1-7-1	0.2	0.25	0.4
		1-8-1	0.2	0.22	0.22

注：工况"1"数字开头代表力控制拉力工况；"2"数字开头代表力控制压力工况；"3"数字开头代表位移控制循环工况。在荷载等级中，第一及第二工况表征作动器加载力大小，第三工况表征作动器加载位移大小。

3.5.11　10＃试件

10＃试件为直径 32 mm 主筋半套筒连接的节段预制装配立柱试件，灌浆套筒设置在墩底，轴压比为 0.1，其试验加载图和加载后的变形照片如图 3.33 所示。

(a) 加载前

(b) 加载后

图 3.33　10＃试件实际加载图及加载变形后的图

10＃试件的五水准损伤水平照片如图 3.34 所示，损伤状态和性能水平描述如下：

损伤级别Ⅰ，即开裂阶段如图 3.34(a)所示，试件沿柱身出现发丝般微小裂缝，卸载后裂缝闭合。该级别试件无损伤，不需要修复。

损伤级别Ⅱ如图 3.34(b)所示，试件沿柱身出现多条弯曲裂缝，裂缝间距比较均匀，并有多条裂缝延伸至侧面，裂缝宽度 0.02～0.3 mm，垫层处出现裂缝，卸载后裂缝闭合。在该级别，试件可不修复；若需修复，则只需要小修。

损伤级别Ⅲ如图 3.34(c)所示，柱身出现多条弯曲裂缝，多条水平裂缝在正反两方向荷

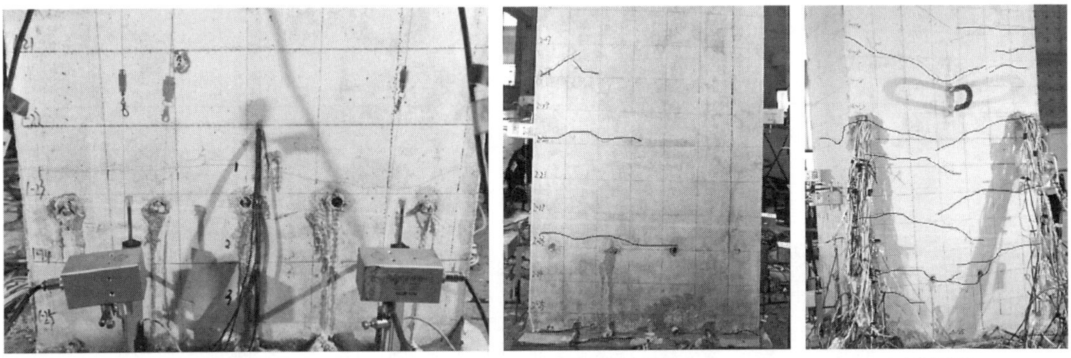

(a) 级别Ⅰ　　　　　　　　　　　　　　(b) 级别Ⅱ　　　　　　　　　　　　(c) 级别Ⅲ

注：为了清晰显示，图中裂缝已经加粗　　注：为了清晰显示，图中裂缝已经加粗

(d) 级别Ⅳ　　　　　　　　　　　　(e) 级别Ⅴ

(f) 试验结束后

图 3.34　10＃试件损伤状态

载作用下贯通闭合，套筒顶部附近出现一条极大的贯穿裂缝，在柱底垫层接缝处同时出现较大的裂缝且继续发展，垫层附近混凝土开始剥落。

损伤级别Ⅳ如图 3.34(d)所示，套筒上方裂缝仍在发展，宽度约为 5 mm。柱底砂浆层破坏，立柱底与承台间的接缝继续张开，附近混凝土发生剥离破坏。构件在达到该损伤级别时，为了保证其正常使用功能，需要进行大修。

损伤级别Ⅴ如图 3.34(e)所示，柱底砂浆层破坏，接缝处主筋拉断，立柱底与承台间的接缝继续张开。试验结束后，清除塑性铰区保护层混凝土后，试件破坏状态如图 3.34(f)所示。从图中可以看出，破坏区域主要集中在立柱与承台的接缝处。在这个阶段，一般不推荐进行修复，有必要直接更换破坏的构件。

裂缝宽度测量见表 3.15，表格中裂缝测量 3 个位置，位置 1～3 分别对应于裂缝中心位置及两边位置，当裂缝长度较短及两边裂缝宽度很小时不予测量。

表 3.15　10＃试件各工况主要裂缝描述

工　况	荷载等级/kN	裂缝编号	主要裂缝宽度/mm		
			位置 1	位置 2	位置 3
1－6	190	1－6－1	0.02		
		1－6－2	0.02		
		1－6－3	0.02		
1－7	230	1－6－1	0.02		
		1－6－2	0.04		
		1－6－3	0.06		
		1－7－2	0.02		
		1－7－3	0.02		
1－8	270	1－7－1	0.06	0.04	0.02
		1－7－2	0.04	0.06	0.02
		1－7－3	0.04	0.02	0.02
		1－8－1	0.02		
1－9	310	1－6－1	0.08		
		1－6－2	0.08		
		1－6－3	0.1		
		1－9－1	0.06		
		1－9－2	0.02	0.02	
		1－9－3	0.08	0.02	0.01
		1－9－4	0.02		
1－10	350	1－7－1	0.12		
		1－7－2	0.12	0.1	0.1
		1－7－3	0.1	0.08	0.06
		1－8－1	0.02		
		1－8－2	0.06		
1－11	390	1－6－1	0.08		
		1－6－2	0.12	0.08	
		1－6－3	0.12		
		1－9－2	0.1	0.08	0.02
		1－9－3	0.12	0.06	0.06
		1－9－4	0.16		
1－12	430	1－7－1	0.14	0.1	0.12
		1－7－2	0.16	0.14	0.14
		1－7－3	0.18	0.1	0.1

续表

工　况	荷载等级/kN	裂缝编号	主要裂缝宽度/mm		
			位置 1	位置 2	位置 3
1－12	430	1－8－1	0.02		
		1－8－2	0.1	0.06	
1－13	470	1－6－1	0.08		
		1－6－2	0.2	0.18	
		1－6－3	0.22		
		1－9－2	0.14	0.12	0.1
		1－9－3	0.24	0.14	0.1
		1－9－4	0.28	0.18	0.28
1－14	510	1－7－1	0.16	0.12	0.12
		1－7－2	0.22	0.2	0.24
		1－7－3	0.2	0.14	0.12
		1－8－2	0.1	0.06	
		1－9－4	0.28	0.2	0.28
1－15	550	1－7－2	0.38	0.3	0.24
		1－7－3	0.22	0.2	0.12
		1－9－4	0.36	0.28	0.28
		柱-台接缝	0.4		
2－7	230	2－7－1	0.02	0.02	
2－8	270	2－7－1	0.06	0.02	0.02
2－9	310	2－7－1	0.08	0.06	0.06
		2－9－1	0.04		
		2－9－2	0.02		
2－10	350	2－8－1	0.06	0.02	0.02
		2－10－1	0.02	0.02	
		2－10－2	0.04		
2－11	390	2－7－1	0.12	0.1	0.1
		2－9－1	0.1	0.12	0.02
		2－9－2	0.02		
		2－11－1	0.02	0.02	
2－12	430	2－8－1	0.06	0.08	0.06
		2－10－1	0.06	0.06	
		2－10－2	0.06		
		2－12－3	0.04	0.02	
2－13	470	2－7－1	0.24	0.16	0.2
		2－9－1	0.2	0.22	0.08

续表

工　况	荷载等级/kN	裂缝编号	主要裂缝宽度/mm		
			位置 1	位置 2	位置 3
2 - 13	470	2 - 9 - 4	0.1	0.18	0.18
		2 - 11 - 1	0.06	0.02	0.02
2 - 14	510	2 - 8 - 1	0.14	0.14	0.12
		2 - 10 - 1	0.06	0.06	
		2 - 7 - 1	0.24	0.2	0.24
		2 - 9 - 1	0.2	0.24	0.12
		2 - 8 - 1	0.12	0.14	0.14
		2 - 9 - 4	0.2	0.22	0.24
		2 - 7 - 1	0.24	0.24	0.26
		2 - 9 - 1	0.32	0.3	0.22
3 - 4	25(mm)	2 - 8 - 1	0.12	0.22	0.16
		2 - 9 - 4	0.22	0.3	0.38
		2 - 7 - 1	0.28	0.3	0.28
		2 - 9 - 1	0.34	0.42	0.36
	−25(mm)	1 - 8 - 2	0.14	0.14	0.04
		1 - 7 - 3	0.24	0.16	0.12
		1 - 7 - 2	0.26	0.2	0.16
		1 - 9 - 4	0.42	0.28	0.3
3 - 5	38(mm)	2 - 8 - 1	0.24	0.28	0.28
		2 - 9 - 4	0.34	0.38	0.5
		2 - 7 - 1	0.44	0.32	0.46
		2 - 9 - 1	0.57	0.5	0.48
	−38(mm)	1 - 8 - 2	0.22	0.2	0.16
		1 - 7 - 3	0.28	0.2	0.2
		1 - 9 - 2	0.2	0.18	0.16
		1 - 7 - 2	0.42	0.3	0.32
		1 - 9 - 4	0.4	0.42	0.3
3 - 6	50(mm)	2 - 8 - 1	0.3	0.27	0.32
		2 - 9 - 4	0.32	0.4	0.38
		2 - 7 - 1	0.38	0.36	0.46
		2 - 9 - 1	0.61	0.57	0.48
	−50(mm)	1 - 8 - 2	0.18	0.16	0.12
		1 - 7 - 3	0.2	0.2	0.14
		1 - 9 - 2	0.16	0.18	0.12
		1 - 7 - 2	0.36	0.32	0.32
		1 - 9 - 4	0.5	0.44	0.49

工　况	荷载等级/kN	裂缝编号	主要裂缝宽度/mm		
			位置 1	位置 2	位置 3
3-7	63(mm)	2-8-1	0.18	0.3	0.32
		2-9-4	0.36	0.44	0.53
		2-7-1	0.36	0.36	0.48
		2-9-1	0.65	0.63	0.57
	-63(mm)	1-8-2	0.2	0.22	0.18
		1-7-3	0.26	0.24	0.22
		1-9-2	0.18	0.16	0.16
		1-7-2	0.51	0.4	0.2
		1-9-4	0.57	0.55	0.55
3-8	75(mm)	2-8-1	0.2	0.26	0.32
		2-9-4	0.32	0.42	0.51
		2-7-1	0.36	0.32	0.51
		2-9-1	0.55	0.65	0.55
	-75(mm)	1-8-2	0.22	0.2	0.14
		1-7-3	0.22	0.22	0.18
		1-7-2	0.51	0.36	0.32
		1-9-4	0.55	0.51	0.53

注：工况“1”数字开头代表力控制拉力工况；“2”数字开头代表力控制压力工况；“3”数字开头代表位移控制循环工况。在荷载等级中，第一及第二工况表征作动器加载力大小，第三工况表征作动器加载位移大小。

3.5.12　11＃试件

11＃试件为现浇立柱，其试验加载图及加载过程中试件变形如图 3.35 所示。

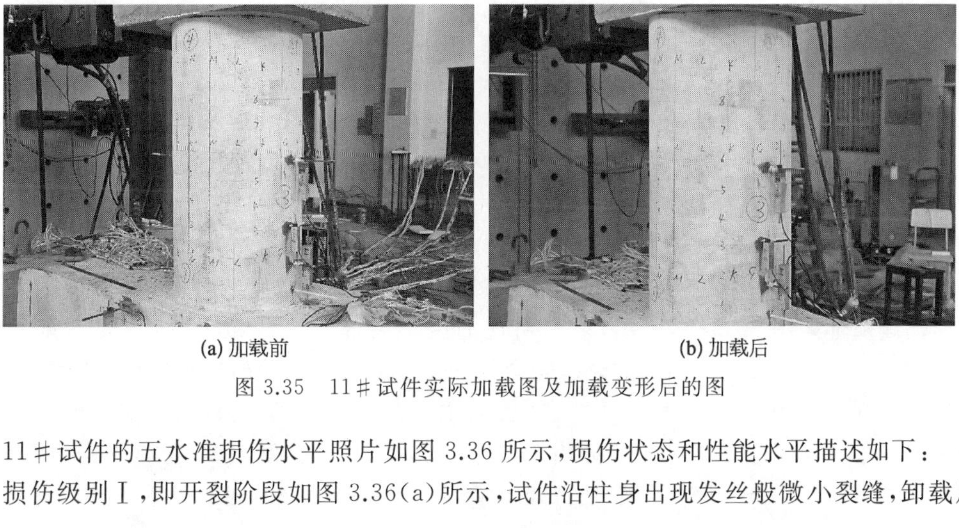

(a) 加载前　　(b) 加载后

图 3.35　11＃试件实际加载图及加载变形后的图

11＃试件的五水准损伤水平照片如图 3.36 所示，损伤状态和性能水平描述如下：

损伤级别Ⅰ，即开裂阶段如图 3.36(a)所示，试件沿柱身出现发丝般微小裂缝，卸载后裂

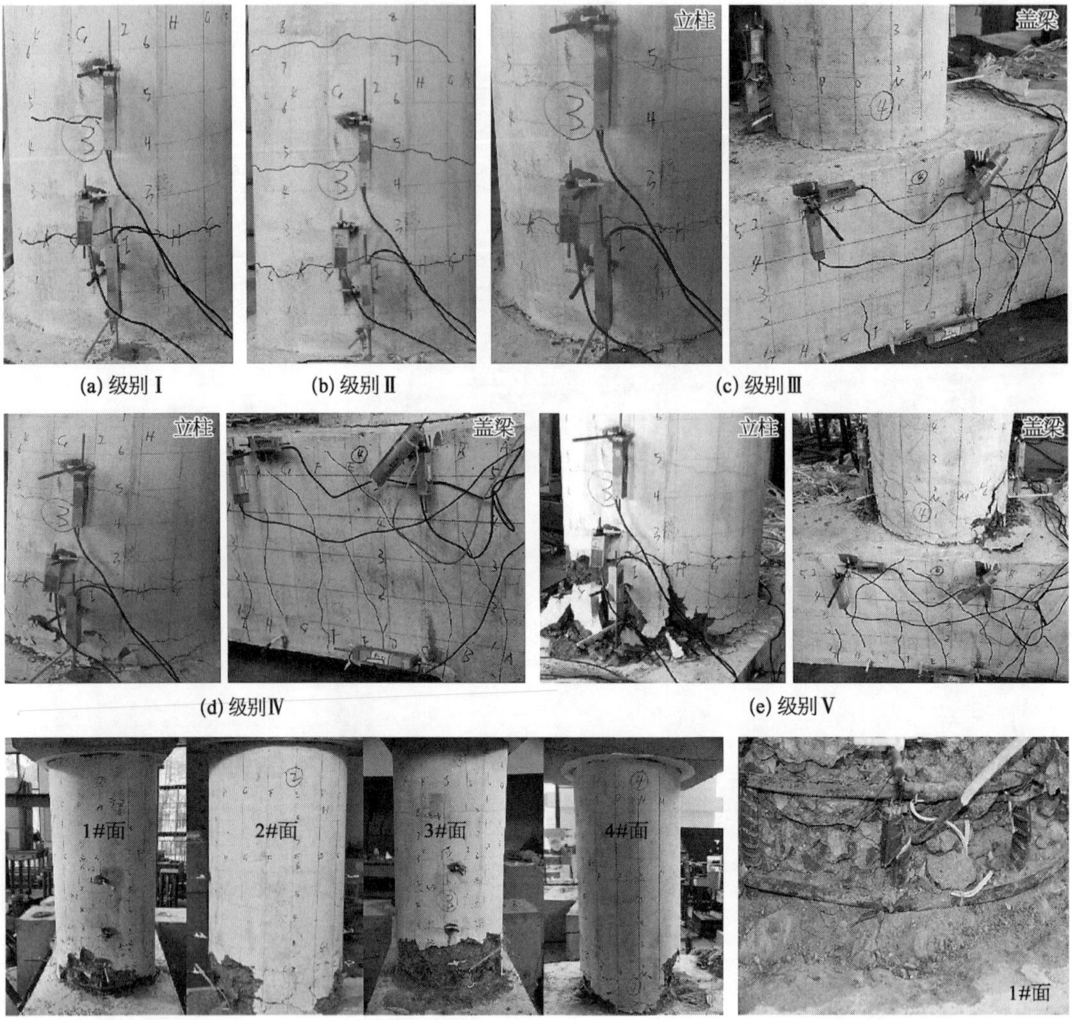

(a) 级别Ⅰ (b) 级别Ⅱ (c) 级别Ⅲ

(d) 级别Ⅳ (e) 级别Ⅴ

整体破坏现象 局部破坏现象

(f) 试验结束后

图 3.36 11#试件损伤状态

注：为了清晰显示，图中裂缝已经加粗

缝闭合。该级别试件无损伤，不需要修复。

损伤级别Ⅱ如图 3.36(b)所示，试件沿柱身形成多条水平贯穿裂缝。当加载端侧向位移达到 10.39 mm 时，墩底最外侧的主要受力钢筋开始发生屈服，试件的等效屈服位移为 11.85 mm，屈服力为 348.14 kN。在该级别，试件一般不需要修复；如果需要可能的修复，则需要小修。

损伤级别Ⅲ如图 3.36(c)所示，之前出现的微小裂缝发展成粗裂缝，主裂缝宽度达到 1.5 mm 左右，柱与盖梁交界面上的裂缝完全张开。盖梁侧面底部出现竖向细微裂缝。

损伤级别Ⅳ如图 3.36(d)所示，靠近柱底的主裂缝进一步发展，柱底保护层混凝土有开始剥落的迹象。盖梁侧面的竖向裂缝增多，裂缝宽度基本没有发展。另外，根据声音判断，最外侧受力钢筋已经被拉断。钢筋被拉断前后，试件承载能力出现明显的波动：钢筋被拉断之前，试件承载能力突然出现一个峰值(由 371.7 kN 攀升至 380.6 kN)，在钢筋被拉断的一瞬间，试件承载能力又突降至 230.9 kN，但在随后的循环加载中，试件的承载能力又恢复到 318.2 kN。构件在达到该损伤级别时，一般通过一些必要的修复就可以保证其正常使用功能，但由于该试件中纵筋被拉断，建议对整个构件进行更换。

损伤级别Ⅴ如图 3.36(e)所示，墩底塑性铰区的破坏进一步发展，距立柱底 20 cm 范围内的保护层混凝被压碎并完全剥落。盖梁节点区域的裂缝进一步增多，但裂缝宽度没有太大变化。试验结束后，清除塑性铰区保护层混凝土后，试件破坏状态如图 3.36(f)所示。从图中可以看出，试件主要破坏区域集中在墩底塑性铰区，靠外侧的受力钢筋被拉断，试件破坏区域高度约 20 cm，即 0.4D 左右。相比之下，盖梁节点区域基本没有发生损伤，仅有一些细微的裂缝。

3.5.13 12＃试件

12＃试件为节段预制立柱，采用插槽式连接，其试验加载图及加载过程中试件变形如图 3.37 所示。

(a) 加载前

(b) 加载后

图 3.37 12＃试件实际加载图及加载变形后的图

12＃试件的五水准损伤水平照片如图 3.38 所示，损伤状态和性能水平描述如下：

损伤级别Ⅰ，即开裂阶段如图 3.38(a)所示，试件沿柱身出现丝般微小裂缝，卸载后裂缝闭合。盖梁侧面下部出现两条细微裂缝。该级别试件无损伤，不需要修复。

损伤级别Ⅱ如图 3.38(b)所示，试件沿柱身有多条水平贯穿裂缝，裂缝间距比较均匀，约为 0.4H。盖梁侧面裂缝长度略有发展，裂缝长度基本没变。当加载端侧向位移达到 9.72 mm 时，墩底最外侧的主要受力钢筋开始发生屈服，试件的等效屈服位移为 11.18 mm，屈服力为 306.77 kN。试件达到该损伤级别，一般不需要修复；如果需要可能的修复，则只需要小修。

损伤级别Ⅲ如图 3.38(c)所示，立柱底部形成 3 条主裂缝，裂缝宽度最大为 3 mm 左右，立柱与盖梁间的接缝张开。

损伤级别Ⅳ如图 3.38(d)所示，试件保护层混凝土开始剥落，剥落区高度为 15 cm 左右。该级别试件的延性系数为 5.6，与峰值强度对比强度退化 13%。未观察到其他更严重的损伤。

损伤级别Ⅴ如图 3.38(e)所示，柱底距盖梁 20 cm 以下部分的保护层混凝土完全剥落，最外侧受力钢筋受压屈曲，继而被拉断。由于柱底塑性铰区承载能力下降，盖梁侧面的竖向

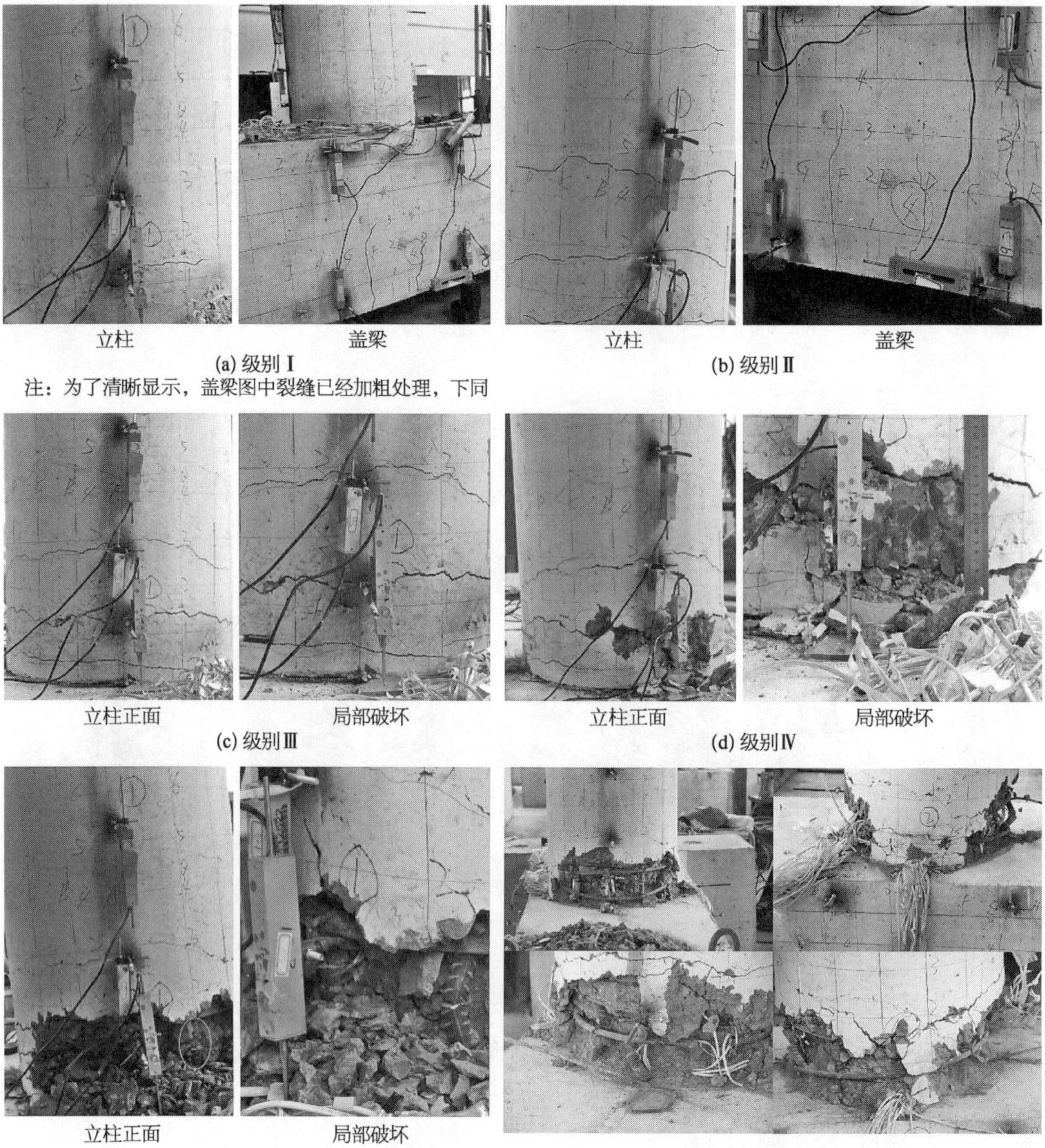

立柱　盖梁　(a) 级别Ⅰ

注：为了清晰显示，盖梁图中裂缝已经加粗处理，下同

立柱　盖梁　(b) 级别Ⅱ

立柱正面　局部破坏　(c) 级别Ⅲ

立柱正面　局部破坏　(d) 级别Ⅳ

立柱正面　局部破坏　(e) 级别Ⅴ

(f) 试验结束后

图 3.38　12＃试件损伤状态

裂缝没有进一步发展成粗裂缝。试验结束后，清除塑性铰区保护层混凝土后，试件破坏状态如图 3.38(f)所示，从图中可以看出，盖梁节点区域基本保持完好，仅有一些细微裂缝。主要破坏区域集中在墩底塑性铰区，靠外侧的受力钢筋受压屈曲或被拉断，试件破坏区域高度约 20 cm，即 0.4D 左右。

3.5.14　13＃试件

13＃试件为节段预制立柱，采用承插式连接，其试验加载图及加载过程中试件变形如图

3.39 所示。水平加载试验前，首先对 13＃试件施加了竖向加载工况 1，竖向力最大达到 950 kN，试件没有出现任何损伤。然后将竖向力降至 490 kN，进行水平加载试验。水平加载工况结束后，对试件再次施加竖向加载工况，直至试件完全失效。但考虑到试验设备的负荷能力，加载幅值达到 1 400 kN(相当于墩柱截面 28.6％设计轴压比)时终止加载。此时，承台底面和节点区域均没有发生破坏。

(a) 加载前　　(b) 加载后

图 3.39　13＃试件实际加载图及加载变形后的图

水平加载试验结束后，13＃试件的五水准损伤水平照片如图 3.40 所示，损伤状态和性能水平描述如下：

损伤级别Ⅰ，即开裂阶段如图 3.40(a)所示，试件在靠近墩底部位出现一条发丝般微小

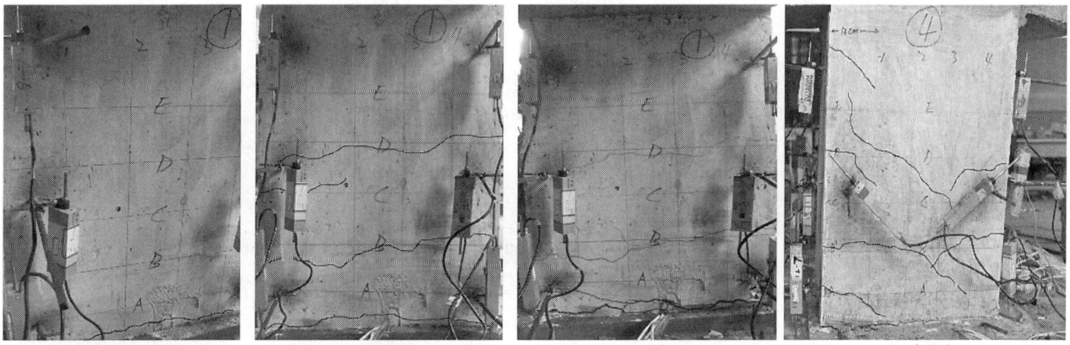

(a) 级别Ⅰ
注：为了清晰显示，
图中裂缝已经加粗

(b) 级别Ⅱ
注：为了清晰显示，
图中裂缝已经加粗

正面　　侧面
(c) 级别Ⅲ
注：为了清晰显示，侧面图中裂缝已经加粗

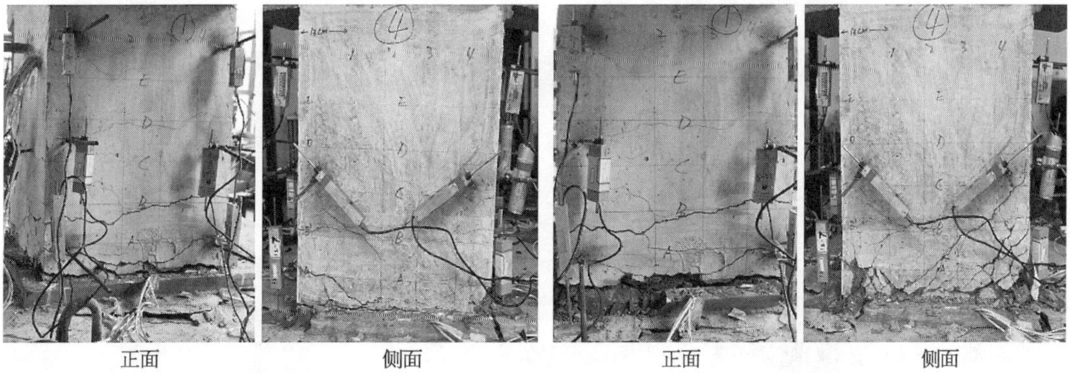

正面　　侧面
(d) 级别Ⅳ

正面　　侧面
(e) 级别Ⅴ

(f) 试验结束后

图 3.40　13＃试件损伤状态

裂缝，卸载后裂缝闭合。该级别试件无损伤，不需要修复。

损伤级别Ⅱ如图 3.40(b)所示，试件沿柱身出现多条水平的贯穿裂缝，裂缝间距比较均匀，约为 2/5H。当墩顶侧向位移达到 10 mm 时，墩底最外侧的主要受力钢筋开始发生屈服，试件的等效屈服位移为 11.92 mm，屈服力为 513.37 kN。在该级别，如果试件需要可能的修复，则只需要小修。

损伤级别Ⅲ如图 3.40(c)所示，靠近墩底的主裂缝宽度增加至 3～4 mm，墩底和承台间的接缝张开。在立柱侧面，有多条交叉的斜裂缝形成。

损伤级别Ⅳ如图 3.40(d)所示，在距离墩底 3/10H 高度内，裂缝慢慢交错并发展，柱脚混凝土被压碎并开始剥落。在侧面，靠近墩底的斜裂缝宽度进一步发展。该级别试件的延性系数为 4.2，与峰值强度对比强度退化 13%。在该损伤级别，为了保证构件的使用功能，需要必要的修复。

损伤级别Ⅴ如图 3.40(e)所示，在立柱底部，纵筋受压屈曲，箍筋因被拉开而失去约束作用，立柱底和承台间的砂浆垫层被压碎，立柱插孔的杯口附近有部分混凝土被掀起。在侧面，靠近墩底的几条斜裂缝周围的混凝土被压碎。试验结束后，清除塑性铰区保护层混凝土后，试件破坏状态如图 3.40(f)所示。从图中可以看出，破坏区域由墩底沿斜裂缝逐渐向上发展，最终破坏区域高度约 30 cm，即 0.6H。

3.6　试验结果分析

3.6.1　单向加载

7＃～10＃试件的第一工况进行单向力控制加载，力加载目标为首根钢筋屈服。墩顶竖向施加固定荷载(轴压比 0.1)，水平方向作动器单向分级加载。在上述荷载下，得到各个时间的实测水平荷载-墩顶位移曲线，如图 3.41 所示。

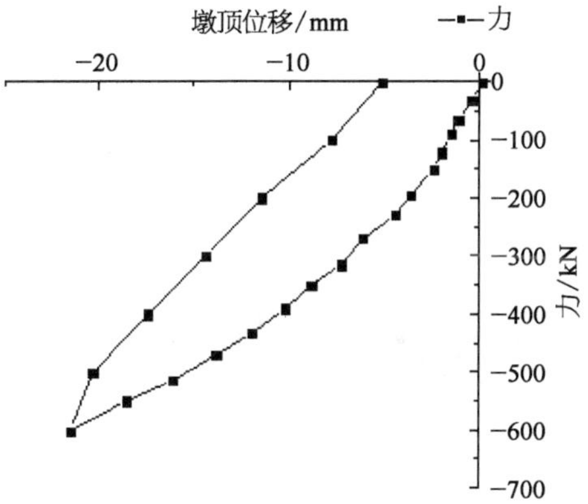

(a) 7#试件单拉力-位移曲线

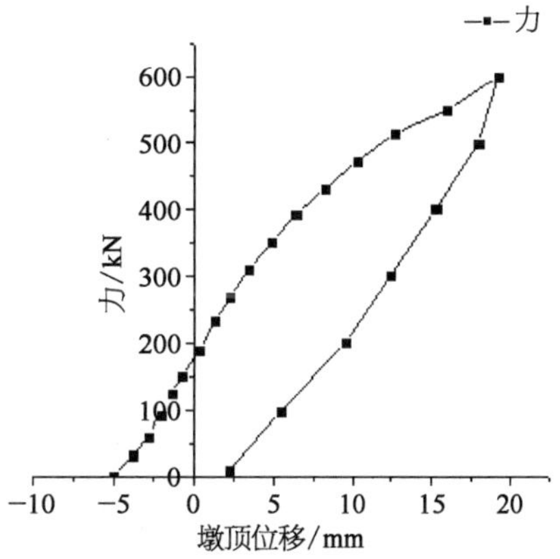

(b) 7#试件单推力-位移曲线

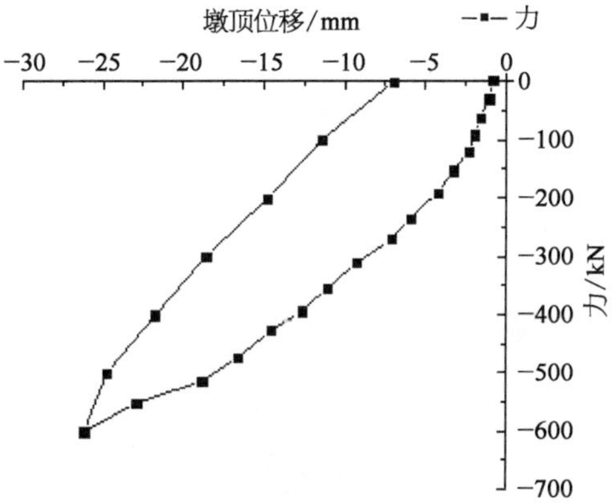

(c) 8#试件单拉力-位移曲线

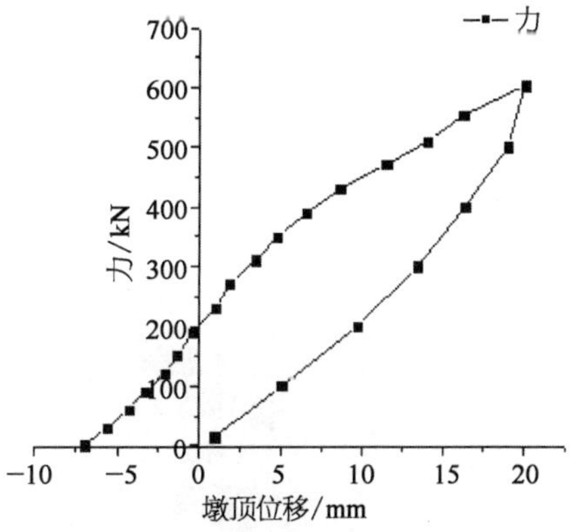

(d) 8#试件单推力-位移曲线

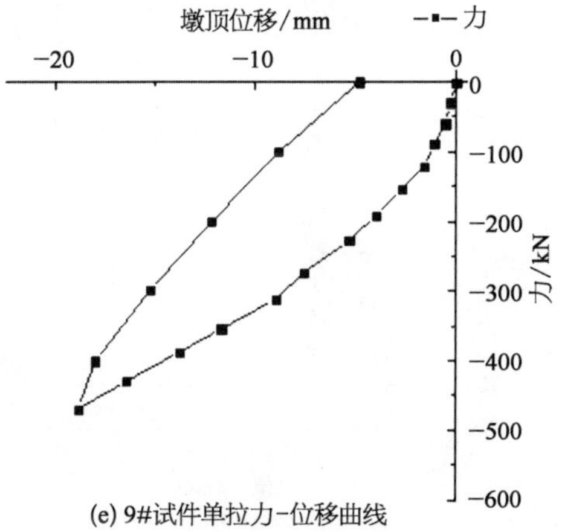

(e) 9#试件单拉力-位移曲线

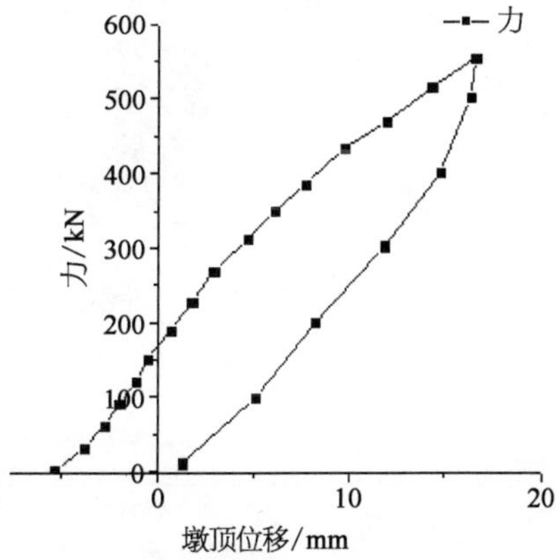

(f) 9#试件单推力-位移曲线

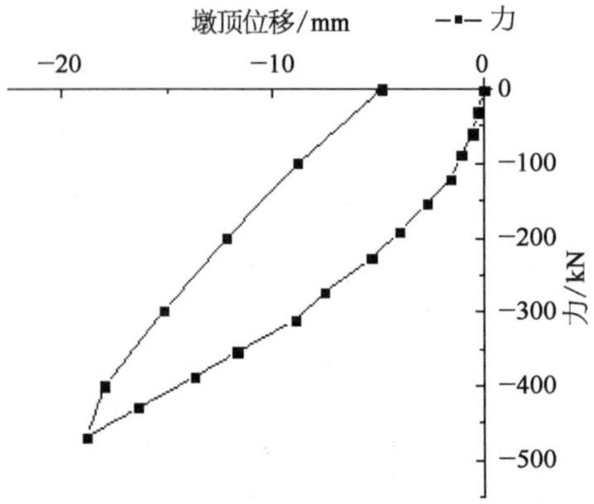

(g) 10#试件单拉力-位移曲线

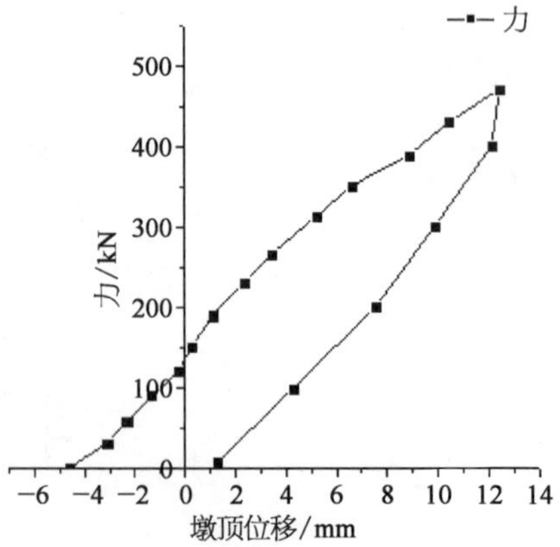

(h) 10#试件单推力-位移曲线

图 3.41　水平荷载-墩顶位移曲线

3.6.2　滞回性能

滞回环对角线的斜度反映构件的总体刚度，滞回环包围的面积是荷载正反交变一周时结构所吸收的能量。显然，滞回环饱满者有利于结构抗震。

本次拟静力试验采取墩顶竖向施加固定荷载，墩顶水平方向施加循环位移荷载的加载方式。在上述荷载下，得到的各个试件的实测水平荷载-墩顶位移滞回曲线，如图 3.42 所示。

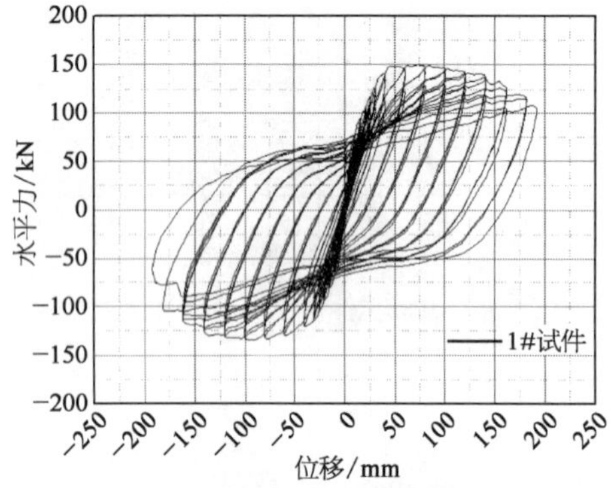

(a) 1#试件（新）滞回曲线

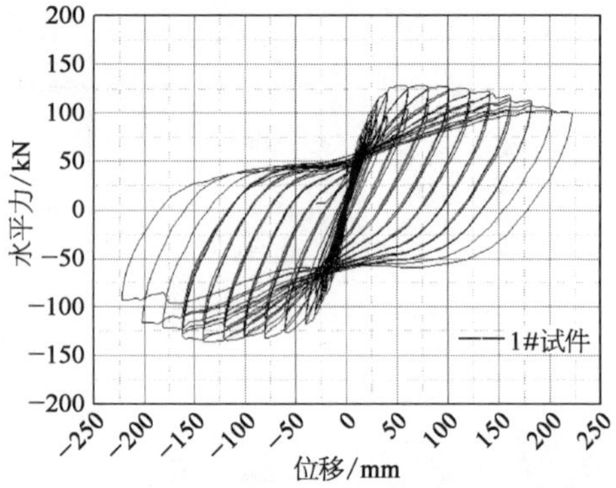

(b) 1#试件（旧）滞回曲线

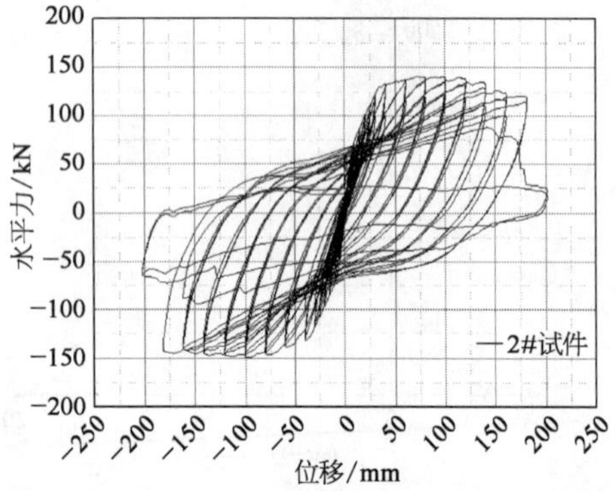

(c) 2#试件滞回曲线

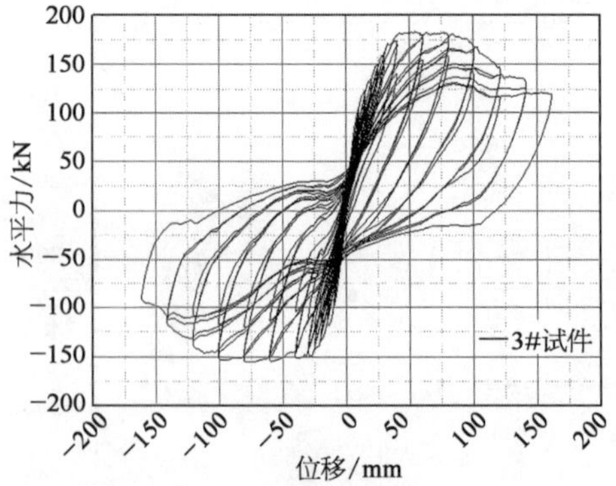

(d) 3#试件滞回曲线

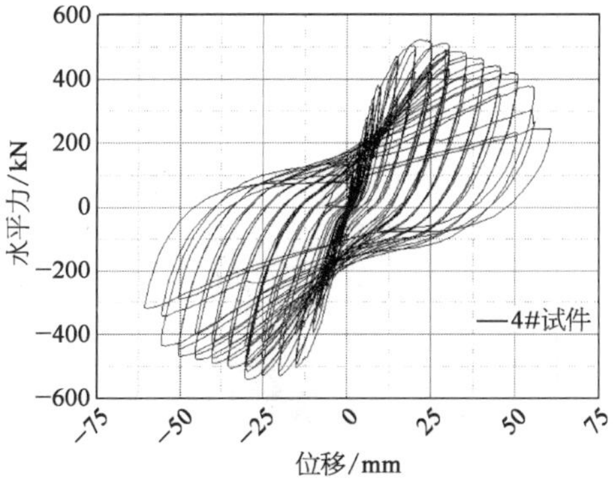

(e) 4#试件滞回曲线

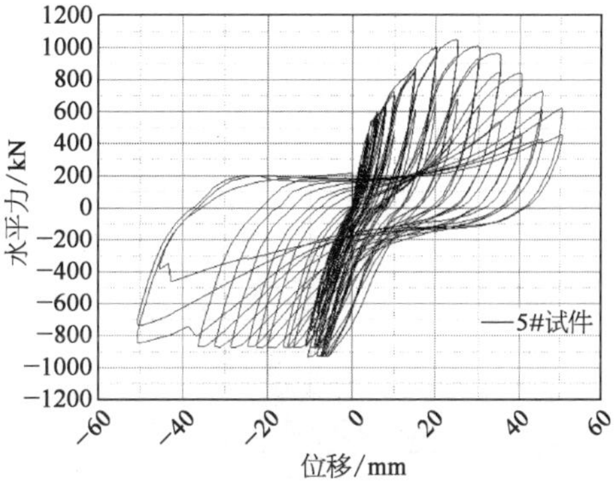

(f) 5#试件滞回曲线

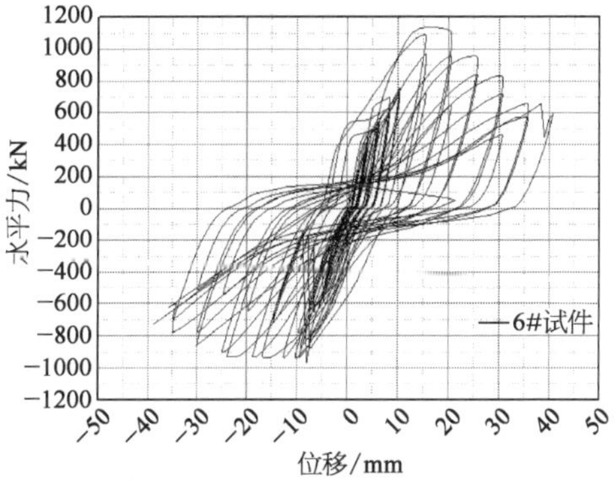

(g) 6#试件滞回曲线

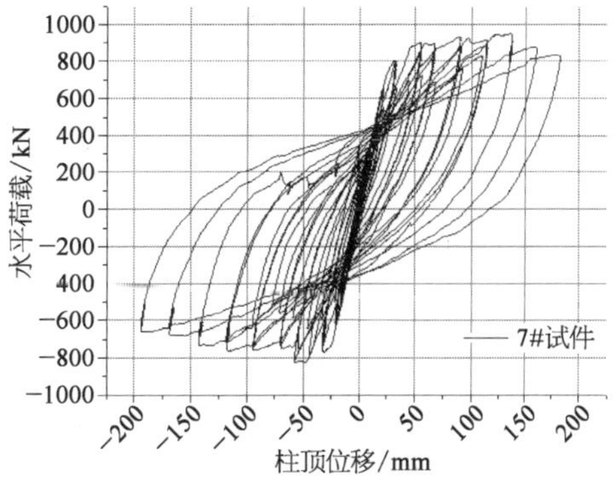

(h) 7#试件滞回曲线

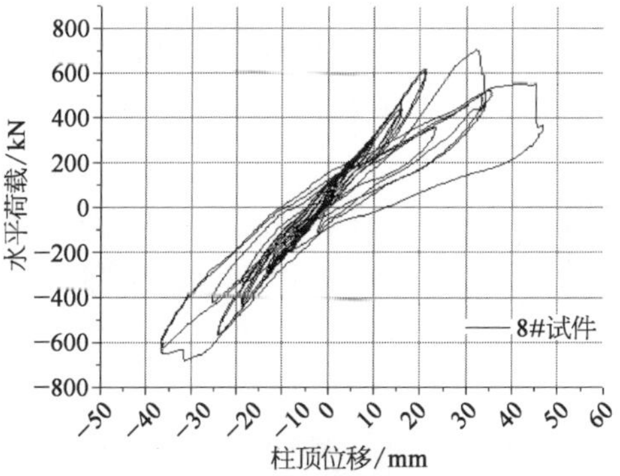

(i) 8#试件滞回曲线

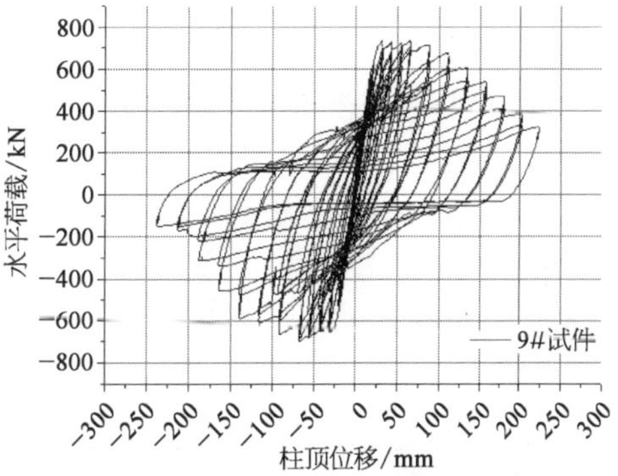

(j) 9#试件滞回曲线

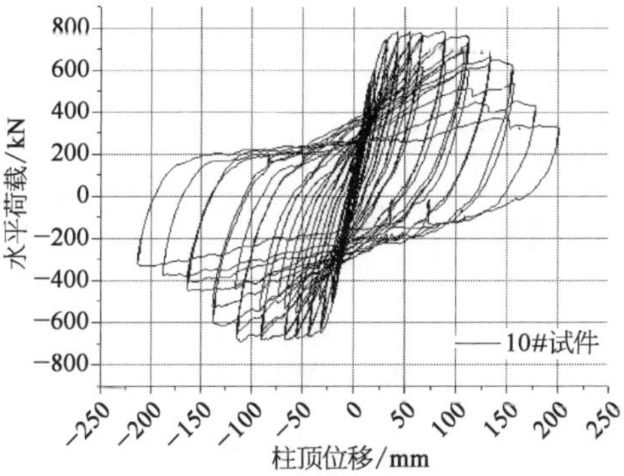

(k) 10#试件滞回曲线

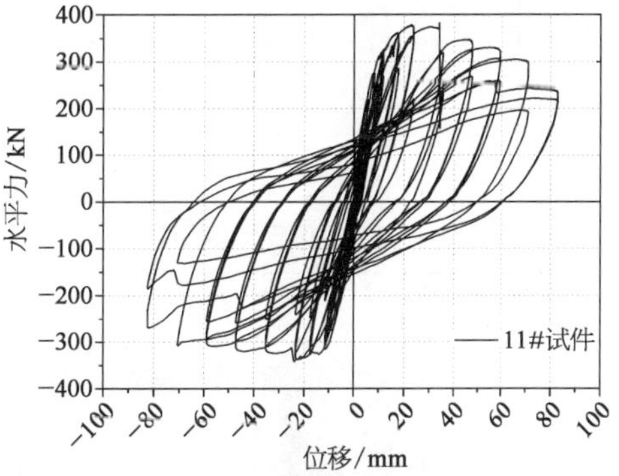

(l) 11#试件滞回曲线

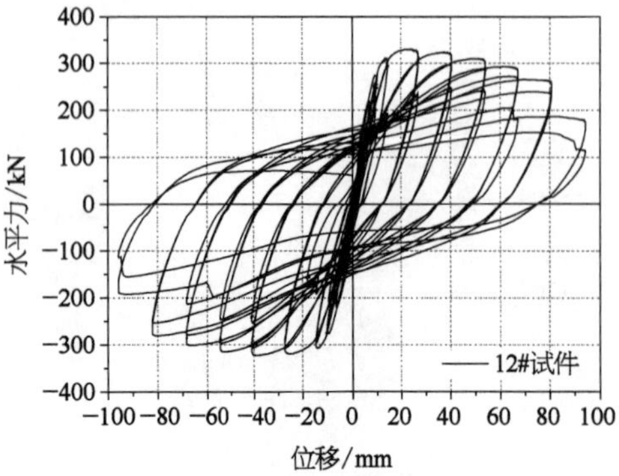

(m) 12#试件滞回曲线

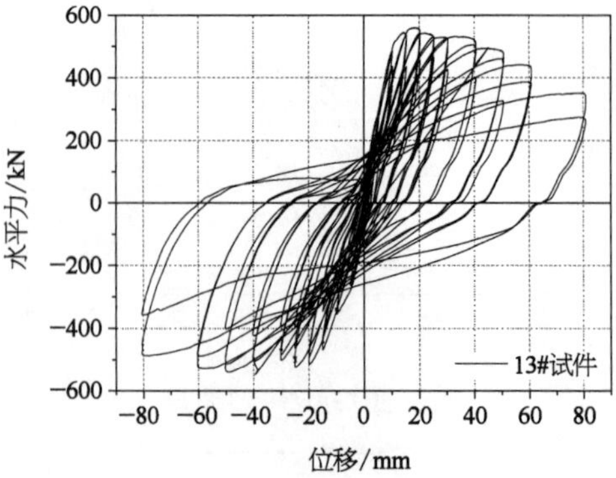

(n) 13#试件滞回曲线

图 3.42　水平荷载-墩顶位移滞回曲线

3.6.3　恢复力特性

桥墩的恢复力特性可通过它的恢复力曲线充分体现出来。骨架曲线是滞回曲线的包络线，由滞回环的顶点连接而成。骨架曲线的形状大体上与单调加载得到的荷载位移曲线相似，只是极限荷载略低一些，能够比较明显地反映结构和构件的初始刚度、最大荷载、屈服后刚度、延性等抗震指标。恢复力曲线在研究非弹性地震反应时是非常重要的。它是每次循环荷载位移曲线达到的最大峰点的轨迹，在任意时刻的运动中，峰点不能越过骨架曲线，只能在到达骨架曲线以后沿骨架曲线前进[44]。

图 3.43 为水平荷载和墩顶位移骨架曲线。图中没有列出 8＃试件的骨架曲线，因为 8＃试件由于套筒强度不够而发生破坏。

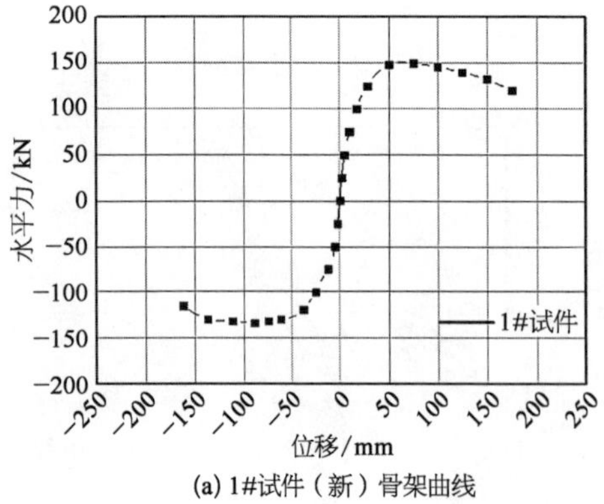

(a) 1#试件（新）骨架曲线

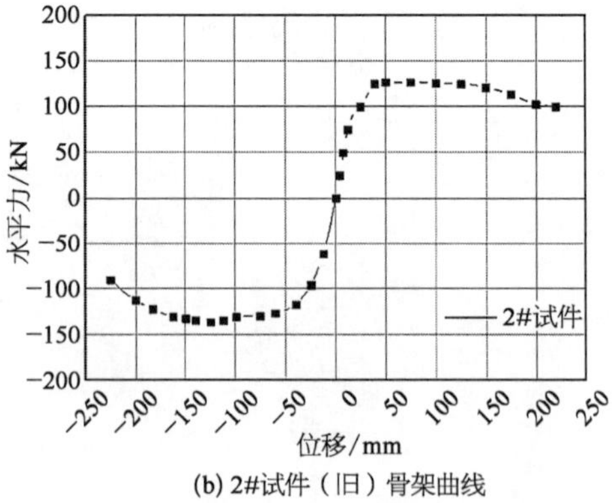

(b) 2#试件（旧）骨架曲线

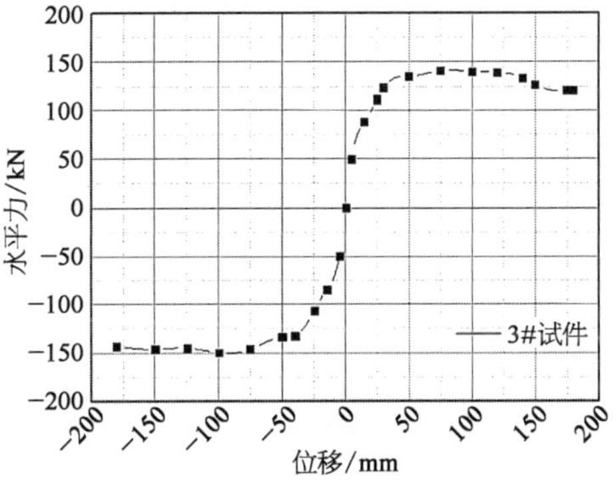

(c) 3#试件骨架曲线

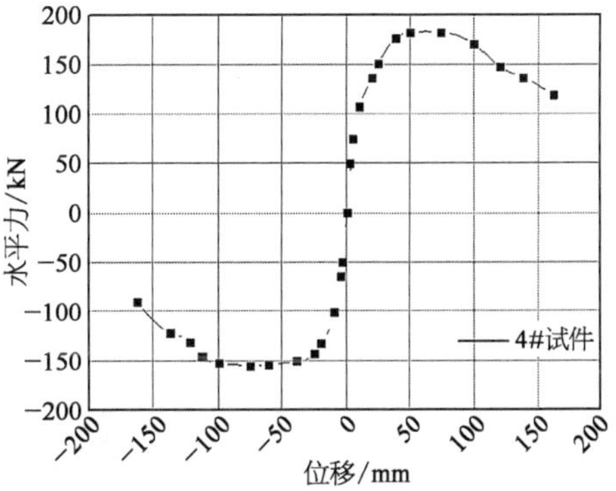

(d) 4#试件骨架曲线

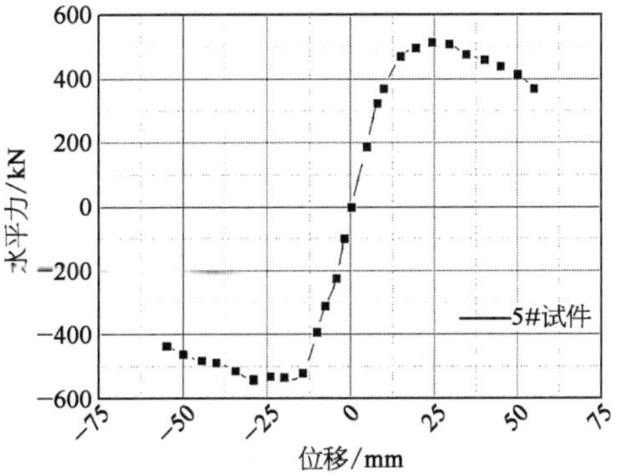

(e) 5#试件骨架曲线

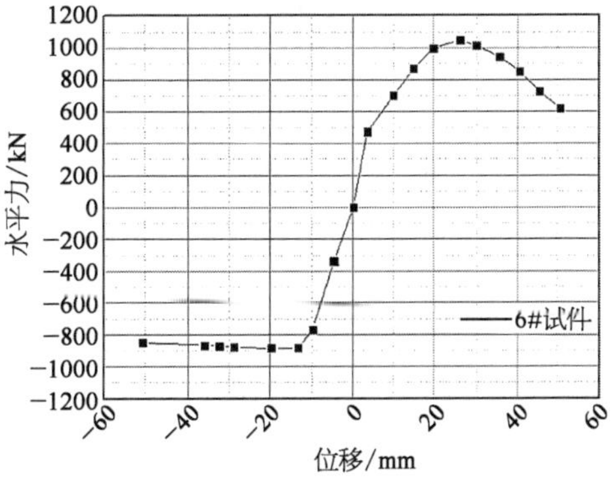

(f) 6#试件骨架曲线

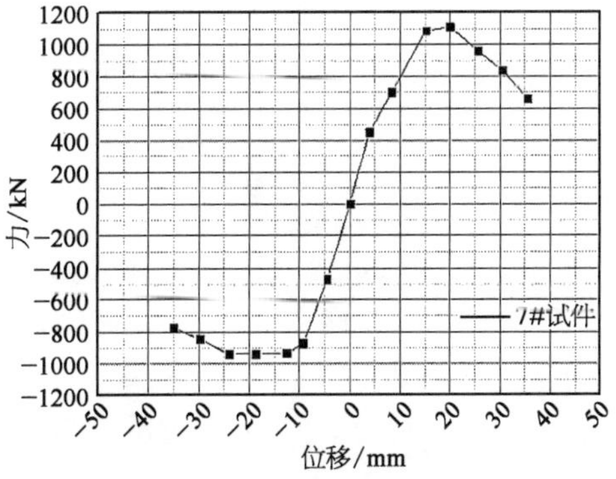

(g) 7#试件骨架曲线

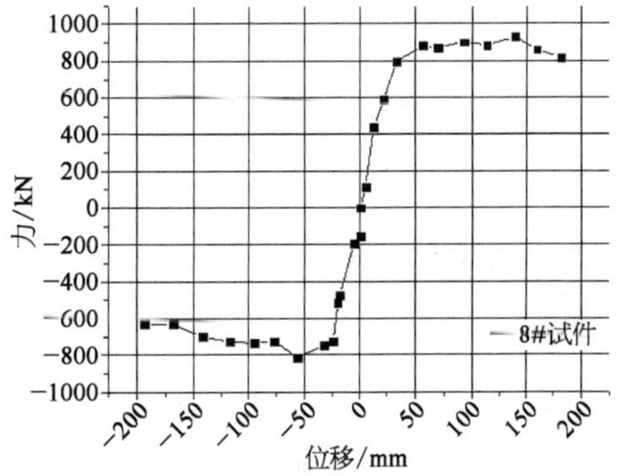

(h) 8#试件骨架曲线

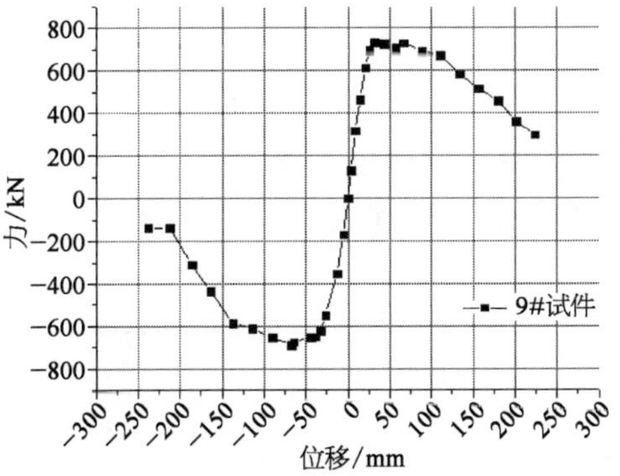

(i) 9#试件骨架曲线

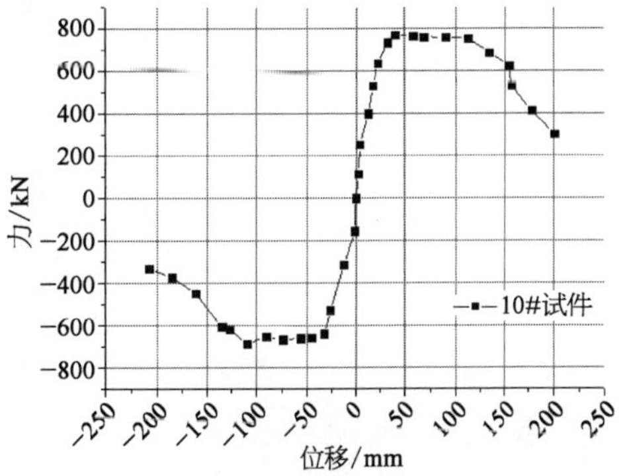

(j) 10#试件骨架曲线

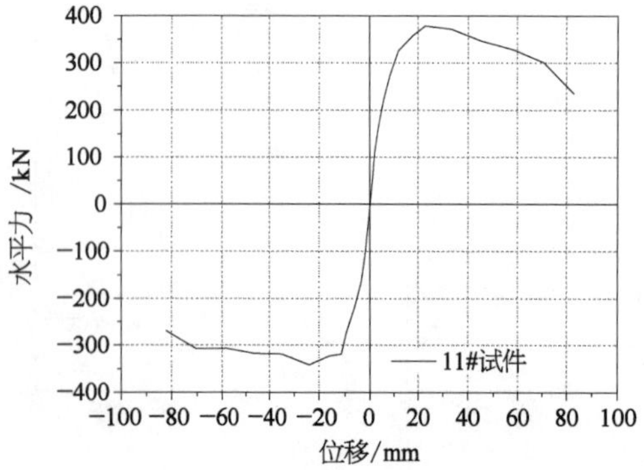

(k) 11#试件骨架曲线

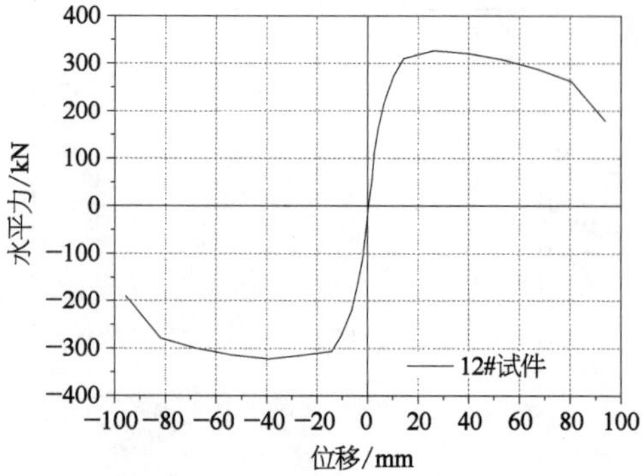

(l) 12#试件骨架曲线

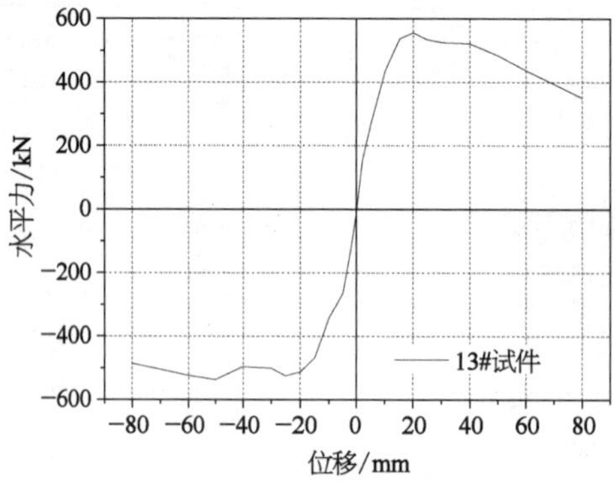

(m) 13#试件骨架曲线

图 3.43　各个试件的荷载位移骨架曲线

3.6.4　延性性能

延性大小是构件抗震能力强弱的重要标志。延性是指在初始强度没有明显退化的情况下，构件非弹性变形的能力。延性的量化设计指标包括曲率延性系数和位移延性系数。曲率延性系数仅表征截面的延性。位移延性系数不仅与塑性铰长度和曲率大小有关，还与构件的长度有关，所以通常用位移延性系数来表征结构或构件的延性。

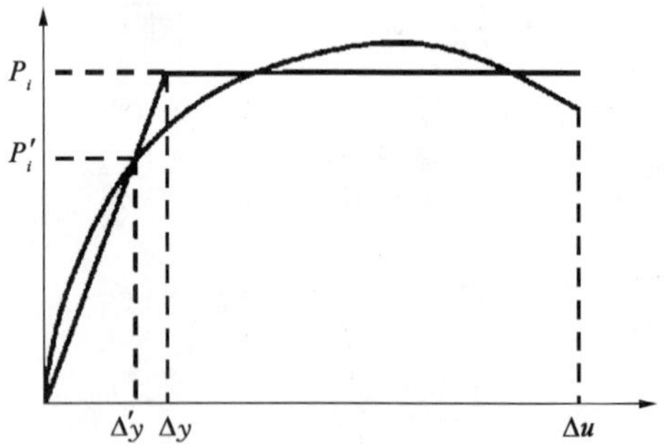

图 3.44　位移延性系数定义

钢筋混凝土构件的位移延性系数定义为极限位移与理论屈服位移之比，如图 3.44 所示：

各试件的位移延性系数见表 3.16。

表 3.16　各试件位移延性系数

试　　件	理论屈服位移/mm	极限位移/mm	位移延性系数
1＃(新)	27.19	169.33	6.23
1＃(旧)		147.56	

续表

试　　件	理论屈服位移/mm	极限位移/mm	位移延性系数
2#		145.47	
3#	30.7	168.73	5.50
4#		45.12	
5#		40.14	
6#		25.21	
7#	34.83	182.7	5.25
8#	—	—	—
9#	21.48	133.7	6.22
10#	25.14	153.9	6.12
11#			4.18
12#			5.42
13#			5.00

3.6.5　耗能面积

各试件的耗能面积如图 3.45 所示。

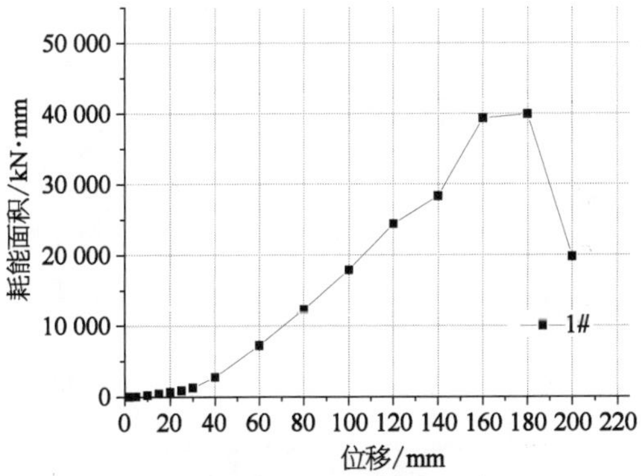

(a) 1#试件（新）耗能面积（140不完整）

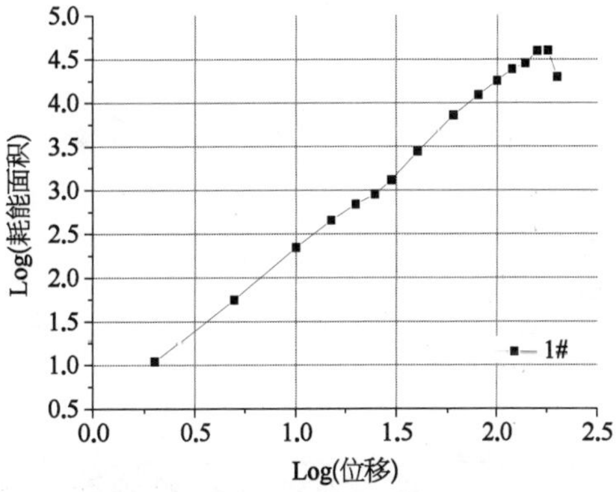

(b) 1#试件（新）耗能面积

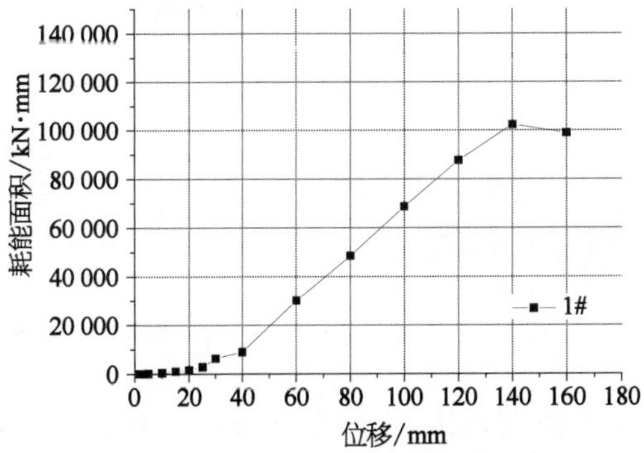

(c) 1#试件（旧）耗能面积

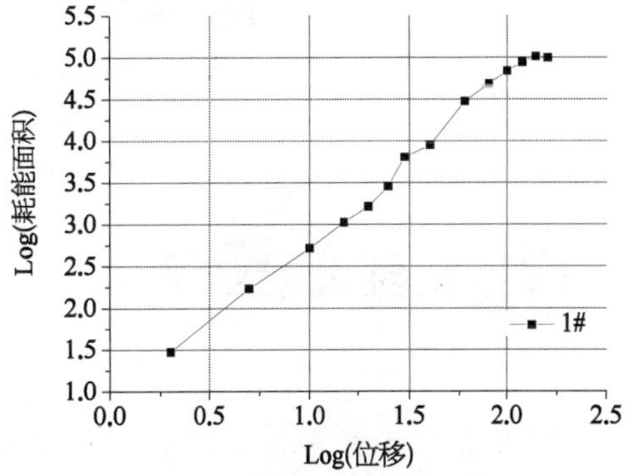

(d) 1#试件（旧）耗能面积

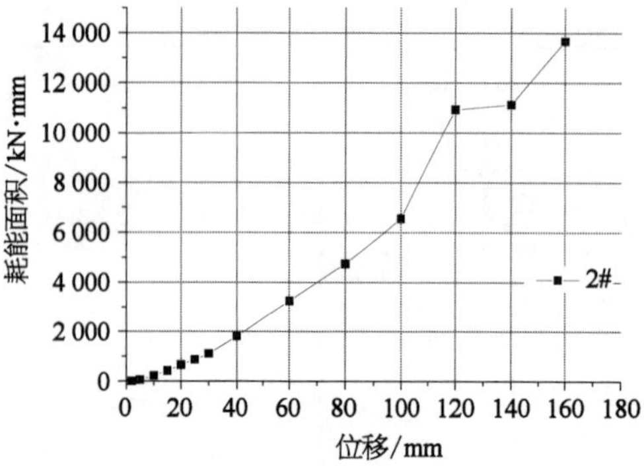

(e) 2#试件耗能面积

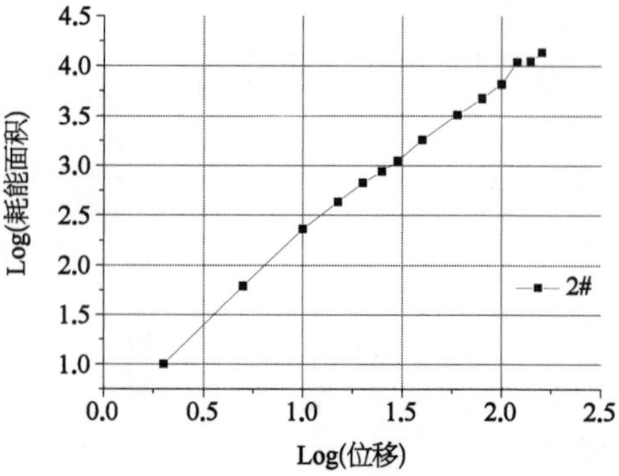

(f) 2#试件耗能面积

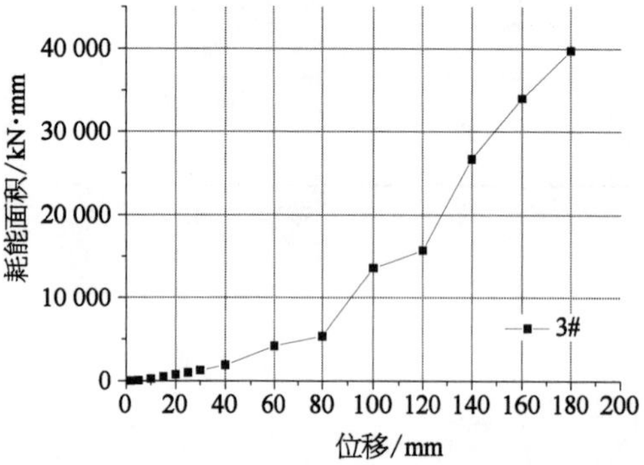

(g) 3#试件耗能面积(120不完整)

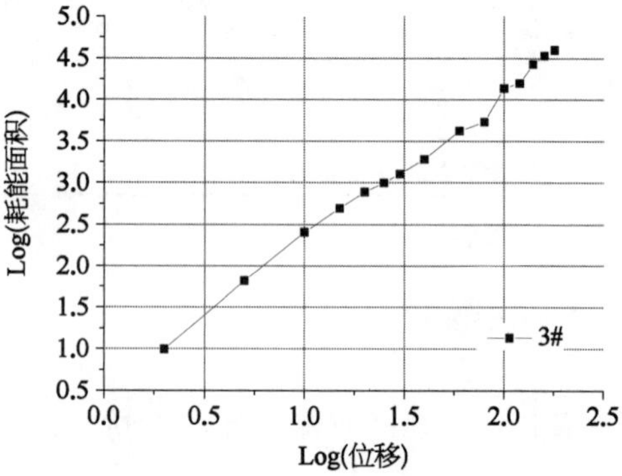

(h) 3#试件耗能面积

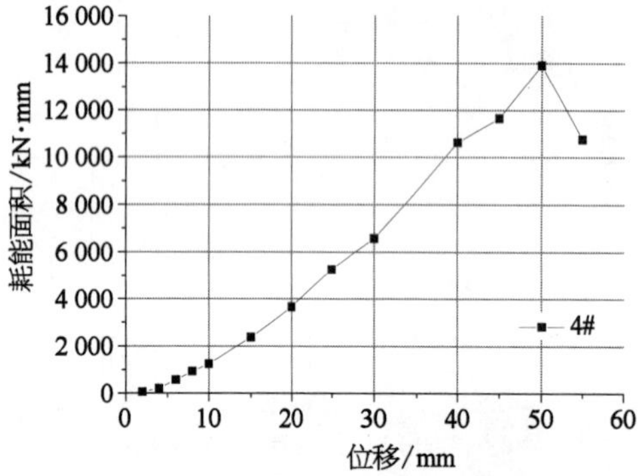

(i) 4#试件耗能面积

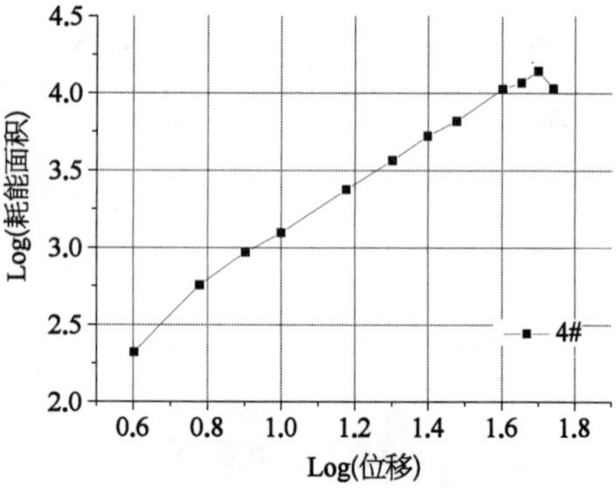

(j) 4#试件耗能面积

图 3.45　各试件耗能面积

3.7　主要试验结论

(1) 数据初步整理结果表明，与传统现浇混凝土桥墩相比，采用套筒灌浆连接构造、波纹管灌浆连接构造和精轧螺纹钢连接的预制桥墩具有相近的抗震性能，可满足预期抗震性能的要求。

(2) 对剪跨比为 1.7 的预制立柱试件静力试验表明，弯剪破坏，但仍以弯曲破坏为主，没有发生明显纯剪切脆性破坏。其中，试件 9(含预应力筋)试验表明，在接近破坏时，接缝界面有滑移现象发生。

(3) 套筒钢筋黏结力学特性取决于砂浆强度，本实验砂浆强度在材料可靠、搅拌工序保证条件下可达 100 MPa 以上(25℃，20 d)。

(4) 与普通钢筋混凝土桥墩相比，采用预应力钢绞线立柱力-位移滞回曲线略有不同，变形能力基本相近，但耗能能力略弱。

(5) 运用纤维单元理论建立数值分析模型，数值分析结果与试验结果基本吻合，可以很好地描述试件的刚度退化、强度退化行为，可用于设计的分析计算。

CHAPTER 4

第四章

预制装配施工工艺研究——成套预制技术

构件的预制与装配技术是城市高架桥梁预制装配成套技术中非常重要的核心技术，是将试验研究及设计理念转化为工程实体成果的重要步骤。

桥梁构件预制精度和质量的保证是快速装配实现的重要前提，同时必须实现标准化、工业化施工，不能采用“量体裁衣”的模式。因此，必须摒弃传统的人工随意控制方式，采用自动化数控加工设备、高精度定型胎架、高精度模板、高性能混凝土（配合比、浇筑、养护、凿毛）、先进信息技术等一系列先进技术工艺。因此，需要建立一座配备上述设备、技术及大量产业工人的现代化预制工厂[46-47]。

4.1 现代化预制工厂

4.1.1 现代化预制工厂设计原则

对于预制构件而言，钢筋加工及连接构造制作的精度、混凝土浇筑的质量直接决定了现场装配的成败，因此必须建立一座满足高精度、高质量的预制工厂，配备相应的现代化加工设备，并应遵循以下原则[48-50]：

（1）预制场地的规划依据总体施工进度计划要求确定制作、存放能力，进而综合考虑底模台座数量及其与之相匹配的存放区长度。提前做好建设策划工作，相关配套设施等应同步实施，加快场地建设进度。

（2）预制厂场地选址应充分考虑厂内、外运输条件。

（3）进厂后先根据平面布置图将整个联合工厂的土地租用红线和各功能区的位置测放出来，用挖掘机和推土机进行场地平整，同时测量人员进行跟踪测量地面标高，以保证地面的平整，用压路机进行碾压密实。另外，需在厂区四周设置一定坡度的排水明沟，布置集水井及排水管道，确保厂区内不积水。

（4）预制厂场地规划和布置应进行专项设计，应考虑预制构件的预制工艺和运输吊装工艺，设置钢筋加工车间、混凝土拌和系统、大吨位起重设备、专用台座、混凝土浇筑养生系统、运输道路、防排水设施等。

（5）预制场内用电拟通过架设变压器外接社会电源；生活用水及生产用水拟采取外接自来水，生活、生产污水通过场内明沟及管涵排入沉淀池中沉淀后再排入河塘中进行循环利用；相关的供水管道在地下进行预埋；其他辅助设施主要包括场区的围墙、门卫等安全保卫设施和标志标牌等。

（6）预制厂场地地基处理应充分考虑预制台座、存放台座、机械设备和其他生产工具的荷载大小，应具有足够的承载能力，预制台座及存放台座应无不均匀沉降。

4.1.2 现代化预制工厂设计案例

嘉闵高架北二段公路工程在沪宜公路沪翔西辅道设置了一座现代化的预制工厂，布置

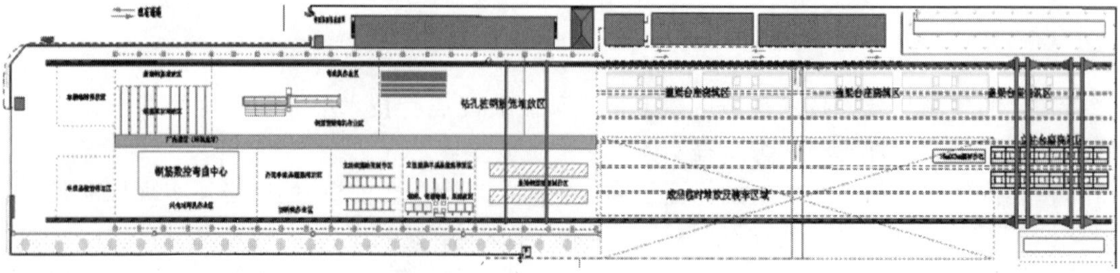

图 4.1　预制工厂平面布置示意图

如图 4.1 所示。

钢筋加工车间平面布置图如图 4.2 所示，其中钢筋加工多台配备了意大利 MEP 钢筋自动化加工中心，包括箍筋数控弯配、盘圆螺纹钢数控弯配、钢筋笼自动滚焊等设备（见图 4.3）。同时，立柱钢筋笼和盖梁钢筋加工区内配备锯床、钢筋镦粗机、直螺纹滚丝机、立柱钢筋胎架和盖梁钢筋胎架等。

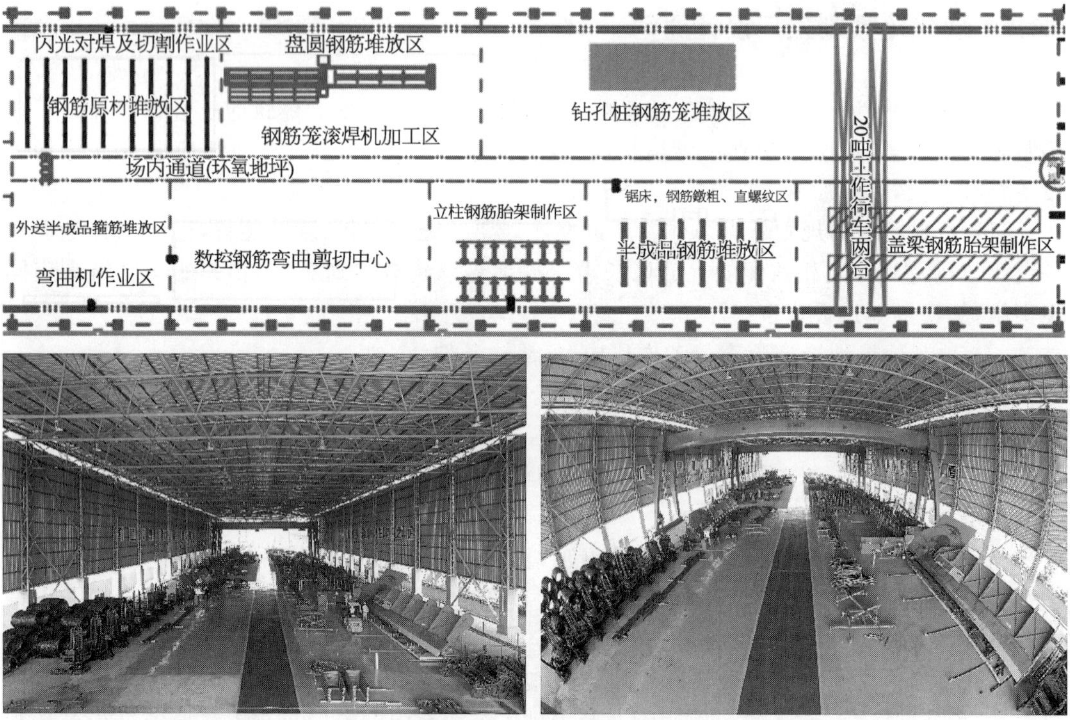

图 4.2　钢筋加工车间平面布置示意图

预制工厂四周砌筑围墙，围墙平面尺寸为 320 m×67 m，高 2.5 m。首先基础夯实，然后采用水泥多孔砖砌筑。联合工厂厂区东侧大门设置值班室（见图 4.4）。

工厂四周设置一定坡度的排水明沟，布置集水井，同时暗埋管径为 400 mm 的 PVC 排水管道，确保厂区内不积水（见图 4.5）。

联合工厂东侧为广场区域，包括车辆临时停放区和半成品箍筋待运区，地坪尺寸为 40 m×30 m。地坪结构层由 50 cm 厚建筑碎石基层、10 cm 厚碎石垫层、30 cm 厚 C30 混凝土面层组成（见图 4.6）。

(a) 钢筋数控弯曲机

(b) 钢筋笼滚焊机

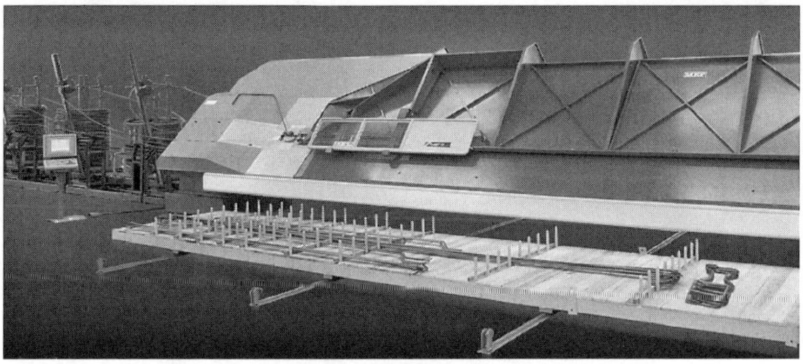

(c) 盘圆螺纹钢数控弯曲

图 4.3　预制工厂钢筋加工自动化设备

图 4.4　标准化值班室

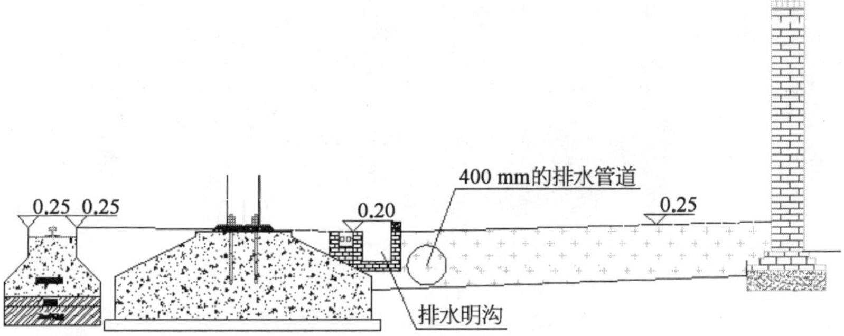

图 4.5　工厂排水布置

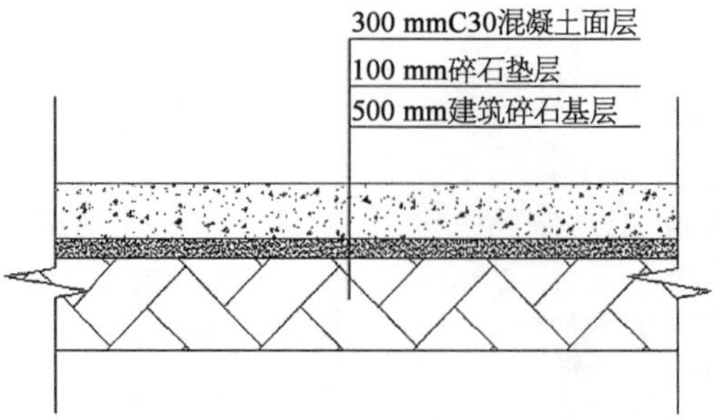

图 4.6　地坪结构层示意图

钢筋加工车间地坪尺寸为 140 m×40 m，地坪结构层与东侧广场区域相同，并在混凝土面层中铺设 Φ12@200 的钢筋。车间内留出 3 m 宽的施工便道，铺设环氧地坪。车间上方布置 2 台龙门吊，跨度为 36 m，起吊高度为 9.5 m，起重量为 20 t。龙门吊基础由 20 cm 碎石垫层、10 cm 素混凝土层和 60 cm 的 C40 钢筋混凝土层组成(见图 4.7)。

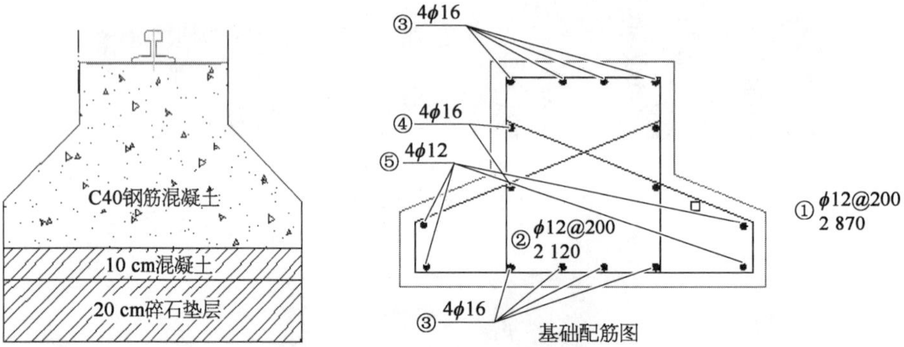

图 4.7　钢筋加工车间龙门吊基础

工厂西侧为预制车间(见图 4.8)，地坪尺寸为 150 m×40 m。预制区上方布置 2 台 160 t 龙门吊，跨度为 36 m，起吊高度为 18 m，龙门吊轨道基础由 20 cm 碎石垫层、10 cm 素混凝土层和 80 cm 厚的 C40 钢筋混凝土层组成，基础配筋如图 4.9 所示。

图 4.8　预制车间

盖梁浇筑区及场地地坪横向铺设 Φ20@200 的钢筋，纵向铺设 Φ14@200 的钢筋，结构示意图如图 4.10 所示。

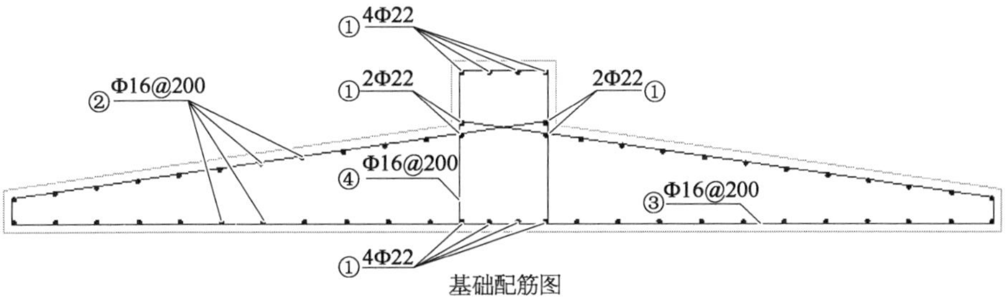

图 4.9　预制车间龙门吊基础配筋

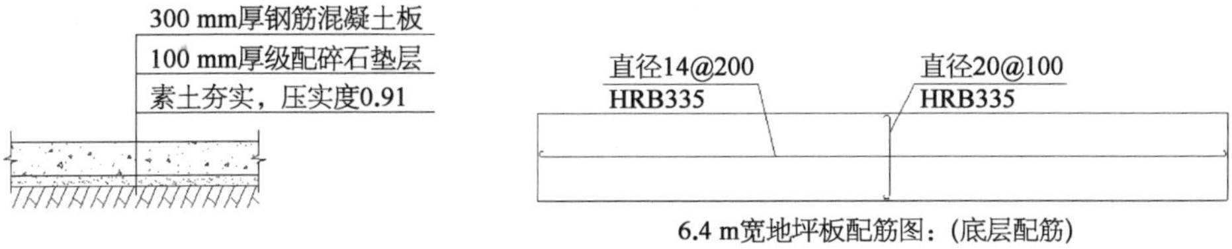

图 4.10　盖梁预制区地坪结构示意图

立柱台座区域进行地基处理，地基打入管桩，管桩采用宽 250 mm 的预制方桩，桩长 12 m，桩顶距离地面 350 mm。台座做法如图 4.11 所示。

图 4.11　立柱台座区结构示意图

台座筏板配筋为双层双向配筋，钢筋采用 HRB335 螺纹钢，底层长向配筋为 A16@125，短向配筋为 A16@150，面层长向配筋为 A14@150，短向配筋为 A12@200。

4.2　立柱预制

4.2.1　立柱预制原则

结合立柱钢筋模块化施工经验及国内外立柱预制装配的经验，制定了立柱预制的相关要求和原则，内容如下：

(1) 构件预制用钢筋笼胎架、钢筋笼定位板、预制台座、模板、吊具等设备应根据具体预制工艺和精度要求进行专项设计。

(2) 立柱预制长度应考虑拼接缝处调节垫块厚度。

(3) 由于采用预制装配技术，对立柱、盖梁等预制构件精度要求比传统模式有了大幅度的提升，参照国外预制装配精度控制标准，制定的允许偏差为：立柱、盖梁预制构件(包含钢筋、套筒、金属波纹管和构件成品)的加工允许偏差为±2 mm。因此，立柱主要受力钢筋的下料长度应严格控制，允许偏差为±2 mm，同时钢筋端部应打磨平整；立柱钢筋笼应在专用胎架上制作加工成型，胎架上支撑定位体系布置应保证主要受力钢筋不变形，钢筋笼制作允许偏差为±2 mm。

(4) 立柱钢筋笼应安装立柱成品吊装所需的吊点预埋件、现场调节设备用的预埋件、支座预埋件等各类预埋件。

(5) 立柱钢筋笼制作完成后应采用专用定位板进行复测。

(6) 对于灌浆连接套筒，工厂内安装前应按厂家提供的有效的型式检验报告及产品说明书检查套筒外观质量、尺寸和配件等。整体灌浆连接型套筒预制安装端应放入止浆塞，并确保密封牢固。立柱钢筋笼中的灌浆连接套筒应采取加固措施保证吊装及混凝土浇筑时不发生变形或移位，如灌浆连接套筒现场装配端采用装有定位销的定位板定位，安装允许偏差为±2 mm。灌浆连接套筒压浆管、出浆管和对应的压浆口、出浆口连接应密封牢固，压浆管、出浆管长度应根据承台、立柱或盖梁尺寸预留准确，并用止浆塞塞紧。灌浆连接套筒与箍筋连接应采用绑扎，不得采用焊接连接。构件拆模完成后，应及时检查灌浆连接套筒内腔是否干净、通畅，确保无水泥浆等杂物，如有漏浆或杂物，应及时清理。混凝土浇筑前应再次对立柱钢筋笼及灌浆连接套筒定位进行检查，允许偏差为±2 mm。

(7) 由于采用工厂化预制，模板周转次数较多，为保证立柱浇筑质量，建议立柱模板应进行专项设计，宜采用面板较厚的钢模板。钢模板应满足刚度、承载能力、稳定性要求，对拉螺杆宜采用高强度精轧螺纹钢。

(8) 预制台座是控制立柱成品精度的重要措施之一，因此对台座的标高和水平度做出了严格的规定：应对台座表面标高及水平度进行复测，标高允许偏差为±1 mm，水平度允许偏差为±1 mm/m。

(9) 立柱如采用水平预制，上表面不容易收光和导致套筒部位混凝土存在不密实现象，因此建议采用竖向预制，混凝土宜一次性浇筑完成。

(10) 立柱预制完成后应对立柱尺寸、灌浆连接套筒定位或钢筋定位进行复测，各向允许偏差均为±2 mm。

(11) 拼接缝处的构件表面在浇筑完成后应及时凿毛至完全露出新鲜密实混凝土的粗集料，并应用洁净水冲洗干净。

(12) 应根据混凝土性能制定具体养护方案，构件预制完成后应及时洒水养护，养护时间应不小于 7 d，不得采用海水或含有害物质的水。

(13) 室外昼夜日平均气温连续 5 d 稳定低于 5℃时，构件预制应采取冬季施工的措施，严寒期不宜进行施工，具体措施应符合国家现行标准《公路桥涵施工技术规范》(JTG/T F50—2011)第 24.2 节的规定。

(14) 预制构件堆放的场地应平整压实，不应有积水的现象。预制构件应按吊运及安装次序进行堆放，且要有一定的通道。预制构件应按照其刚度及受力情况制订对应的堆放方案，竖放时应考虑必要的支护措施。

4.2.2 立柱预制施工工艺及案例

4.2.2.1 立柱设计方案

施工案例中预制立柱采用直立柱，单个立柱断面为矩形加线倒角，主线单个承台采用双立柱形式。预制立柱混凝土等级 C40，采用立式浇筑工艺，高性能混凝土一次性浇筑完成。

立柱共有 2 种截面尺寸、4 种主筋数量，组合共有 4 种规格立柱：主线立柱截面尺寸为 2 m×1.5 m，立柱主筋数为 24(94 个)、34(26 个)，立柱高度 8 809～13 873 mm，立柱重量 70～110 t；匝道立柱截面尺寸为 2 m×1.5 m，主筋数为 26(6 个)，立柱高度 1 716～4 916 mm，立柱重量 10～40 t；截面尺寸为 2 m×1.8 m，主筋数为 30(4 个)，立柱高度 5 863～9 112 mm，立柱重量 55～85 t。标准立柱示意图如图 4.12 所示。

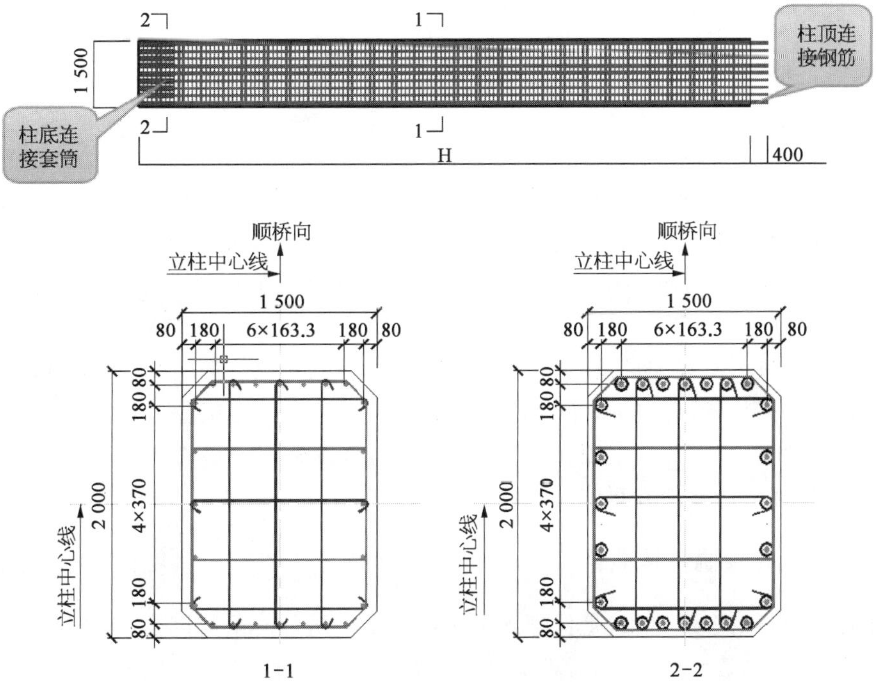

图 4.12 标准立柱示意图

立柱主筋采用 HRB400 的 Φ40 钢筋，箍筋及拉筋采用 HRB400 的 Φ12 钢筋。立柱拼装采用 40 全灌浆套筒连接承台及盖梁的形式，立柱柱底布置套筒，柱顶伸出盖梁连接插筋。

灌浆连接套筒采用高强球墨铸铁制作，按钢筋采用连接方式制作成整体灌浆连接型。灌浆连接套筒与高强无收缩水泥灌浆料组合体系性能应经过国家专门质检部门试验检测，并出具相应的型式试验合格报告。同时，保证灌浆连接套筒相关的附属配件合格，如止浆塞、压浆管、出浆管、定位销等。灌浆连接套筒在存放和运输过程中，应采取防护措施，防止污染、生锈、损伤。灌浆套筒及配件如图 4.13 所示。

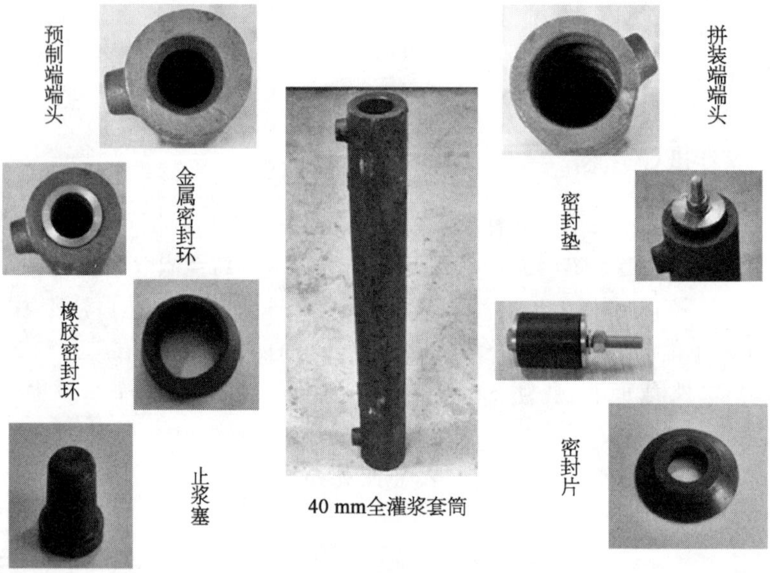

图 4.13　灌浆套筒及配件

4.2.2.2　技术准备

技术人员认真学习施工图纸，会同设计院、建设单位及监理单位进行图纸会审，做好图纸会审记录，作为施工依据。按施工平面布置图布置施工机具，做到场内施工道路、水电畅通，做好各种施工机械的维护保养工作，并对全体施工人员进行全面质量管理及安全教育。

技术人员要进行工程测量及有关施工技术资料交接、审核、确认。对进场材料进行外观质量检验，检查材料出厂合格证，按设计和规范要求及时取样复试。要将工程概况、施工方案、技术措施及特殊部位的施工要点、注意事项等向全体施工人员作详细的技术交底，做到按设计施工图、规范和施工方案施工。

4.2.2.3　立柱预制机械准备

施工机械设备的合理运用，是保证施工进度和施工质量的重要因素。对于立柱施工，为确保工程高质量、高效率完成，同时根据试验、测量、质检要求，所需仪器见表 4.1。

表 4.1　立柱预制所需机械设备

钢筋加工厂所需机械设备			
序　号	机 械 设 备 名 称	型 号 规 格	数　量
1	MEP 钢筋数控弯曲剪切中心	Syntax Line 28	1 台
2	MEP 盘钢全自动钢筋成型弯箍机	Mini Syntax 16 HS	1 台
3	锯床	GB4240	1 台
4	油压机	400 t	1 台
5	滚丝机	HIMEN	1 台

续表

钢筋加工厂所需机械设备			
序　号	机械设备名称	型号规格	数　量
6	门式起重机	20 t	2 台
7	二氧化碳气体保护焊机		2 台

预制工厂所需机械设备			
序　号	机械设备名称	型号规格	数　量
1	门式起重机	160 t	2 台
2	混凝土泵车	46 m	1 辆
3	混凝土搅拌车	16 m^3	2 辆
4	自行走套筒式作业平台	AMWP11.5－8100	1 座
5	自动洒水养护设备		1 台
6	平板运输车		2 辆

主要材料试验、测量、质检仪器			
序　号	仪器设备名称	仪器型号	数　量
1	全站仪	SET220K	1 台
2	经纬仪	J2	1 台
3	水准仪	AP－281	2 台
4	混凝土抗压试模	150 mm×150 mm×150 mm	20 台
5	坍落度筒		1 个

4.2.2.4　预制立柱施工流程

为了确保立柱产品质量，根据立柱工艺特点，制定的工艺流程如图 4.14 所示。

4.2.2.5　立柱预制钢筋加工

案例中预制立柱的钢筋加工包括 Φ40 主筋、Φ12 箍筋。钢筋应具备出厂质量证明书，外观验收合格后，按检验批进行试验，合格后方可使用。钢筋运输、存放及加工过程避免发生锈蚀、污染或被压弯的情况，对预留钢筋外露部分采取塑料布包裹的临时防护措施，防止钢筋锈蚀。钢筋加工车间内储存的棒材钢筋安放于专门设计的钢筋堆放架中，有利于将不同规格直径、不同规格长度的钢筋分开放置。调整后的钢筋堆放架减少了分隔间距，有效解决了底层钢筋的长期堆放不使用的问题，减少了棒材钢筋的浪费（见图 4.15）。

预制立柱的 Φ40 主筋表面洁净、无损伤，钢筋平直、无局部弯折，因此立柱主筋采用 GB 4240 锯床精确加工，确保下料长度严格控制偏差在±2 mm 以内，同时保持切割断面平整、光滑（见图 4.16）。

Φ40 主筋采用直螺纹机械连接接头的形式进行连接，接头连接按照行业标准《钢筋机械连接技术规程》（JGJ 107），保证连接性能可靠的同时增加钢筋的使用效率、减少废料钢筋的总量。整个直螺纹成套设备由 400 t 油压机、滚丝机及钢筋摆放平台组成（见图 4.17）。

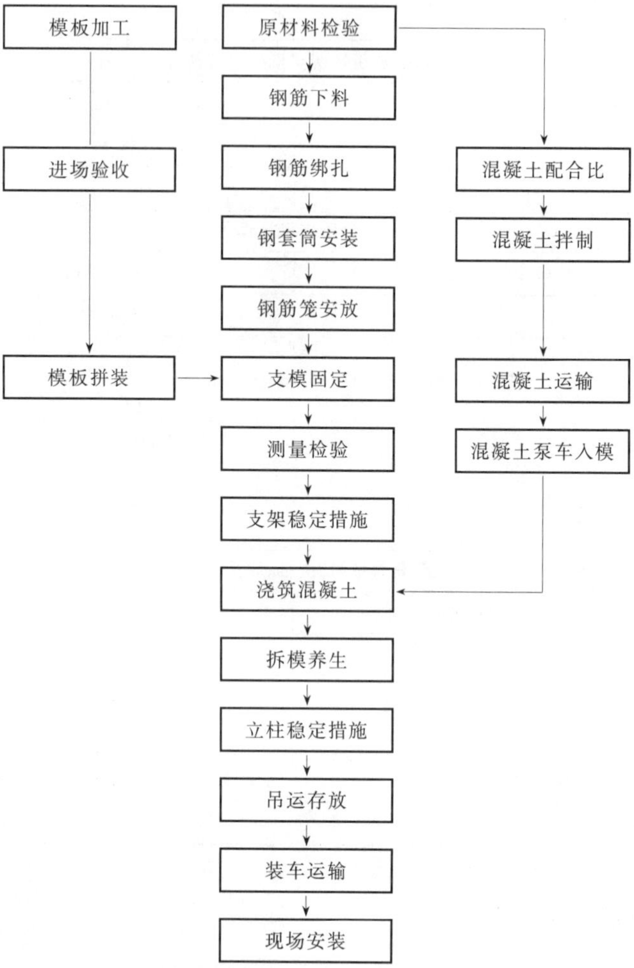

图 4.14　立柱预制施工流程

(a) 原设计钢筋堆放架　　(b) 调整后钢筋堆放架

图 4.15　钢筋堆放

立柱箍筋加工时，目前使用棒材钢筋采用 MEP 钢筋数控弯曲剪切中心（Syntax Line 28）进行剪切及弯曲（见图 4.18）。日后箍筋拟采用盘圆钢筋，用 MEP 盘钢全自动钢筋成型弯箍机（Mini Syntax 16 HS）进行调直、剪切及弯曲，以保证立柱箍筋尺寸符合要求，且精度控制在±2 mm 以内。具体设备如图 4.19 所示。

(a) 锯床（GB 4240）　　(b) 钢筋断面效果

图 4.16　钢筋断料

(a) 油压机　　(b) 滚丝机

图 4.17　钢筋直螺纹连接加工

图 4.18　MEP 钢筋数控弯曲剪切中心

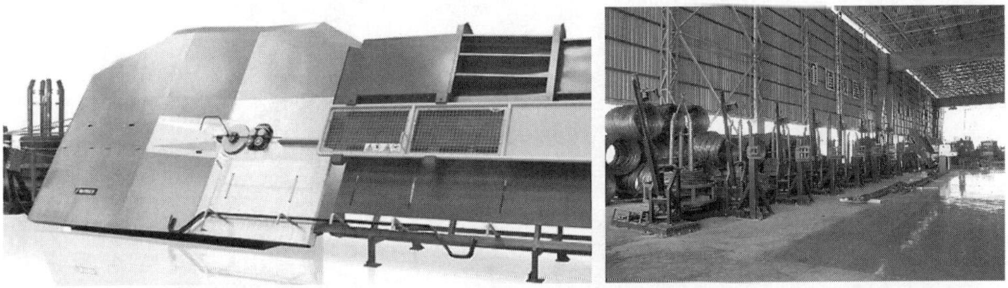

(a) MEP钢筋数控弯曲剪切中心　　(b) MEP盘钢全自动钢筋成型弯箍机

图 4.19　MEP 盘钢全自动钢筋成型弯箍机

钢筋加工厂按照设备配置齐全状态进行布局，形成钢筋生产线、钻孔桩钢筋笼生产线、立柱钢筋笼生产线及盖梁钢筋笼生产线（见图 4.20）。钢筋加工厂满状态加工下，一天可生产立柱钢筋笼 6 个，满足一天生产 6 根预制立柱的生产指标。

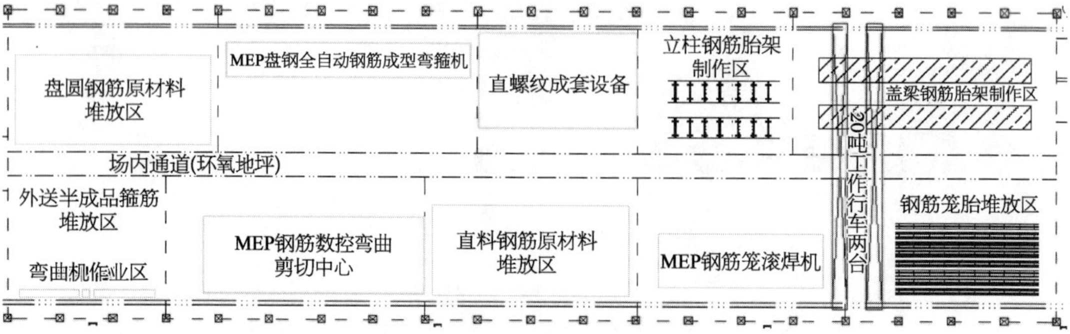

图 4.20　钢筋加工厂布设图

4.2.2.6　立柱钢筋笼模块加工

预制立柱钢筋笼的加工采用钢筋模块化精加工的理念，立柱钢筋笼于专用胎架上制作加工成型。为保证钢筋笼支撑稳定，定位体系布置保证主要受力钢筋不变形，钢筋笼制作偏差允许为±2 mm。因而，为保证预制构件的钢筋定位精度，在胎架端头增加定位钢板。该钢板采用车床精加工成型，精度可控制在±1 mm 内。

立柱钢筋笼胎架由底座、支架、挂片及定位板组成（见图 4.21）。其中，支架包括伸出钢筋端定位板支架、中间主筋挂片架立支架、套筒端定位板支架。挂片包括上下缘主筋挂片、左右缘主筋挂片、下缘箍筋挂片及手持式箍筋卡尺（见图 4.22）。

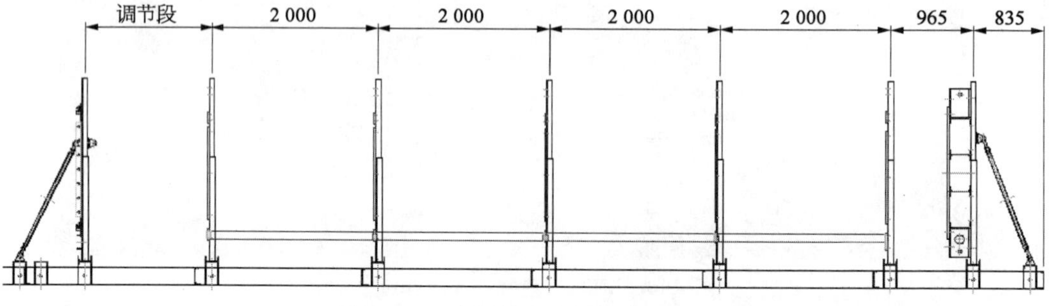

图 4.21　立柱钢筋笼胎架设计立面图

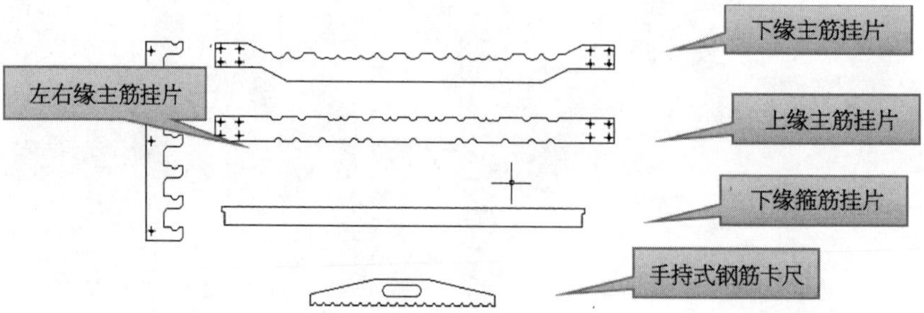

图 4.22　胎架挂片图

立柱钢筋笼拼装前，对其各个部件进行验收复测，尤其是钢筋端定位板、套筒端定位板及挂片的开孔开槽位置。拼装过程要求胎架底座安装水平，精度控制在±2 mm内。各支架安装要求位置精确状态垂直，精度控制在±2 mm内。胎架安装完成后对各支架整体测量保证每个支架在同一条线上，防止主筋安装时产生弯扭。

立柱钢筋笼胎架三维效果图如图4.23所示，实际成品图如图4.24所示。

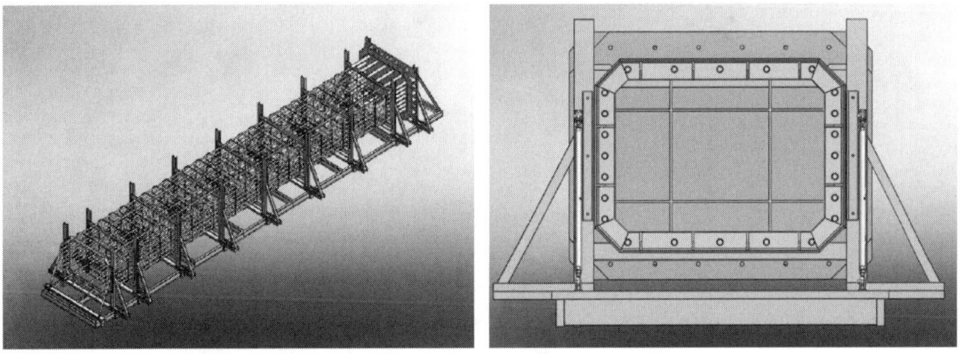

图4.23 立柱钢筋笼胎架三维效果图

图4.24 立柱钢筋笼胎架实际成品图

为固定立柱主筋，不使主筋发生转动及位置变化，对伸出钢筋端定位板进行加工，采用支头螺丝的形式固定(见图4.25)。

图4.25 钢筋端定位板

为方便施工，立柱钢筋笼胎架尾部的套筒定位板采用套筒固定端结合立柱底模的形式。其既起套筒定位的作用，又是之后浇筑过程中立柱的底模板（见图 4.26）。在钢筋笼吊装入模板的时候是不拆卸的，同时吊装入模。

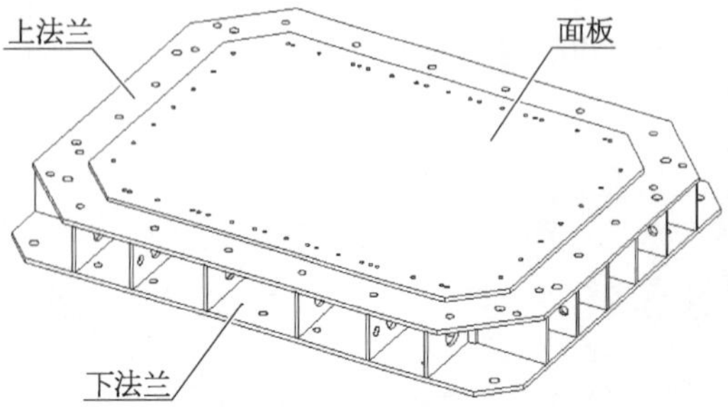

图 4.26　套筒定位板（底模）

整个立柱钢筋笼自钢筋加工完毕后，完全在胎架上完成加工绑扎。整个绑扎过程共分成 10 个步骤，不允许发生跳步加工。整个过程中边加工边测量，确保每一步加工的精度得到控制。

（1）立柱胎架组装完成后，安装立柱钢筋固定端定位板及套筒固定端（见图 4.27）。

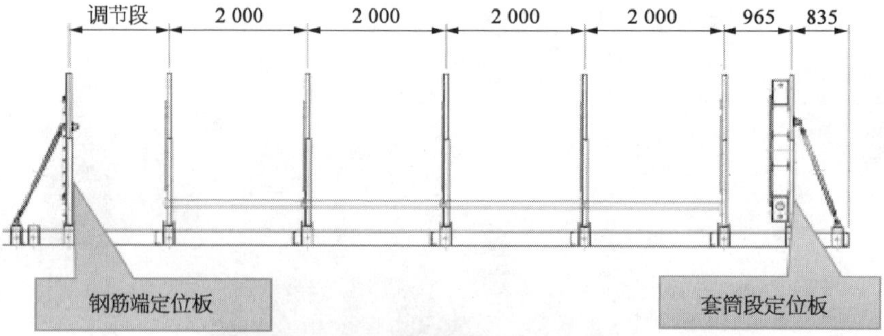

图 4.27　胎架拼装

（2）安装灌浆套筒，一次性全部安装到位，并把套筒部位箍筋、拉钩安装到位（见图 4.28）。

（3）安装上排主筋（见图 4.29）。

（4）安装两道箍筋（见图 4.30）。

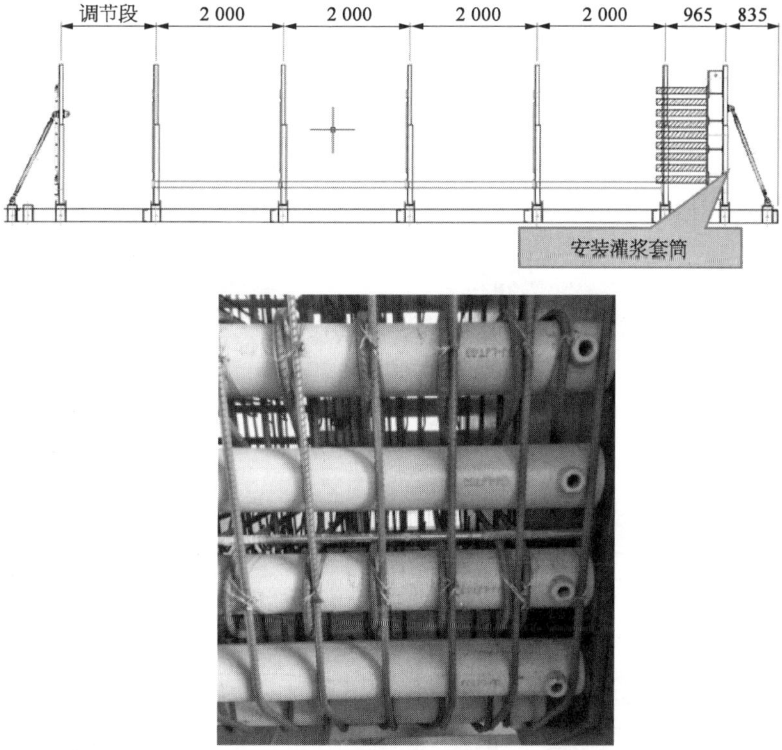

图 4.28　套筒安装

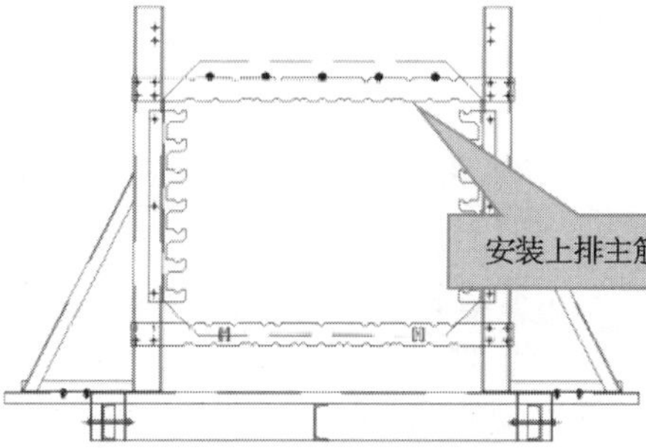

图 4.29　上排主筋安装

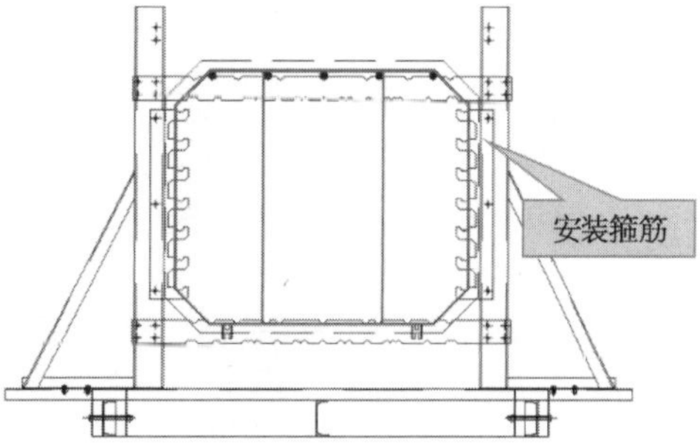

图 4.30　箍筋安装

(5) 安装底排主筋及侧面有拉钩的主筋(见图 4.31)。

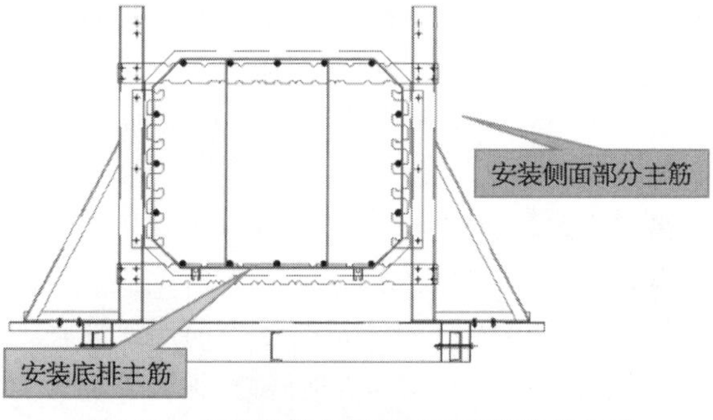

图 4.31　安装底排主筋及侧面有拉钩的主筋

(6) 安装竖向拉钩,一头由 90°手工弯曲成 135°(见图 4.32)。

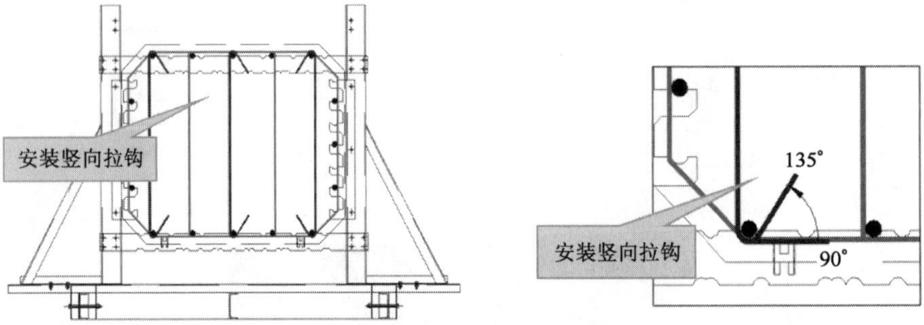

图 4.32　安装竖向拉钩

(7) 安装横向拉钩,一头由 90°手工弯曲成 135°(见图 4.33)。

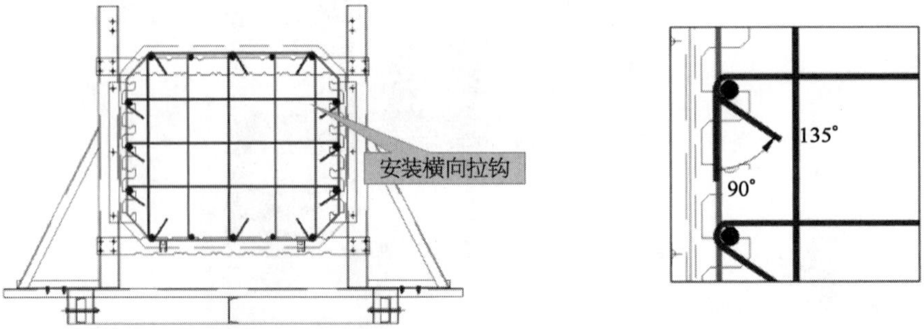

图 4.33　安装横向拉钩

(8) 安装侧面其余的主筋(见图 4.34)。

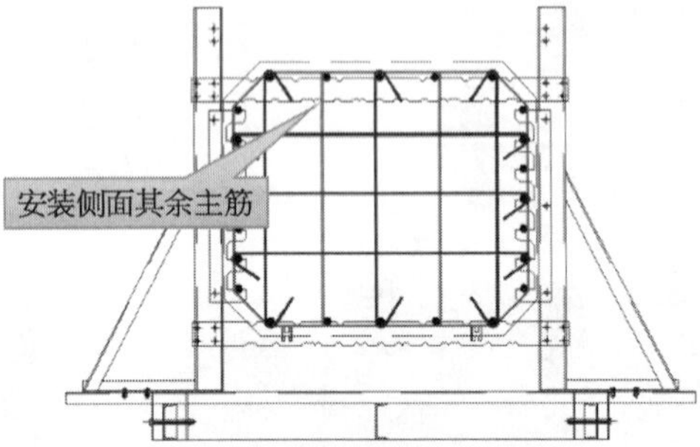

图 4.34　安装其余主筋

(9) 采用二氧化碳保护焊,将箍筋及拉钩与主筋全部焊接到位。

(10) 其他辅助装置安装,包括套筒止浆塞、柱顶钢绞线吊点、保护层垫块、调节千斤顶预埋螺栓套、柱顶盖梁挡板预埋螺栓套安装、防雷接地板、局部加强措施的安装,具体见下:

① 对于套筒止浆塞安装,原定套筒止浆塞直径小、底部薄,无法满足实际工程需要,故新设计套筒止浆塞,改进点在于更改插入端的直径至 20 mm,微大于套筒出入浆口,便于混凝土浇筑时的牢固;增加底部厚度至 15 mm,使止浆塞直接贴在模板面上,便于固定及之后的找寻。具体施工如图 4.35 所示。

② 对于柱顶钢绞线吊点安装,立柱吊装吊耳为双点预制吊环,吊耳布置于柱顶,吊耳间距 1 054 mm。吊点采用预埋钢绞线,钢绞线采用 $\Phi_s15.2$,钢绞线埋深 1 000 mm,表面伸出长度为 200 mm,预埋的最底部采用锚板及 P 锚挤压套的形式加强。吊点处的钢绞线采用 D18×1 的白皮管包裹加强钢绞线吊点的局部抗剪能力,铁管长度为 400 mm,形状为 R60 的圆弧。具体如图 4.36 所示。

(a) 原止浆塞　　(b) 新设计止浆塞　　(c) 套筒止浆塞安装

图 4.35　套筒止浆塞安装

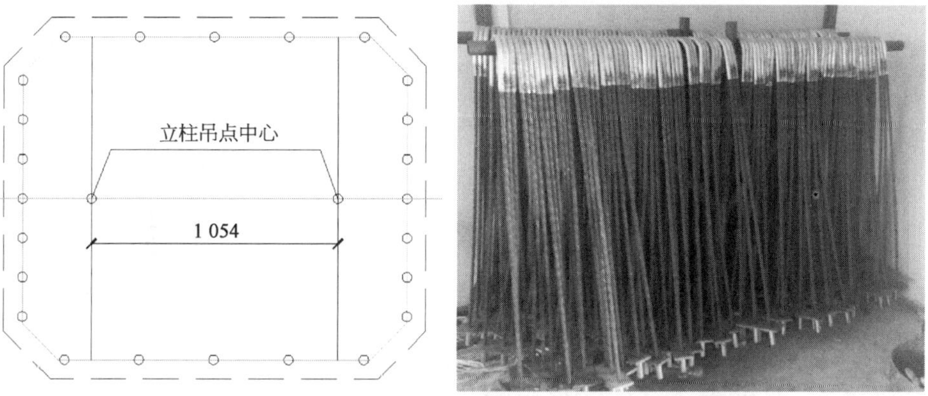

(a) 立柱吊点安装示意图　　(b) 钢绞线吊点

图 4.36　钢绞线吊点安装

钢绞线吊点安装控制的关键点在于：两吊点间距 1 054 mm 严格控制、伸出长度的控制、吊点处加装钢丝网片加强。

钢绞线吊点的布置依照以下原则：高度 6 m 以上的立柱（45～110 t），单个吊点采用三束钢绞线；高度 6 m 以下的立柱（10～45 t），单个吊点采用两束钢绞线。具体如图 4.37 所示。

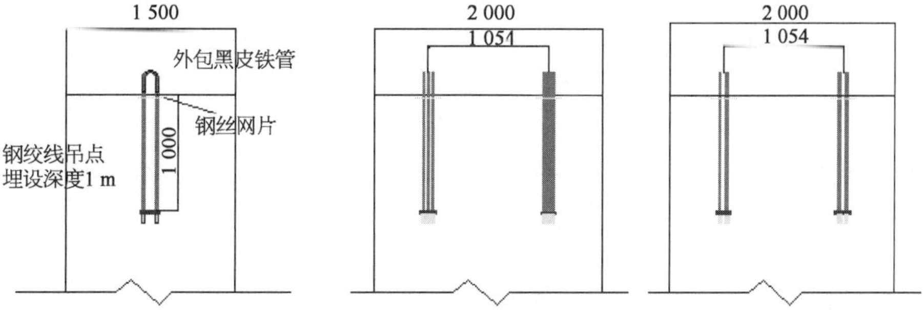

图 4.37　钢绞线吊点布置原则

同时,为确保预埋钢绞线吊点吊装作业安全,开展了钢绞线吊点对不同吊装工况的具体可行性研究,包括预制构件的起吊工况和预制立柱的翻转工况。试验件为钢筋混凝土构件,外形 1.5 m×1.5 m×1.5 m,混凝土为普通 C40 混凝土,钢筋为三级钢,钢绞线采用 Φs15.2,钢绞线埋深分别为 1.2 m、1.0 m、0.8 m,其预埋的最底部采用锚板及 P 锚挤压套的形式加强。吊点处的钢绞线采用 D20×2 的黑皮铁管包裹加强钢绞线吊点的局部抗剪能力,铁管长度为 400 mm,形状为 R60 的圆弧。起吊工况下的钢绞线吊点布置于构件顶部;翻转工况下的钢绞线布置于构件侧面,钢绞线端部布设钢丝网片加强。试验如图 4.38 所示。

图 4.38 钢绞线吊点试验

其中,起吊工况中,试验钢绞线埋深有 1.2 m、1.0 m、0.8 m 三组。试验时仅对钢绞线吊点进行竖向受力加载。试验时千斤顶逐级加载至钢绞线拉断或拔出,则荷载加载完毕。试验结束后,观察混凝土破坏情况及钢绞线破坏情况。试验结果为:埋深 0.8 m 的钢绞线吊点在受到 40 t 拉力的情况下断裂;埋深 1.0 m 的钢绞线吊点在受到 46 t 拉力的情况下断裂;埋深 1.2 m 的钢绞线吊点在受到 36 t 拉力的情况下断裂。

通过对试验构件的观察发现,混凝土只在表面发生破碎现象,范围小,深度浅;钢绞线断裂于混凝土以上吊点范围内,未断于混凝土内。在翻转工况中,试验钢绞线埋深有 1.2 m、1.0 m、0.8 m 三组。该试验过程分为三个步骤:

千斤顶加载至钢绞线受向上拉力后达到塑性变形的最小拉力。经试验确定,翻转工况下的钢绞线吊点在受到向上拉力情况下会不断地进行塑性变形。在前 3 t 拉力时的变形最明显。

对翻转工况下的千斤顶施加 25 t 以上的向上拉力,观察钢绞线是否被拉断或钢绞线弯曲情况及混凝土破坏情况,试验结果为:埋深 0.8 m 的钢绞线吊点承受 27 t 拉力没有发生钢绞线断裂现象;埋深 1.0 m 的钢绞线吊点承受 30 t 拉力没有发生钢绞线断裂现象;埋深 1.2 m 的钢绞线吊点承受 28 t 拉力没有发生钢绞线断裂现象。

此时通过对试验构件的观察发现,翻转工况时混凝土的破碎仅发生在钢绞线与混凝土的接触部位。

翻转构件对翻转工况下的钢绞线吊点进行垂直拉力加载,千斤顶逐级加载至钢绞线拉断或拔出,则荷载加载完毕。试验结束后,观察混凝土破坏情况及钢绞线破坏情况。试验结果为：埋深 0.8 m 的钢绞线吊点在受到 37 t 拉力的情况下断裂；埋深 1.0 m 的钢绞线吊点在受到 35 t 拉力的情况下断裂；埋深 1.2 m 的钢绞线吊点在受到 36 t 拉力的情况下断裂。

相比于起吊工况下的钢绞线最大承载力，经过翻转后钢绞线的最大承载力会受到削减。钢绞线吊点依照以下原则：高度 6 m 以上的立柱（45～110 t），单个吊点采用三束钢绞线；高度 6 m 以下的立柱（10～45 t），单个吊点采用两束钢绞线。6 m 以上的立柱以最大吊重 110 t 计算，竖吊时每束钢绞线承受 110/6＝18.3 t，翻转时每束钢绞线承受 110/2/6＝9.2 t，均小于钢绞线极限受力，满足吊装要求。6 m 以下的立柱以最大吊重 45 t 计算，竖吊时每束钢绞线承受 45/4＝11.3 t，翻转时每束钢绞线承受 45/2/4＝5.6 t，均小于钢绞线极限受力，满足吊装要求。

③ 对于保护层垫块，采用 C50 高强度圆形砂浆保护块（半径 6 cm），垂直于主筋放置（见图 4.39）。

图 4.39　保护层垫块安装示意图

④ 对于调节千斤顶预埋螺栓套安装，调节千斤顶是现场立柱拼装过程中调整立柱垂直度的专用设备。操作时，调节千斤顶一端固定于定位架，一端固定于立柱侧面预埋螺栓套。预埋螺栓套的安装精度控制是后期拼装能否顺利进行的关键，因而采用精加工的定位板对螺栓进行精确定位。一个调节千斤顶需要四个预埋螺栓套，后期调整时采用两个千斤顶，一个立柱需要安装四个螺栓套（见图 4.40）。

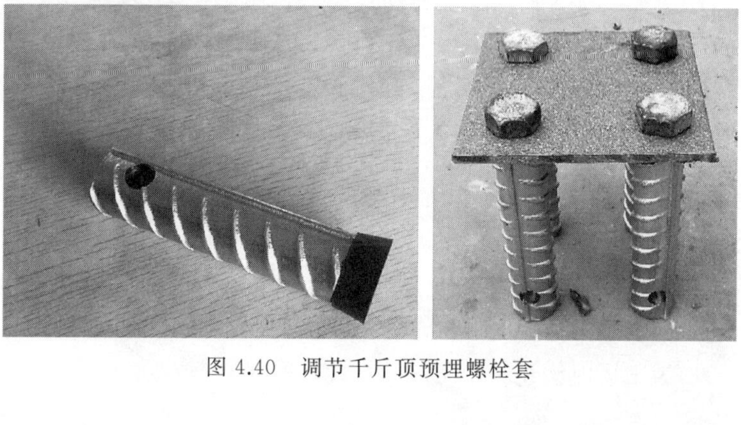

图 4.40　调节千斤顶预埋螺栓套

⑤ 对于柱顶盖梁挡板预埋螺栓套安装，柱顶盖梁挡板用于在立柱与盖梁连接铺设垫层时的挡浆作用。因此需在立柱的四面均安装两个预制螺栓套(见图 4.41)。

图 4.41
柱顶盖梁挡板
预埋螺栓套图

⑥ 对于防雷接地板，立柱防雷接地板构造为 100 mm×100 mm×8 mm，材料为镀锌钢板，布设位置为地面标高 0.5 m、－0.7 m 处及立柱柱顶下 20 cm 处。防雷接地板布设时须确保三块板处于同一立柱面(见图 4.42)。

图 4.42 防雷接地板现场图

⑦ 对于防裂钢筋网布置，10 m 以上高度的立柱为防止吊装过程中产生裂缝影响立柱外观及使用性能，布置由 10 mm 螺纹钢组成的防裂钢筋网(见图 4.43)。

图 4.43 防裂钢筋现场图

⑧ 对于局部加强措施，在立柱钢筋笼的绑扎过程中，立柱钢筋与套筒的紧固是关键控制点，采取必要的措施确保其牢固是非常重要的。针对这种情况，绑扎过程中采取了两种措施，一是箍筋与加强钢筋顶住橡胶止浆圈；二是增加拉结筋连接主筋与底模(见图 4.44)。

如图 4.45 所示为工厂内已经制作完成的立柱钢筋笼。

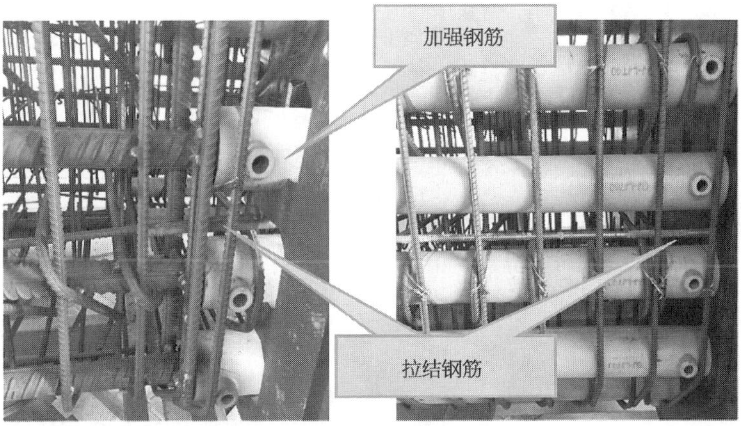

图 4.44　局部加强措施示意图

图 4.45　已完成的立柱钢筋笼

4.2.2.7　立柱钢筋笼模块吊装

立柱钢筋笼吊装采用专用吊架及吊索具(链条锁)(见图 4.46～图 4.48)。

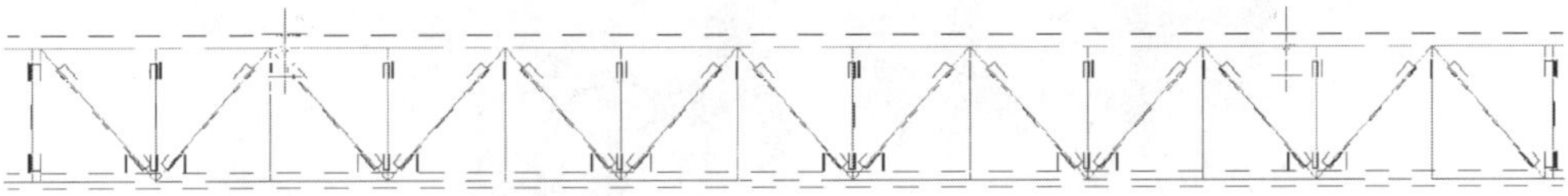
图 4.46　专用吊架立面设计图

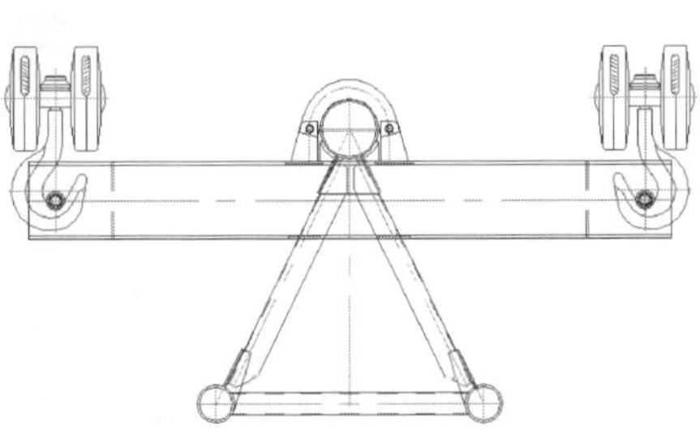
图 4.47　专用吊架断面设计图

(a) 专用吊架　　(b) 链条锁

图 4.48　专用吊架实物图

立柱钢筋笼最重为 8.5 t 左右，采用两台 20 t 行车抬吊，吊架及链条锁挂上缘外侧钢筋的方式起吊，两段定位板一起起吊。具体施工如图 4.49 及图 4.50 所示。

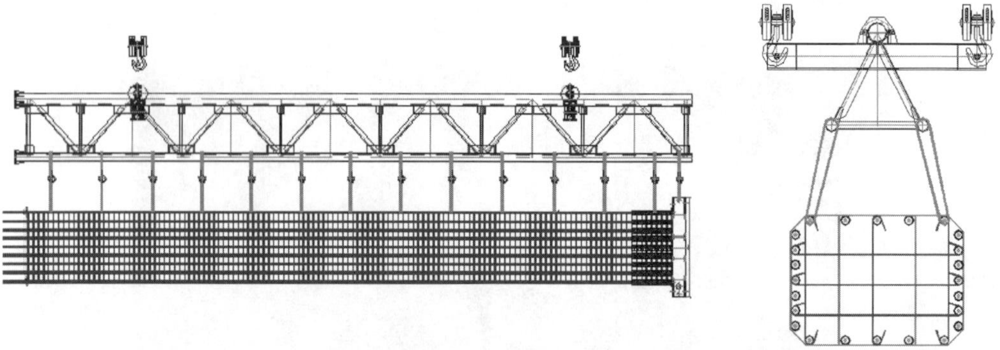

图 4.49　钢筋笼吊装工况

图 4.50　钢筋笼现场吊装

4.2.2.8　立柱模板设计

根据设计要求，钢模板的加工精度很高。为确保模板的整体内外质量，特选定了一家技术工艺成熟、设备力量完善的模板专业加工企业。所用钢板(厚度达到 10 mm)要求模板拆拼方便、组合合理。模板对拉螺杆采用精轧螺纹钢，钢模外表面进行抛丸喷砂喷漆，颜色为建工红。

立柱模板由侧模、底模、底架、吊架、台车、翻转架及操作平台等部分组成(见图 4.51)。

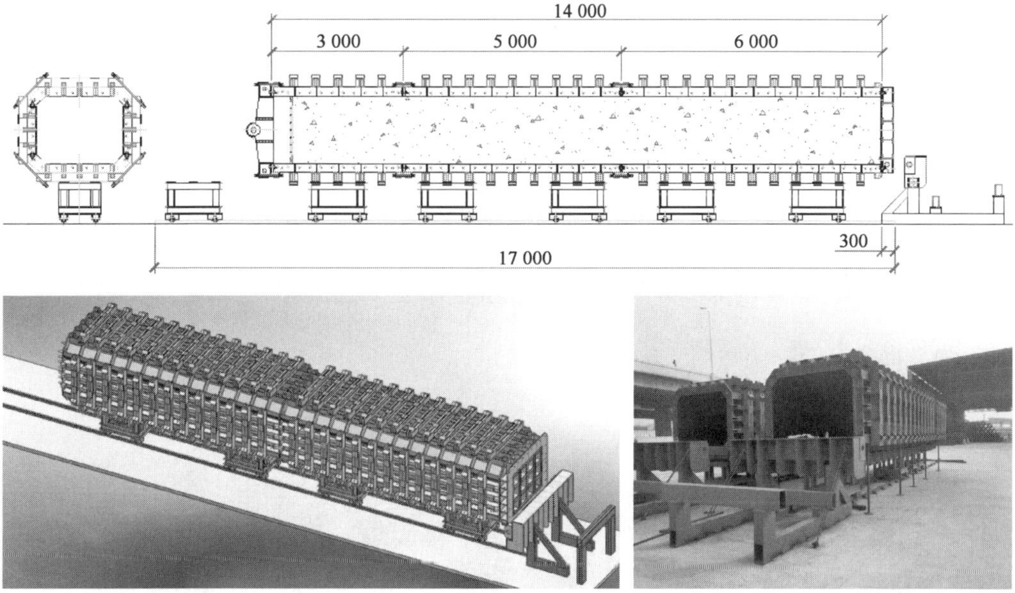

图 4.51　立柱模板设计总图

立柱模板加工好后,进场时必须按设计要求及质量标准进行验收。验收合格的模板才能使用。检查内容主要包括模板的尺寸、拼接缝隙、平整度、垂直度、光洁度。合格后才能使用。

对于侧模,采用 4 片式,宽面带倒角,窄面为平板模(见图 4.52)。

图 4.52　立柱侧模

对于底模及底架,底模与套筒定位板结合,底架固定在浇筑台座上(见图 4.53)。

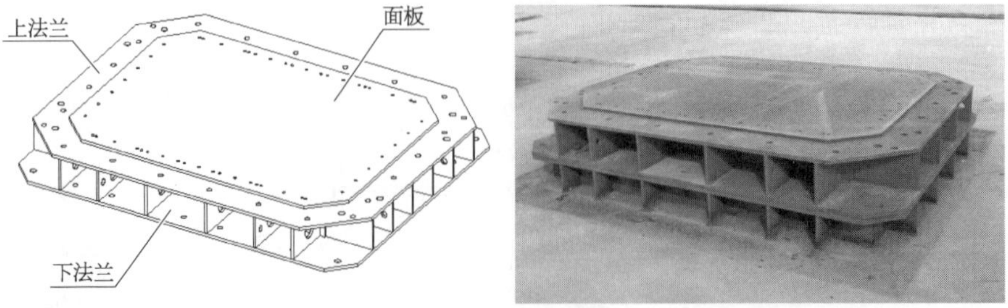

图 4.53　底架排列图

吊架及操作平台分别如图 4.54、图 4.55 所示。

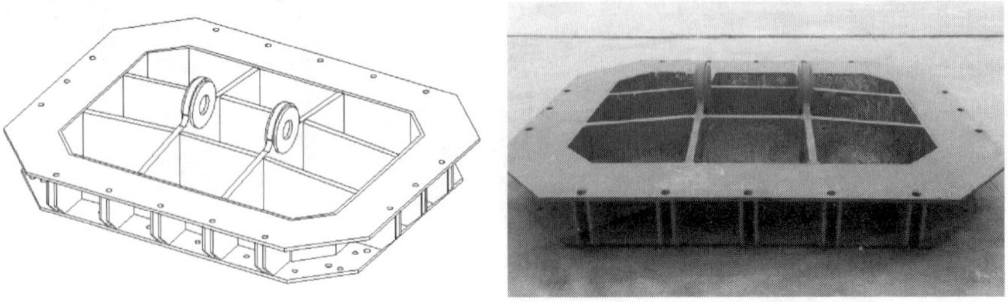

图 4.54　吊架图

图 4.55　操作平台图

台车及翻转架分别如图 4.56、图 4.57 所示。

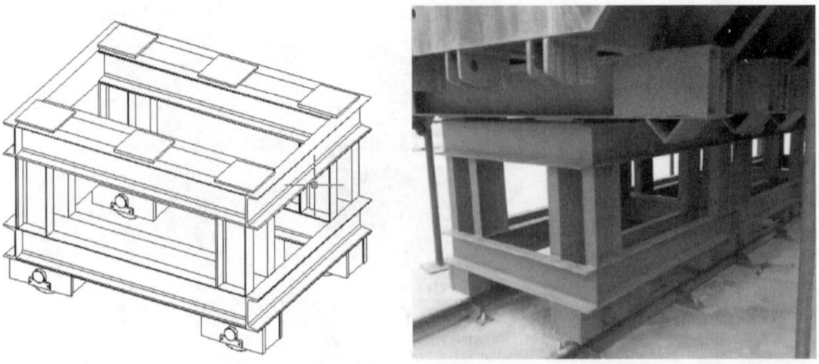

图 4.56　台车图

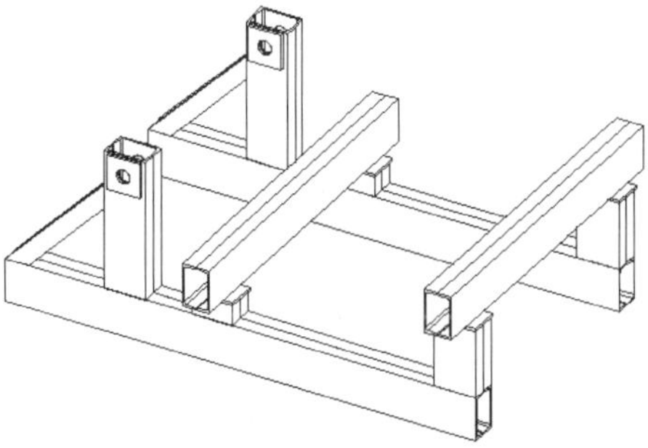

图 4.57　翻转架图

4.2.2.9　立柱模板安装

整个立柱模板安装过程共分成 13 个步骤，不允许发生跳步加工，整个过程边加工边测量，确保每一步加工的精度得到控制。

(1) 安装轨道、台车及翻转架(见图 4.58)。

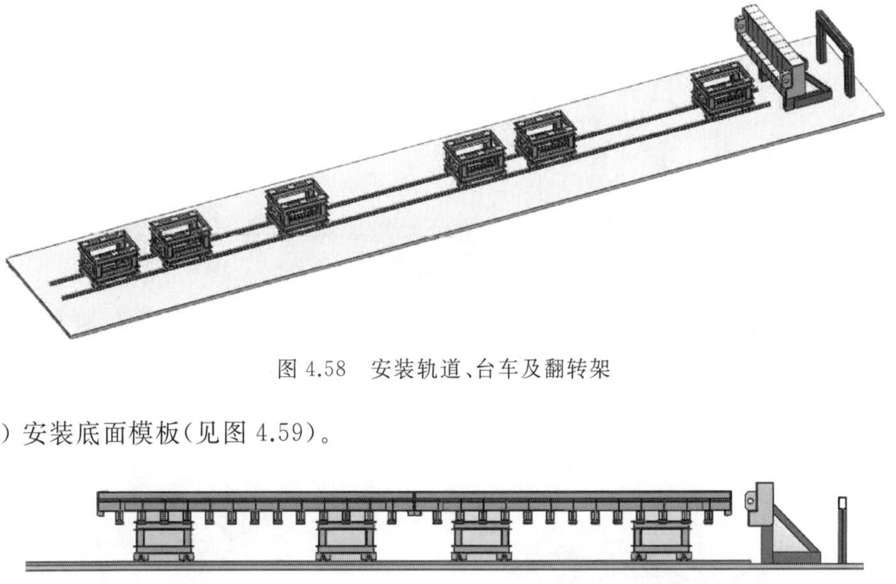

图 4.58　安装轨道、台车及翻转架

(2) 安装底面模板(见图 4.59)。

图 4.59　安装底面模板

(3) 安装侧面模板(见图 4.60)。安装侧面模板时,由于先安装一侧模板导致受力不平衡会发生倾覆,因而在模板安装过程中采用可调节竖向支撑钢管来支撑立柱模板。支撑设置间隔为 1～2 m 设置 1 道,防止发生倾覆的危险。

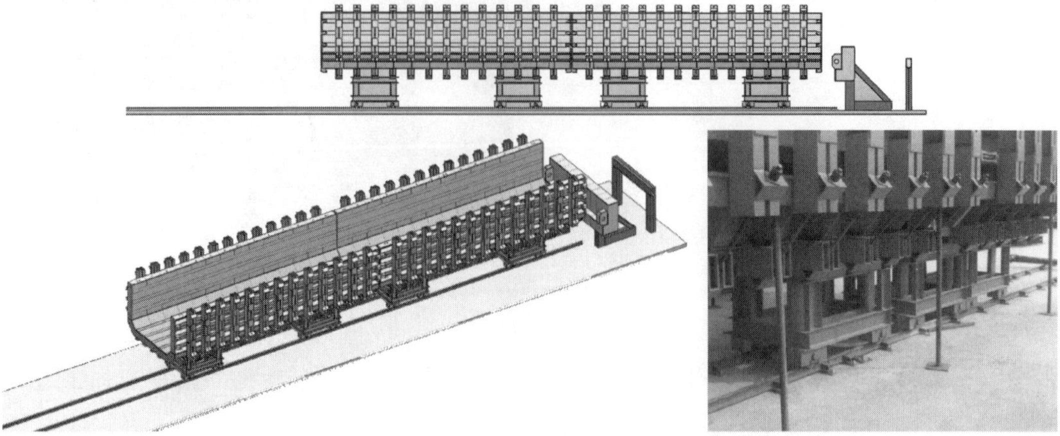

图 4.60　安装侧面模板

(4) 安装立柱钢筋笼(见图 4.61)。

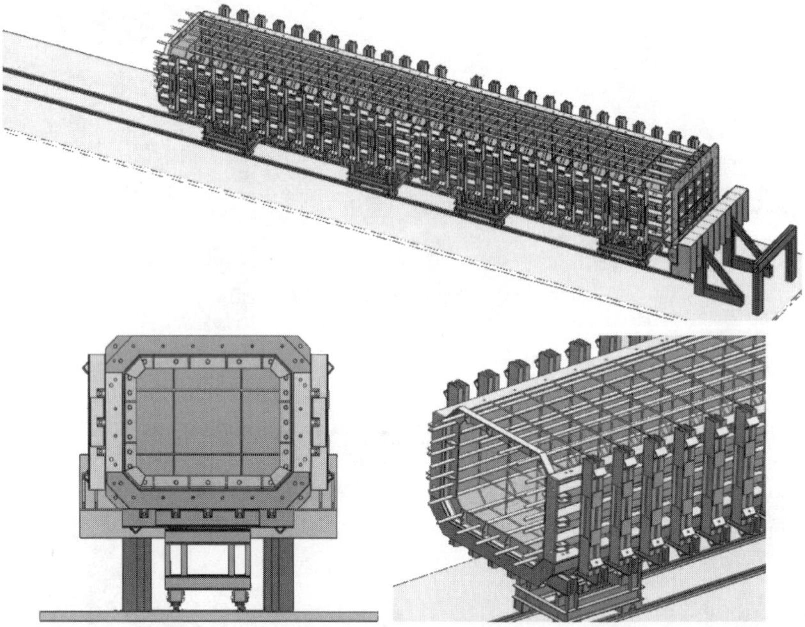

图 4.61　安装立柱钢筋笼

(5) 安装顶面模板(见图 4.62)。

(6) 将模板平移至翻转架(见图 4.63)。

(7) 安装翻转吊架(见图 4.64)。

(8) 安装吊索具,模板翻转(见图 4.65)。

(9) 拆除翻转销子,模板脱离翻转架(见图 4.66)。

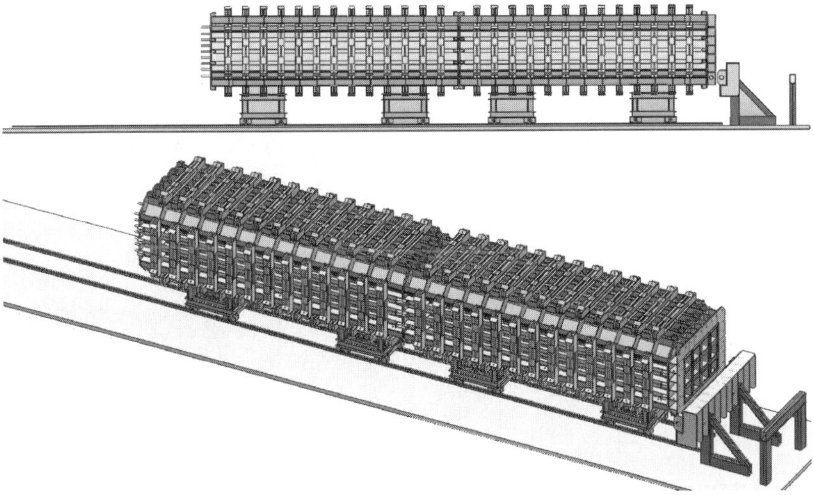

图 4.62　安装顶面模板

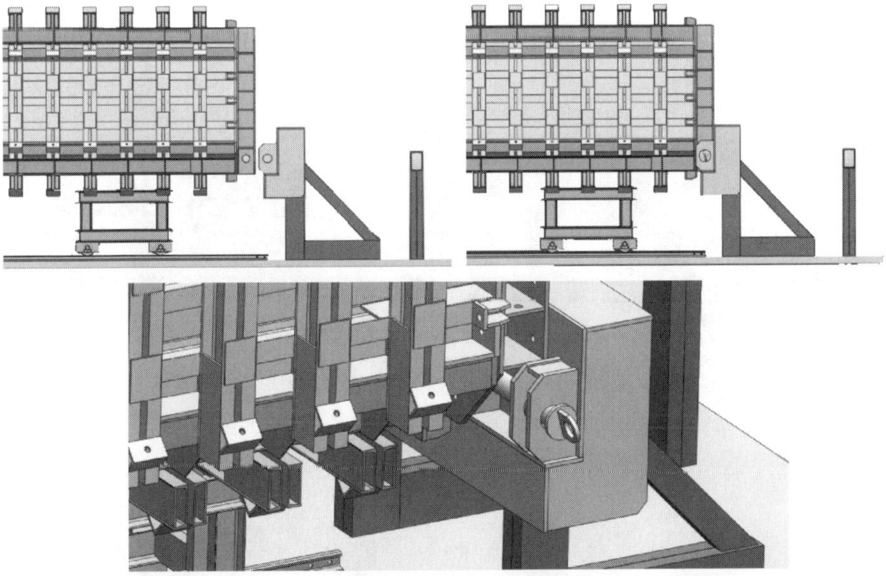

图 4.63　将模板平移至翻转架

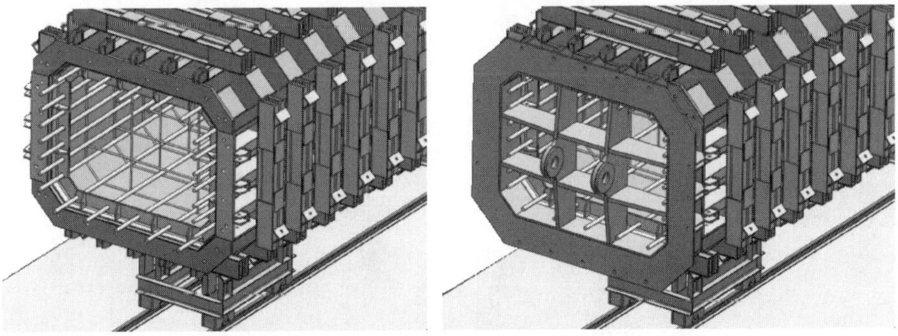

图 4.64　安装翻转吊架

图 4.65　现场模板拼装及翻转

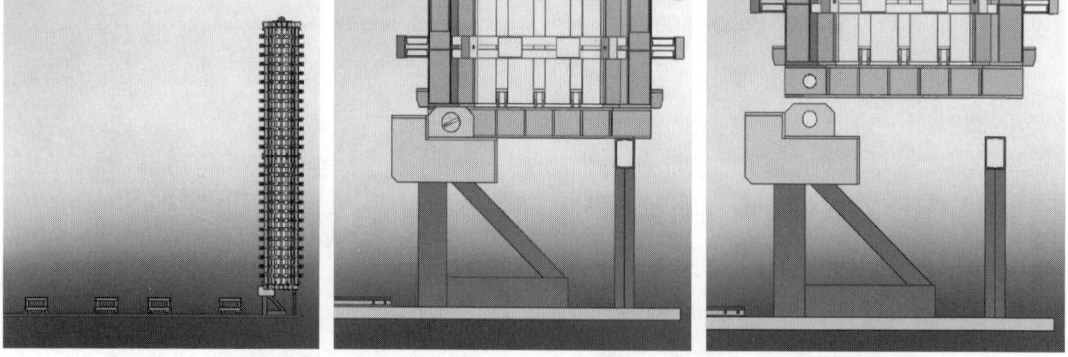

图 4.66　模板脱离翻转架

(10) 将模板吊至浇筑台座,并固定(见图 4.67)。模板固定的同时采用四边缆风绳及扳手葫芦进行固定及模板垂直度细微调整。

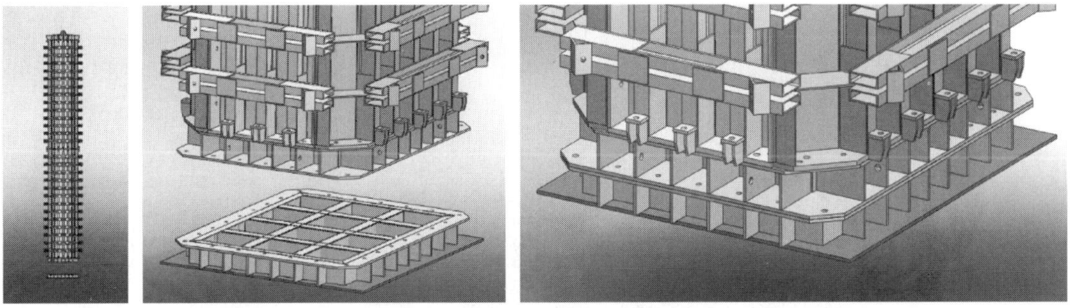

图 4.67　模板与浇筑台座固定

(11) 安装操作平台(见图 4.68)。

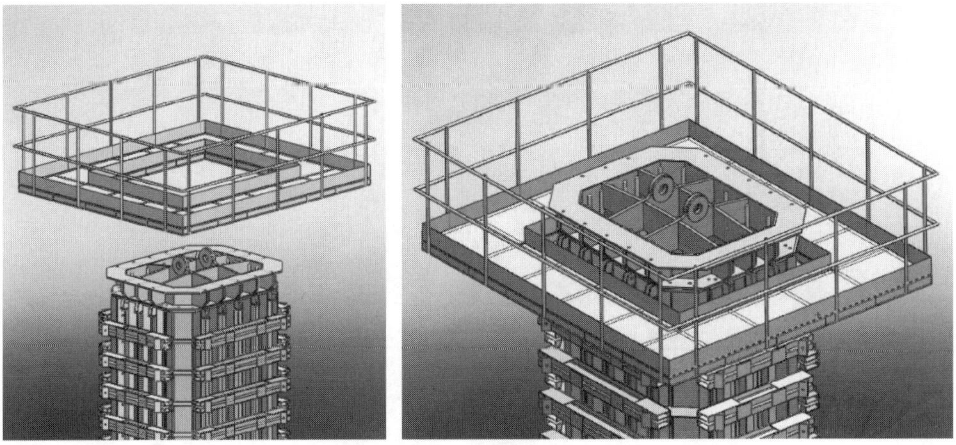

图 4.68　安装操作平台

(12) 拆除模板翻转吊架,并浇筑混凝土(见图 4.69)。

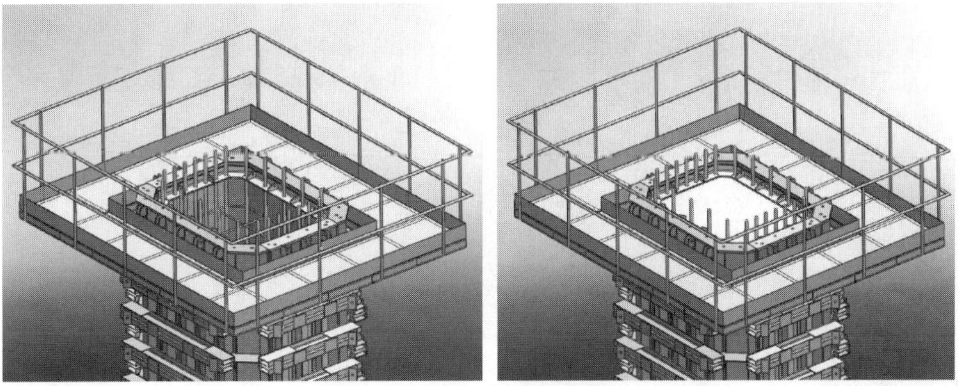

图 4.69　拆除模板翻转吊架

(13) 拆除操作平台、模板,养护完成后将立柱吊离浇筑台座(见图 4.70)。

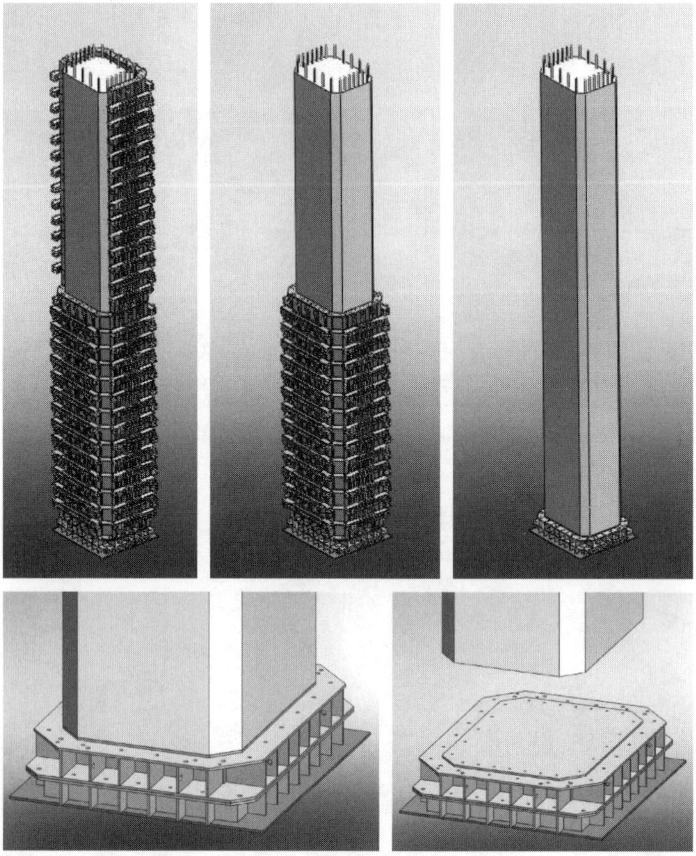

图 4.70　拆除模板并吊离

4.2.2.10　模板吊装及缆风绳设置

模板翻转的吊索具包括：① 钢丝绳，采用两根 3 m 长双头钢丝绳，直径 52 mm，起重量 35 t；② 卸扣，采用 2 个 85 t 级。此外，上述钢丝绳及卸扣也同时作为立柱成品的起重吊索具(见图 4.71)。

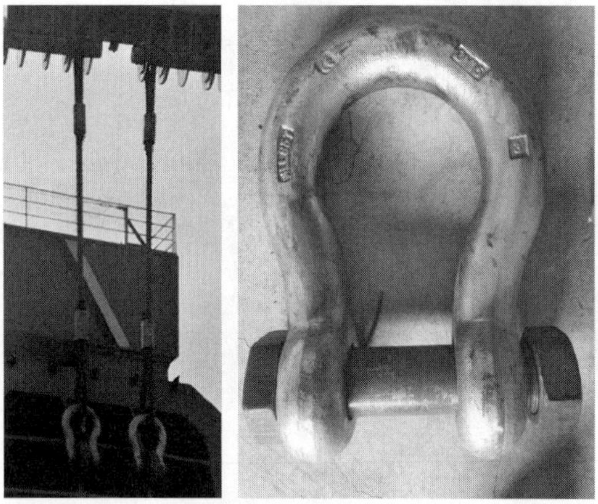

图 4.71　相关吊具

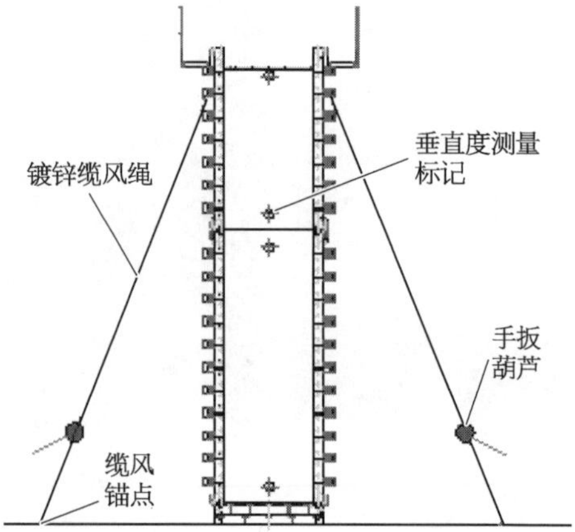

图 4.72　立柱固定方式

立柱模板翻转及放置完毕后，采用四角布置缆风绳的形式作为微调整、防倾覆及防偏移措施，其中采用 2 t 镀锌钢丝绳作为缆风绳，地面铁板焊接钢板地锚（见图 4.72）。

4.2.2.11 模板脱模剂施工

模板脱模剂施工包含两个部分，一是选择合适的脱模机；二是采用正确的涂刷工艺和保护工艺。

1）模板漆及配件（见图 4.73）

(a) 模板漆　　(b) 催干剂　　(c) 除油剂　　(d) 脱漆剂

图 4.73　脱模剂及配件

（1）模板漆。模板漆作为脱模剂，涂膜坚硬，光亮丰满，耐水耐磨，防锈防腐，特别适用于对模板的保护及混凝土外观质量要求严格的工程，综合效益好。其具有如下特点：保护模板，延长模板的使用寿命。该漆具有优异的防腐、防锈功能，可确保模板置于室外或阴雨天而不生锈；有利于提高混凝土外观质量，尽显混凝土“本色”，达到“清水混凝土”效果。成型的混凝土呈仿大理石状，平整光滑，颜色一致，手感细腻，有光泽，无污染，使混凝土制品外观质量上档次；漆膜表面光洁度好，自然形成瓷釉，易于脱膜和清理，提高工效；耐磨，附着力好，可多次重复使用；适用广泛，可用于钢模、木模、竹模等，并适用于蒸养环境；施工简单，涂刷一道即可。

（2）催干剂。催干剂仅适用于模板漆的加速固化，在低温条件下催干效果尤为明显。其性能为：外观为浅黄色透明；催干性能，10℃时表干时间为 8 h。模板漆：催干剂＝100：(8～10)。

（3）除油剂。除油剂是利用“乳化”“皂化”原理而研制的，适用于模板表面油污（机油、黄油）的去除，为水溶性产品，无毒、无味、不烧手，使用方便，并具有良好的除油效果。

（4）脱漆剂。脱漆剂适用于清除旧的环氧漆类、聚氨酯漆类等交联固化型漆膜，使用方便，脱漆效率高。其性能为：外观为乳白色悬浮液体；使用量不大于 200 g/m^2；5～10 min 脱漆效率不小于 90％。

2）模板漆施工操作规程

（1）基底处理要求。模板漆施工前对基底处理的要求包括：无锈、无油、清洁、干燥、有一定粗糙度。

① 无锈。需要去除钢模板表面的浮锈、焊渣以及其他油漆。除锈时结合工地实际情况，一般采用角磨机配钢丝球除锈，去除浮锈即可。原则上只需要处理一遍，锈蚀严重的可

适当增加处理次数，但注意不要将表面处理得过于光滑，否则会影响模板漆周转次数。

② 无油。需要去除钢模板表面的机油、色拉油或其他油渍。除油可采用配套产品除油剂，也可采用去污力比较强的洗洁精。清洗的工具采用硬质的地板刷（分小地板刷和横式的地板刷）。

③ 清洁。涂刷模板漆前需要保持模板的清洁。模板表面的一些浮尘可用干海绵擦干净，然后用棉布醮天那水（香蕉水）或松节水擦拭模板表面，并用干布擦干。上漆时，工人需要带脚套，以免沾污模板，影响效果。

④ 干燥。涂刷模板漆前需要保证模板表面的干燥，如果模板表面潮湿，会造成涂刷模板漆后起泡、表面没有光泽，影响混凝土表面的光洁度。

⑤ 有一定的粗糙度。涂刷模板漆最理想的条件是表面有一定均匀的粗糙度，这样可以增加模板漆的周转次数。实践证明，表面的粗糙度是影响模板漆周转次数非常重要的一个指标，如果模板表面过于光滑，会严重影响模板漆的附着力，进而相对容易脱落。如果有条件喷砂，可采用细砂喷出 15～25 μm 的粗糙度。如是新模板，表面比较光滑，可采用角磨机配砂轮片倾斜旋转画圈，以使模板有一些粗糙度。实践证明，处理后模板漆的周转次数大大得到提高。另外，也可采用盐酸进行酸蚀，以形成均匀的粗糙度，大大提高附着力，进而提高模板漆的周转次数。

(2) 模板漆施工时的注意事项。基底处理达到要求后，即可进行模板漆涂刷。涂刷时需注意以下要点：

① 天气情况。涂刷模板漆需要注意未来 4 h 内的天气情况，如果有雨水、结露、结霜等情况，切忌涂刷模板漆，否则模板漆需要重新去除；在 25℃情况下，模板漆 1 h 内即可表干，表干后可采用适当的遮盖，以免被雨淋，4 h 实干后即可进行模板的吊装及浇筑混凝土。

② 涂刷的注意事项。涂刷可采用棕毛刷、滚筒及喷涂工具，推荐采用棕毛刷。用棕毛刷涂刷时需要勤拉勤收，确保涂刷均匀一致。如用滚筒，需采用抗溶剂的短毛滚筒，摊料时采用“W”形，然后竖向、横向摊均匀，最后朝着一个方向收即可。如用喷涂，建议采用无气喷涂，涂刷时注意不要流挂、漏刷。

③ 模板漆的配料。正常温度情况下可直接使用，无须加催干剂（特殊气候或环境可添加催干剂）。

模板漆 1 kg 的涂刷量在 15～20 m^2，用过的料切记不能倒回原桶。如果保存，需要采用单独的桶进行贮存，并尽可能在短时间内使用完；另开启的模板漆需要密封好，否则溶剂挥发后会变稠直至硬化。

(3) 安装模板及浇筑混凝土时的注意事项。模板堆放时最好采用木垫块，吊装时尽量减少接触钢筋头，否则钢筋头将模板漆划伤后可能会影响模板漆的附着及表面观感。

浇筑混凝土时尽量不要让振动棒碰到模板漆，否则振动棒会将接触的模板漆损坏。

一旦模板漆造成损坏造成局部脱落时，可采用粗砂纸打磨掉松动的漆膜，然后用模板漆补刷即可。

吊装模板前需要将模板表面的浮尘、泥巴等擦干净或用高压水枪冲洗干净。

(4) 模板漆达到周转次数后处理措施。使用后模板漆表面可能已经显得有些粗糙，这时就需要进行脱漆处理，或是采用机具将原有漆膜打掉，切记不能在原有漆膜上直接涂刷新的模板漆。脱漆可以采用配套的脱漆剂。

(5) 合理地使用模板漆以获得好的混凝土外观质量的方法。基底严格按照技术要求处理，模板漆涂刷厚薄均匀，使模板光滑且有一定的光泽。

注意现场文明施工，模板装卸过程中注意不要用钢筋或其他硬物刮花模板漆，否则即便修补后虽可正常使用，但对混凝土外观的颜色会略有影响。

一套墩身或箱梁模板的模板漆的周转次数要一致，重涂时必须一起重涂，否则会因同套模板上模板漆的光洁度不一致而影响混凝土的外观。

模板漆重涂时必须将原有的漆膜除掉，或采用配套的脱漆剂将原模板漆脱掉，严格禁止在原有的漆膜上涂刷模板漆，否则会影响附着力，进而影响模板漆的周转次数和使用效果。

模板在周转到下一个墩身或箱梁时，模板漆上的浮灰一定要清理干净，以防止上面的浮灰影响到下一个墩身的外观。

根据气温情况合理使用催干剂，尽量在白天天气好的时候涂刷模板漆，避免在傍晚涂刷模板漆。其原因有两个：一是夜晚时，模板漆由于温度原因干燥的速度比较慢；二是温度较低时，露水凝结在未固化的油漆上会影响使用效果。

涂刷模板漆的时候关注天气预报，尽量避免在有雨水或雾气的天气里涂刷模板漆。

浇筑完混凝土后，墩身或箱梁上裸露的钢筋头最好做防锈处理，以防止生锈后经雨水流到混凝土上。

注意成品保护及混凝土的养护。

模板漆施工总结经验见表 4.2。

表 4.2　模板漆施工经验

序　号	现　　象	原 因 分 析	解 决 办 法
1	使用一次漆膜脱落	模板表面过于光亮	可适度做糙
		油未除干净	继续除油
		在原有漆膜上刷漆	将第一遍漆模脱掉
		模板漆未完全实干	待其实干
		除油剂未清洗干净	清洗干净
2	漆膜不干	气温降低	添加催干剂
		模板上有其他杂质	去除杂质
		只刷催干剂	与模板漆配合使用
3	漆膜表面粗糙、无光泽	除锈后未清洗干净	清洗干净
		漆膜表面干燥前落有沙尘	做遮挡保护
		有杂质未清洗干净	清洗干净
4	混凝土粘在模板上(粘模)	模板漆未干而使用	待其干燥
		混凝土未到养护期	到养护期
		振捣不当	按要求振捣

4.2.2.12　混凝土浇筑

预制立柱混凝土等级 C40，采用立式浇筑工艺，高性能混凝土一次性浇筑完成。C40 高性能混凝土的供应由项目部自建拌站提供。

高性能混凝土按照技术指标：水泥选用品质稳定、强度等级不低于 42.5 的硅酸盐水泥或普通硅酸盐水泥；粉煤灰、磨细矿渣粉等矿物掺和料符合 JTG/T F50 中规定的要求；粗骨料选用粒径≤20 mm，加工形式为反击破式，且针片状含量不大于 6%，含泥量不大于 1%，泥块含量不大于 0.5%；细骨料采用Ⅱ区的中砂，含泥量不大于 3%，泥块含量不大于 1%，细度模数不低于 2.5；采用高性能聚羧酸减水剂，减水率不小于 25%；设计合理的级配并进行验证，满足自密实混凝土各项技术指标；搅拌站严格按照规范，确保砂石称重计量误差在±2%，水泥、外加剂、掺和物称重计量误差在±1%，并保证搅拌时间不少于 180 s。预制工厂内浇筑立柱混凝土，通过两辆 16 m^3 混凝土搅拌车进行运输和一辆管道长 46 m 的混凝土泵车进行立式浇捣。相关设备如图 4.74 所示。

(a) 混凝土搅拌车

(b) 混凝土泵车

图 4.74　混凝土浇筑设备

混凝土浇筑拟采用橡胶导管浇筑方式，有效控制跌落高度在 1～1.5 m 范围内，不允许超过 2 m 的跌落高度(见图 4.75)。

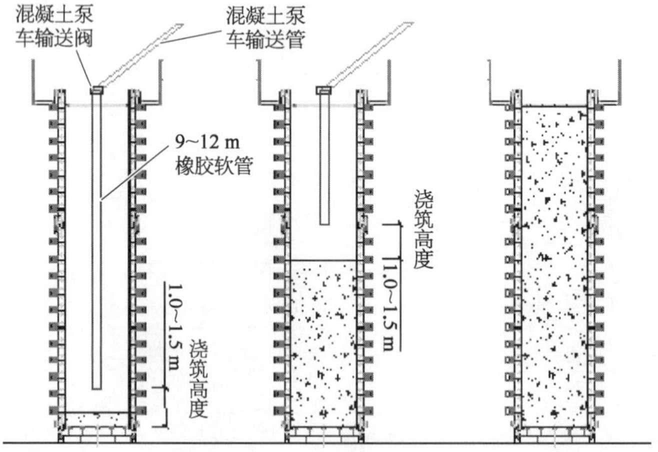

图 4.75　混凝土浇筑设备

4.2.2.13　立柱养护

立柱拆模后采用喷淋养护装置进行养护作业，养护时间为 7 d(见图 4.76)。

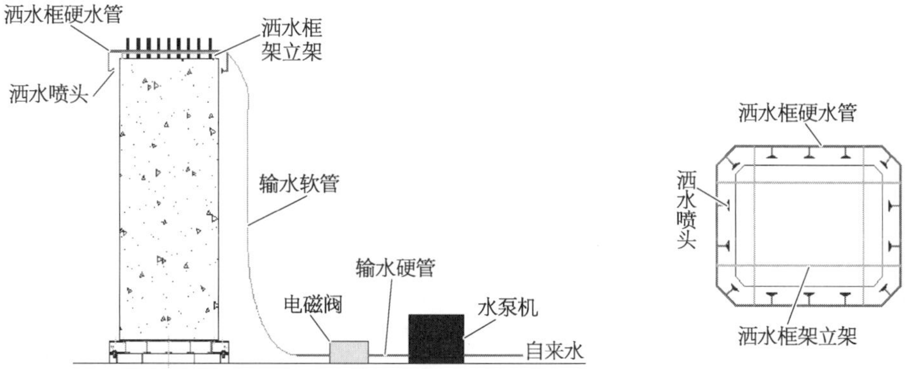

图 4.76　混凝土立柱养护

4.2.2.14　立柱存储

预制立柱现场存储由于存储场地有限，同时立柱存储时间周期短，故立柱存储采取竖立的方式，至立柱出厂时进行翻转运输（见图 4.77）。

图 4.77　混凝土立柱厂内存储

4.3　盖梁预制

4.3.1　盖梁预制原则

结合盖梁钢筋模块化施工经验及国内外盖梁预制装配的经验，盖梁预制的相关要求和原则如下：

（1）构件预制用钢筋笼胎架、钢筋笼定位板、预制台座、模板、吊具等设备，应根据具体预制工艺和精度要求进行专项设计。

(2) 由于采用预制装配技术，对立柱、盖梁等预制构件的精度要求比传统模式有了大幅度的提升。参照国外预制装配精度控制标准，立柱、盖梁预制构件的加工允许偏差为±2 mm，包含钢筋、套筒、金属波纹管和构件成品。盖梁钢筋笼应在专用胎架上制作加工成型，胎架上支撑定位体系布置应保证主要受力钢筋定位准确，钢筋笼制作允许偏差均为±2 mm。

(3) 灌浆连接套筒或金属波纹管应与箍筋、锚固钢筋制作成整体模块后置于盖梁钢筋笼内，必要时应进行加固以确保混凝土浇筑时模块不变形。

(4) 灌浆连接套筒压浆管、出浆管和对应的压浆口、出浆口连接应密封牢固，压浆管、出浆管长度应根据承台、立柱或盖梁尺寸预留准确，并用止浆塞塞紧。灌浆连接套筒与箍筋连接应采用绑扎方式，不得采用焊接连接。构件拆模完成后，应及时检查灌浆连接套筒内腔是否干净、通畅，确保无水泥浆等杂物。如有漏浆或杂物，应及时清理套筒内腔。

(5) 金属波纹管应采用内衬钢管等措施保证预制过程中不变形。压浆管、出浆管和对应的金属波纹管压浆口、出浆口连接应密封牢固，压浆管、出浆管长度应根据承台或盖梁尺寸预留准确，并用止浆塞塞紧。如直接由上端出浆，端部应采取密封保护措施。金属波纹管与箍筋连接应采用绑扎方式，不得采用焊接连接。构件拆模完成后，灌浆金属波纹管内腔应干净、通畅。如有漏浆或杂物，应及时清理管道。

(6) 盖梁钢筋笼吊装吊点处应局部加强，同时应安装盖梁成品所需的吊点预埋件、现场调节设备用的预埋件、支座预埋件等各类预埋件。

(7) 由于采用工厂化预制，模板周转次数较多，为保证盖梁浇筑质量，建议模板应进行专项设计，宜采用面板较厚的钢模板。钢模板应满足刚度、承载能力、稳定性要求，拉螺杆宜采用高强度精轧螺纹钢。

(8) 混凝土浇筑前应再次对灌浆连接套筒或灌浆金属波纹管定位进行检查，允许偏差均为±2 mm。同时应对台座表面标高及水平度进行复测，标高允许偏差为±1 mm，水平度允许偏差为±1 mm/m。

(9) 盖梁混凝土应一次性浇筑完成。灌浆连接套筒或灌浆金属波纹管定位精度为现场装配的精度控制主要因素之一，因此在混凝土浇筑时宜先行浇筑连接部位范围内的混凝土以减少扰动。

(10) 拼接缝处的构件表面在浇筑完成后应及时凿毛至完全露出新鲜密实混凝土的粗集料，并用洁净水冲洗干净。

(11) 根据混凝土性能制定具体养护方案，构件预制完成后应及时洒水(不得采用海水或含有害物质的水)养护，养护时间应不小于 7 d。

(12) 室外昼夜日平均气温连续 5 d 稳定低于 5℃时，构件预制应采取冬季施工措施，严寒期不宜进行施工，具体措施应符合国家现行标准《公路桥涵施工技术规范》(JTG/T F50—2011)第 24.2 节的规定。

(13) 预制构件堆放的场地应平整压实，不应有积水现象。预制构件应按吊运及安装次序进行堆放，且要有一定的通道。预制构件应按照其刚度及受力情况制定对应的堆放方案，竖放时应考虑必要的支护措施。

4.3.2 盖梁预制施工工艺及案例

4.3.2.1 盖梁设计方案

工程案例中，高架盖梁采用灌浆套筒连接的预制装配施工工艺。设计盖梁采用倒 T 盖梁，标准长度 23.4 m，宽度 2.7 m，盖梁在工厂内预制，脊骨梁部分现场浇筑。盖梁混凝土等级为 C60，采用高性能混凝土。具体外形如图 4.78 所示。

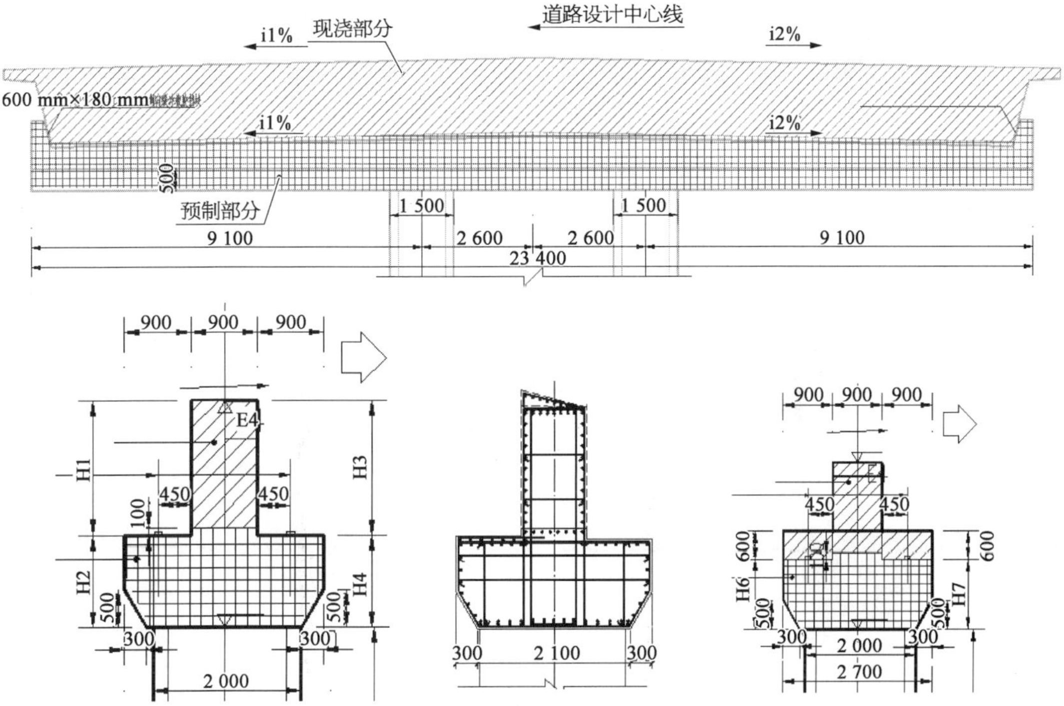

图 4.78 标准盖梁外形图

预制盖梁共 5 种规格：① 标准盖梁(23.4 m)；② 跨路口盖梁(23.4 m)；③ 三、四门墩盖梁(14.95～24.45 m)；④ 6 标地面桥盖梁(17.6 m)；⑤ 匝道盖梁(6.5 m)。

盖梁顶面及地面主筋采用 HRB400 的 $\Phi22$～$\Phi32$ 钢筋，侧面主筋采用 HRB400 的 $\Phi16$～$\Phi20$ 钢筋，箍筋及拉钩采用 HRB400 的 $\Phi10$～$\Phi22$ 钢筋，套筒内钢筋采用 HRB400 的 $\Phi40$ 钢筋。盖梁装配采用 40 全灌浆套筒连接形式(同立柱中套筒)，套筒与盖梁顶伸出连接插筋相接。

盖梁连接工艺：盖梁底套筒连接盖梁顶预留插筋。盖梁现场安装完毕后，进行垂直度及相对位置调节。调节后拼接面铺设 2 cm 厚 60 MPa 砂浆垫层，最后对套筒进行 100 MPa 砂浆压浆作业，完成整个装配工艺。

4.3.2.2 盖梁预制机械准备

施工机械设备的合理运用，是保证施工进度和施工质量的重要因素。对于盖梁的施工，根据施工进度要求，安排施工机械设备陆续进场，并做好机械的报验工作，确保工程高质量、高效率完成。同时根据试验、测量、质检要求，所需仪器陆续进场，并做好仪器的资料报验工作。具体机械设备见表 4.3。

表 4.3　所需机械设备

钢筋加工厂所需机械设备			
序　号	机 械 设 备 名 称	型 号 规 格	数　量
1	MEP 钢筋数控弯曲剪切中心	Syntax Line 28	1
2	MEP 盘钢全自动钢筋成型弯箍机	Mini Syntax 16 HS	1
3	锯床	GB4240	1
4	油压机	400T	1
5	滚丝机	HIMEN	1
6	门式起重机	20 t	2
7	二氧化碳气体保护焊机		2
预制工厂所需机械设备			
序　号	机 械 设 备 名 称	型 号 规 格	数　量
1	门式起重机	160 t	2
2	混凝土泵车	46 m	1
3	混凝土搅拌车	16 m^3	2
4	自行走套筒式作业平台	AMWP11.5－8100	1
5	自动洒水养护设备		1
6	平板运输车		2
主要材料试验、测量、质检仪器			
序　号	仪 器 设 备 名 称	仪 器 型 号	数　量
1	全站仪	SET220K	1
2	经纬仪	J2	1
3	水准仪	AP－281	2
4	试模	150×150×150	20
5	坍落度筒		1

4.3.2.3　预制盖梁制作材料准备

为确保施工进度，视施工进展和需要组织设备材料的投入，确保供应相应的设备和材料，保证工程施工顺利进行。根据两天一个盖梁的进度配置相应的材料，加工盖梁钢筋笼，浇筑预制盖梁。混凝土由联合工厂自建混凝土搅拌站提供。预制施工中将每车到场混凝土进行坍落度测试。灌浆料按照盖梁安装进度进行前期配置，做好防潮防水储存工作。

4.3.2.4　预制盖梁制作施工流程

为了确保盖梁产品质量，根据盖梁工艺特点，工艺流程如图 4.79 所示。

4.3.2.5　盖梁制作施工材料

预制盖梁的钢筋下料、钢筋弯配、连接套筒等施工工艺同立柱。

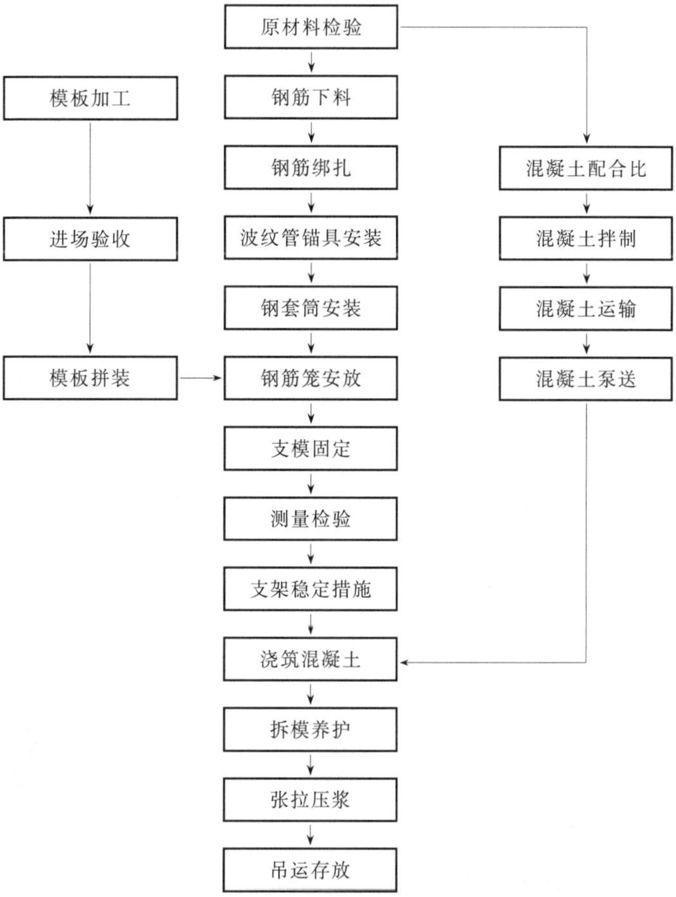

图 4.79　盖梁施工流程图

4.3.2.6　盖梁钢筋笼制作

1）钢筋笼胎架设计

预制盖梁钢筋笼的加工采用钢筋模块化精加工的理念，盖梁钢筋笼于专用胎架上制作加工成型。为保证钢筋笼支撑稳定，定位体系布置保证主要受力钢筋不变形，钢筋笼制作偏差为允许+2 mm。为保证预制装配的灌浆连接套筒的定位精度，在胎架下部增加套筒定位钢板，该钢板采用车床精加工成型，精度可控制在±1 mm 内。

盖梁钢筋笼胎架由底座、支架、挂片及定位平台组成。定位框架总共 15 个，其中 13 个固定焊接在底架上，另 2 个移动框架首次安装时按图示用螺栓固定在底架上；底架总长 26 m 分段制作，现场拼装焊接成整体；挂片包括顶部横梁、下部横梁、脊骨梁侧面挂片及预制部分侧面挂片（见图 4.80）。

盖梁钢筋笼胎架拼装前，对其各个部件进行验收复测，尤其是套筒定位板及定位框架、挂片开槽位置。拼装过程要求胎架底座安装水平，精度控制在±2 mm 内。各支架安装要求位置精确状态垂直，精度控制在±2 mm 内。胎架安装完成后对各支架整体测量保证每个框架在同一条线上，防止主筋安装时产生弯扭。

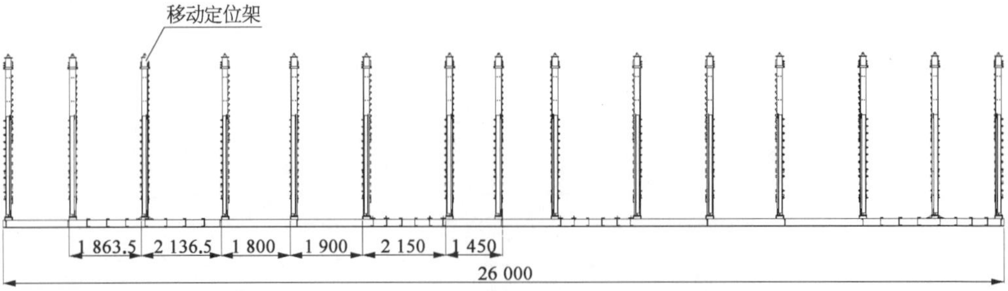

(a) 盖梁钢筋笼胎架设计立面图

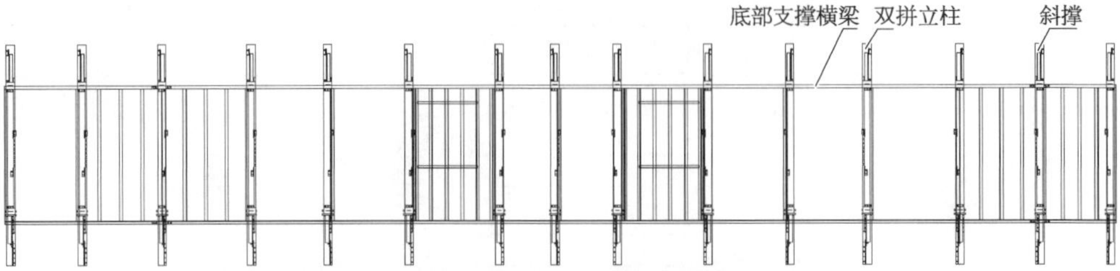

(b) 盖梁钢筋笼胎架设计顶视图

(c) 盖梁钢筋笼胎架实际效果图

图 4.80　盖梁胎架设计

图 4.81　套筒定位钢板

为保证预制装配的灌浆连接套筒的精确定位，故使用套筒定位钢板（见图 4.81）。先在胎架外制作套筒模块，包括套筒、主筋及箍筋全部制作完成后，再整体吊入钢筋笼胎架。

2）盖梁钢筋笼加工

盖梁钢筋笼除预制连接套筒模块外，均在胎架上完成加工绑扎。整个绑扎过程共分成 10 个步骤，不允许发生跳步加工。整个过程边加工边测量，确保每一步加工的精度得到控制。

步骤一：先在胎架外制作套筒模块，包括套筒、主筋及箍筋全部制作完成后，再整体吊入钢筋笼胎架(见图 4.82)。

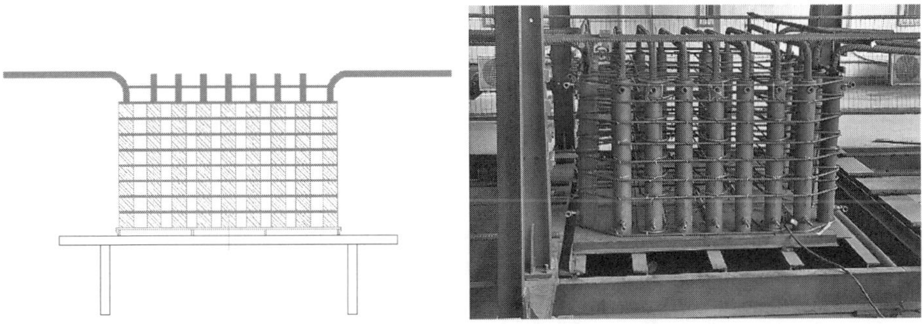

图 4.82　盖梁钢筋笼制作步骤一

步骤二：在胎架上安装端部预应力张拉槽口，采用组合式整体钢模板，确保定位精确，钢筋安装之前先把锚垫板安装到位(见图 4.83)。

图 4.83　盖梁钢筋笼制作步骤二

步骤三：在胎架上依次安装预制部分顶部主筋、脊骨梁顶部主筋(见图 4.84)。

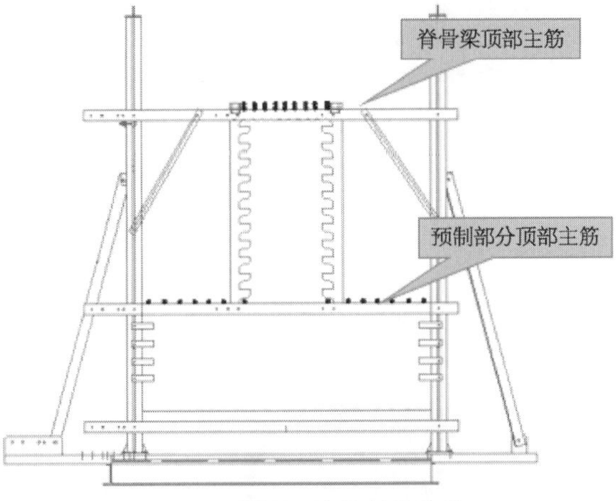

图 4.84　盖梁钢筋笼制作步骤三

步骤四：安装脊骨梁部位 2 道箍筋(见图 4.85)。

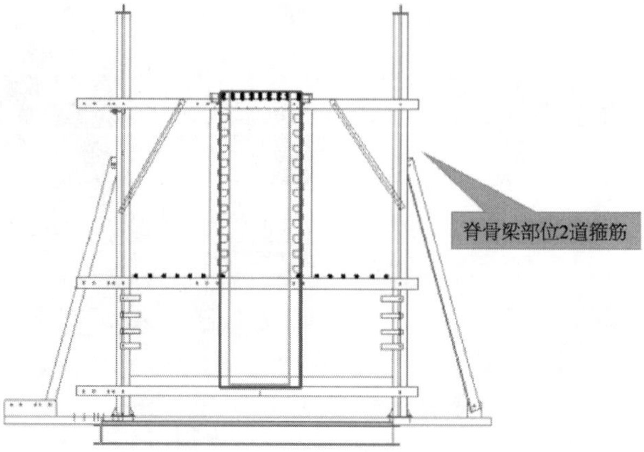

图 4.85　盖梁钢筋笼制作步骤四

步骤五：安装盖梁预制部分的箍筋(见图 4.86)。

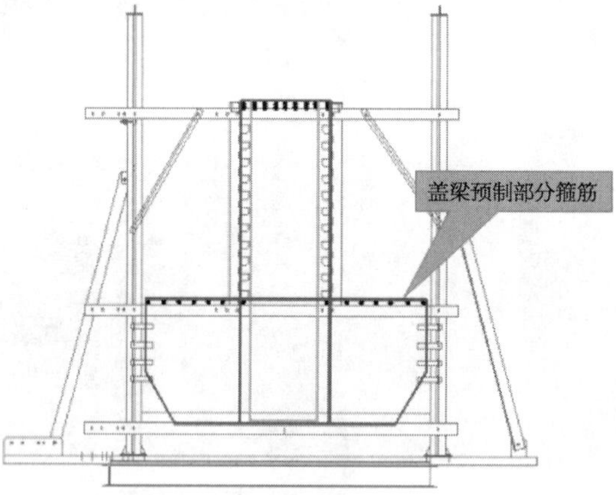

图 4.86　盖梁钢筋笼制作步骤五

步骤六：安装盖梁预制部分底部主筋(见图 4.87)。

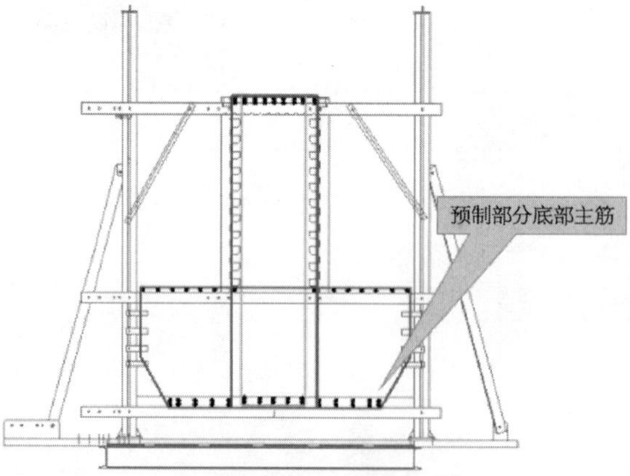

图 4.87　盖梁钢筋笼制作步骤六

步骤七：安装波纹管，从端部张拉槽口穿入，并用短钢筋定位，用塑料扎带固定(见图 4.88)。

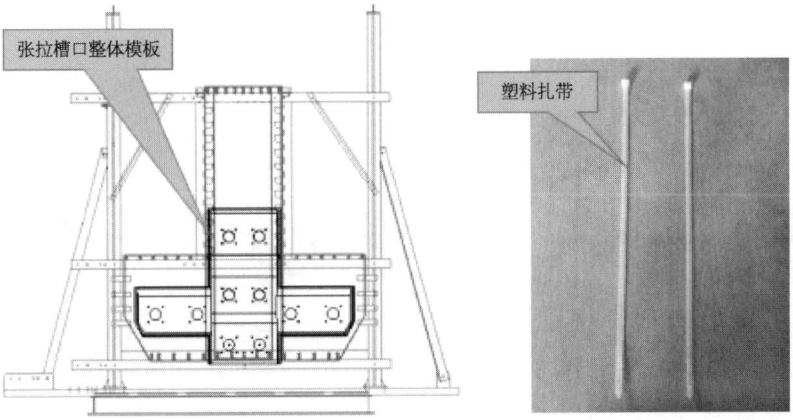

图 4.88　盖梁钢筋笼制作步骤七

步骤八：安装预制部分侧面主筋及脊骨梁侧面主筋(见图 4.89)。

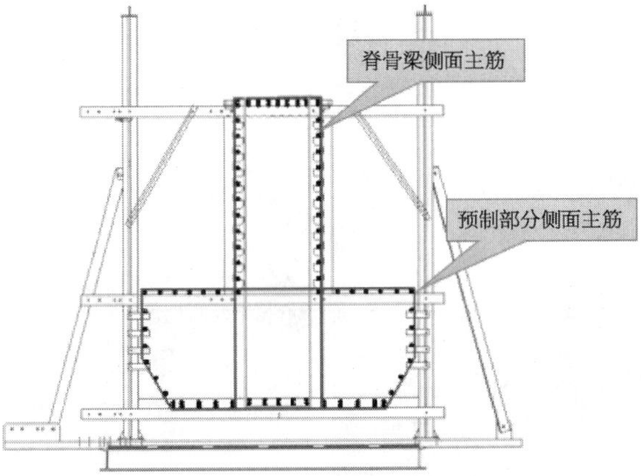

图 4.89　盖梁钢筋笼制作步骤八

步骤九：安装横向及竖向拉钩(见图 4.90)。

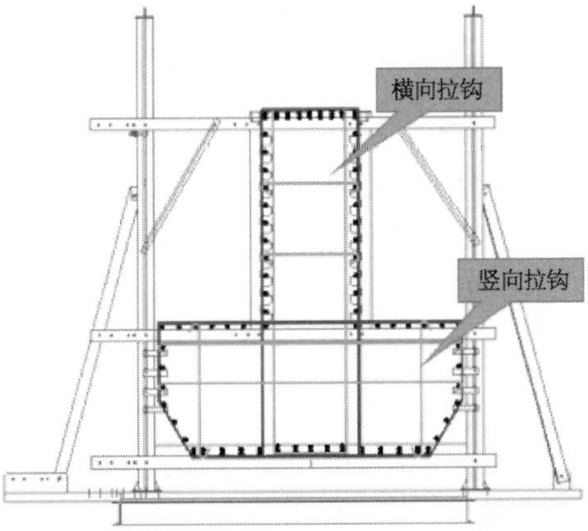

图 4.90　盖梁钢筋笼制作步骤九

步骤十：其他辅助装置，包括套筒止浆塞、波纹管、盖梁钢绞线吊点、保护层垫块、防雷接地板、局部加强措施的安装。

3）套筒压浆管及出浆管

套筒的压浆管及出浆管采用镀锌管接出，内部的套筒均通过 90°角弯内丝连接至盖梁侧面（见图 4.91）。

(a) 套筒压浆管及出浆管

(b) 套筒压浆管及出浆管固定措施

图 4.91　盖梁套筒压浆管及出浆管布置及固定

4）盖梁钢绞线吊点安装

盖梁吊装吊耳为双点预制吊环，吊耳布置横桥向依照设计图纸要求一般在盖梁外侧以内 2 m，纵桥向如图 4.92 所示的位置布置。

盖梁采用预埋钢绞线吊点进行吊装作业，钢绞线采用 Φ_s15.2，钢绞线埋深 1 000 mm，表面伸出长度为 200 mm，预埋的最底部采用锚板及 P 锚挤压套的形式加强。吊点处的钢绞线采用 D18×1 的白皮管包裹加强钢绞线吊点的局部抗剪能力，铁管长度为 400 mm，形状为 R60 的圆弧（见图 4.93）。

钢绞线吊点安装控制的关键点在于：两吊点间距严格控制、伸出长度的控制、吊点处加装钢丝网片加强。

每个钢绞线吊点均采用四束钢绞线，盖梁最重按 200 t 计算，竖吊时每束钢绞线承受 200/16＝12.5 t，均小于钢绞线极限承载力，满足吊装要求。

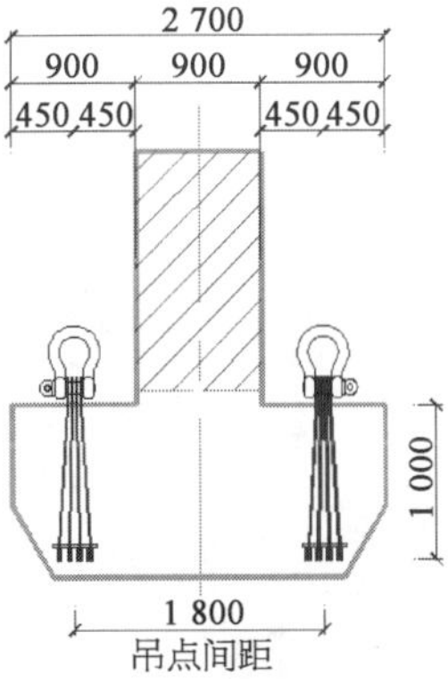

图 4.92 盖梁吊点位置

图 4.93 盖梁钢绞线吊点

5）保护层垫块

预制构件的垫块强度为 C60（见图 4.94）。

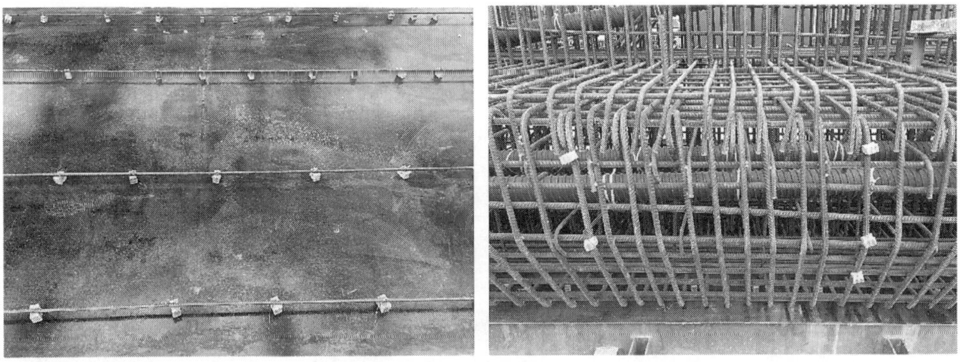
图 4.94 盖梁保护层垫块

6）预应力波纹管安装

为保证预应力波纹管位置正确，防止浇筑混凝土时上浮，在波纹管线型改变的位置焊接垂直于波纹管线型平面的定位钢筋，并将波纹管用扎带绑在定位钢筋上，确保定位钢筋在直线段的间距不大于 1 m，在曲线段的间距不大于 0.5 m，预应力管道的位置偏差不大于 5 mm（见图 4.95）。

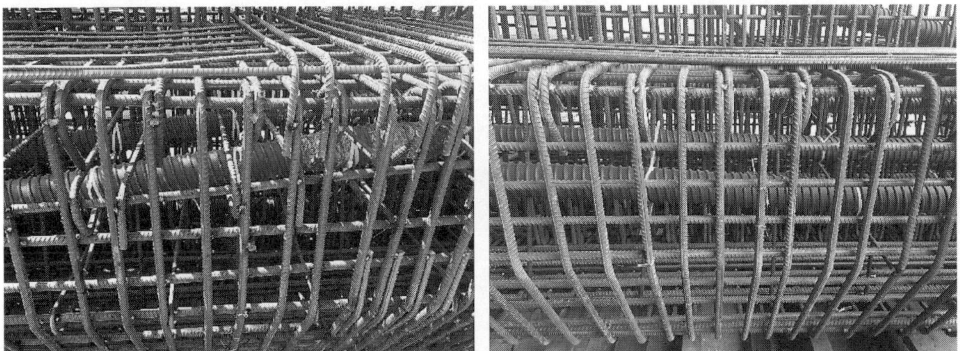
图 4.95 盖梁预应力波纹管布置及绑扎

7) 防雷接地板及局部加强钢筋

防雷接地板采用 300 mm×10 mm×300 mm 预埋钢板(见图 4.96)。

图 4.96　防雷接地板及局部加强钢筋

8) 临时支座模板安装

① 支座垫块。支座垫块在预制厂随盖梁一并浇筑完成,制作锚栓直接定位预埋(见图 4.97)。

图 4.97　支座模板及预制临时混凝土支座

② 临时支座。采用混凝土支座,盖梁内预留孔,临时支座预埋钢筋,避免架梁时碰落(见图 4.98)。

图 4.98　浇筑前支座模板及临时混凝土支座

4.3.2.7　盖梁钢筋笼吊装

(1) 盖梁钢筋笼吊装采用专用吊架及吊索具(链条锁)(见图 4.99)。

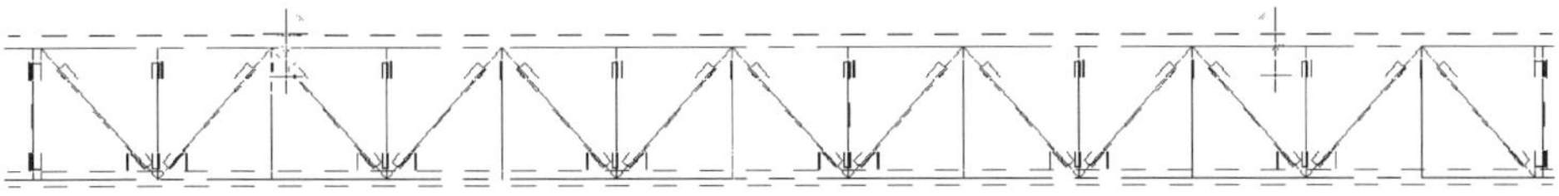

(a) 专用吊架立面设计图

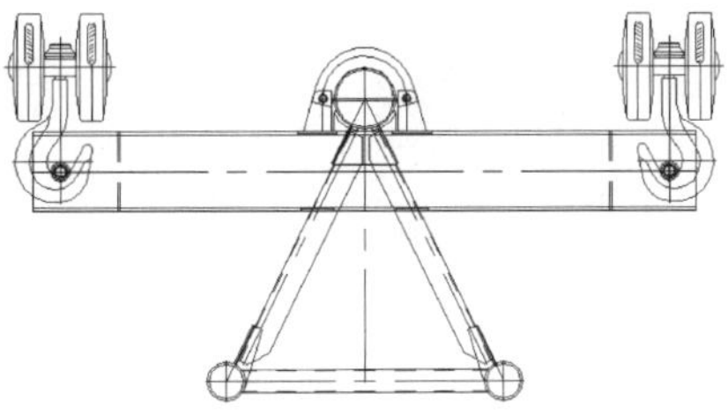

(b) 专用吊架断面设计图

(c) 专用吊架

(d) 链条锁

图 4.99　盖梁钢筋笼吊装采用专用吊架及吊索具

(2) 钢筋笼吊装方式。盖梁钢筋笼最重为 35 t 左右,采用两台 20 t 行车抬吊,吊架及链条方式起吊,两端张拉槽口模板一起起吊入模(见图 4.100)。

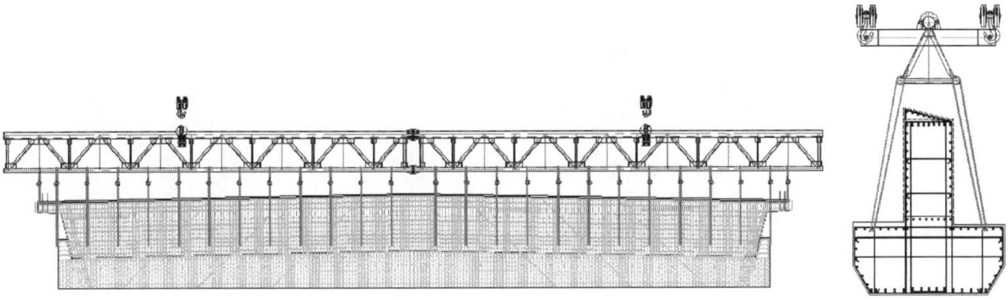

图 4.100　钢筋笼吊装工况

4.3.2.8　盖梁模板设计及安装

1) 盖梁模板设计

根据设计要求钢模板的加工精度很高,为了确保模板的整体内外质量,特选定了一家技术工艺成熟、设备力量完善的模板专业加工企业，所用钢板(厚度达到 10 mm)要求模板拆拼方便、组合合理。模板对拉螺杆采用精轧螺纹钢，钢模外表面进行抛丸喷砂喷漆，三维图如图 4.101 所示。

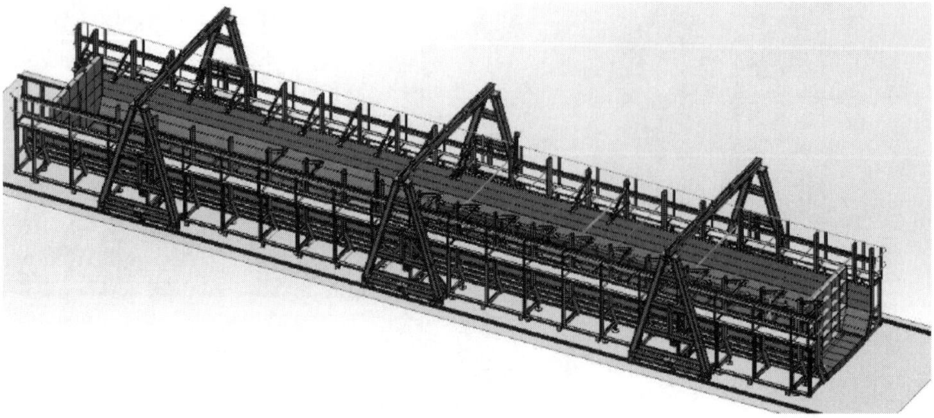

图 4.101　盖梁模板三维效果图

本工程所使用的盖梁模板由底模、侧模、端模、张拉槽口、行车、轨道 6 个部分组成。

盖梁模板加工好后进场必须要按设计要求及质量标准进行验收，验收合格的模板才能使用。检查内容主要针对模板的尺寸、拼接缝隙、平整度、垂直度、光洁度，合格后才能使用。

(1) 底模。底模采用整体式钢底模，套筒部位设置定位板，定位板在钢筋笼胎架上随钢筋笼一起入模，同时也作为套筒区域的底模(见图 4.102)。

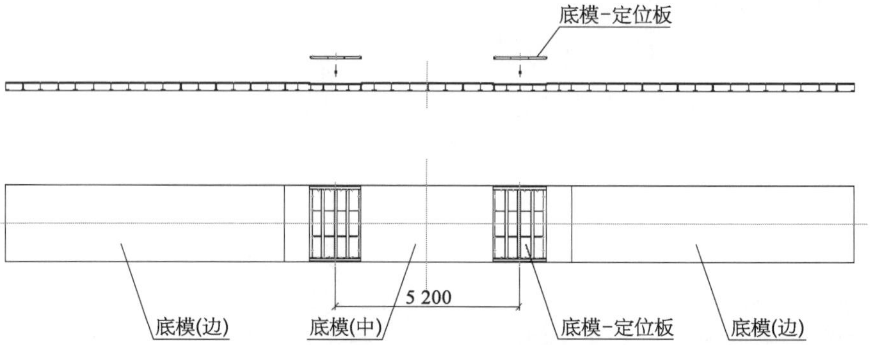

图 4.102　盖梁底模板

(2) 侧模。侧模采用整体式滑移模板，由 3 个门架架起侧模在轨道上实现行走。侧模自带操作平台，方便施工(见图 4.103)。

(3) 上、下拉杆。上拉杆采用整体式 25 精轧螺纹钢，两端设置限位装置；下拉杆分别拉住底模，同样采用 25 精轧螺纹钢(见图 4.104)。

(4) 边口倒角。盖梁预制部分上边口倒角，采用 5＃角钢扣在侧模上，上部采用丝杆调节高度(见图 4.105)。

(5) 端模。采用分体组合式，张拉槽口模板与端模配合使用，采用斜撑固定，方便安拆(见图 4.106)。

图 4.103　盖梁底模板

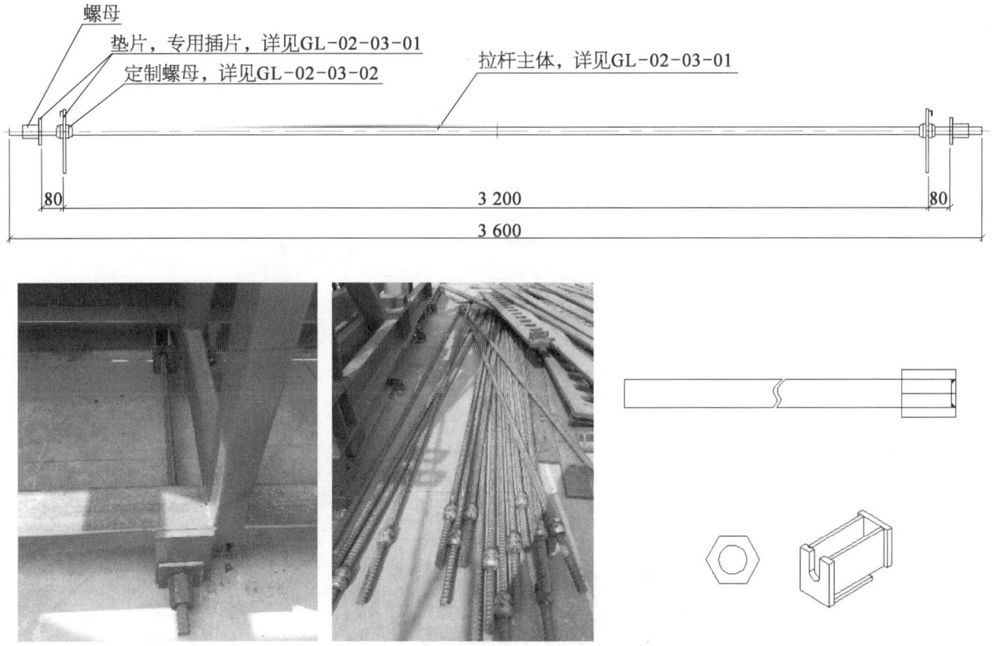

图 4.104　盖梁上模板下拉杆

图 4.105　盖梁边口倒角

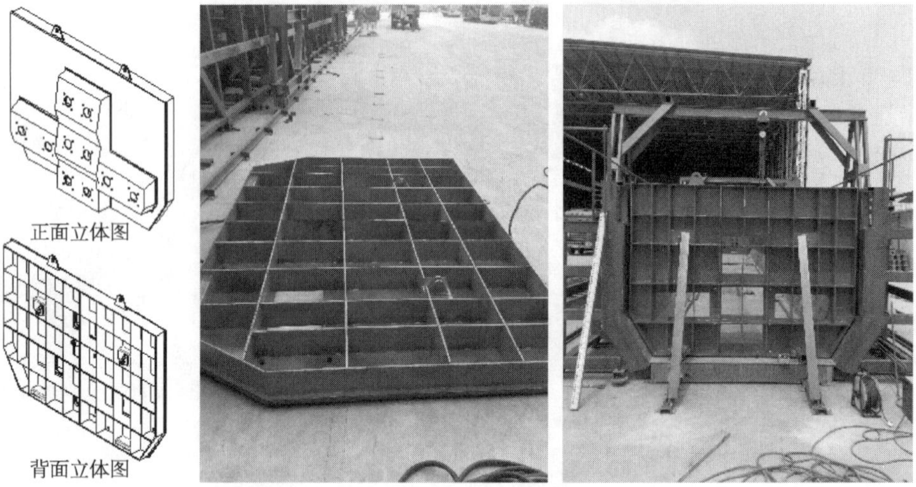

图 4.106　盖梁端模板

(6) 支座垫块。支座垫块在预制厂随盖梁一并浇筑完成，制作锚栓直接定位预埋(见图 4.107)。

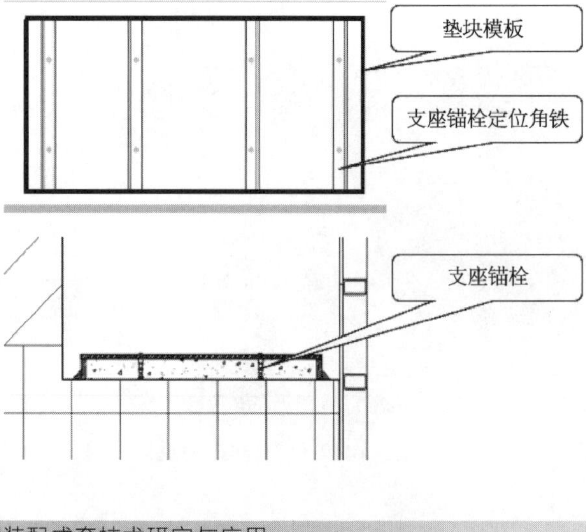

图 4.107　盖梁支座垫块

(7) 临时支座。采用混凝土支座，盖梁内预留孔，临时支座预埋钢筋，避免架梁时碰落（见图 4.108）。

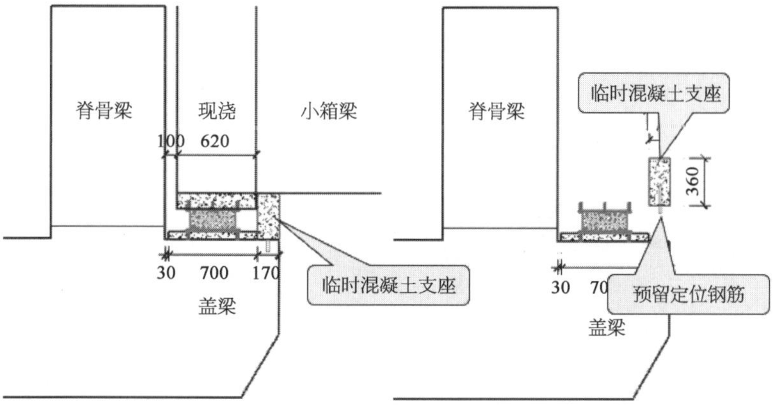

图 4.108　盖梁临时支座

2) 盖梁模板施工

整个盖梁模板安装过程共分成 7 个步骤，不允许发生跳步加工。整个过程边加工边测量，确保每一步加工的精度得到控制。

步骤一：安装底模及侧模轨道（见图 4.109）。

步骤二：在侧模轨道上安装好侧模（见图 4.110）。

图 4.109　盖梁模板施工步骤一

图 4.110　盖梁模板施工步骤二

步骤三：吊装盖梁钢筋笼(见图 4.111)。

图 4.111　盖梁模板施工步骤三

步骤四：通过侧模轨道将侧模安放到位。

步骤五：安放端模(见图 4.112)。

图 4.112　盖梁模板施工步骤五

步骤六：浇筑高性能混凝土。

步骤七：拆除模板后进行喷淋养护。

3) 模板漆涂刷施工

盖梁模板漆施工工艺同立柱。

4.3.2.9　混凝土浇筑及养护

1) 盖梁混凝土浇筑

预制盖梁混凝土等级 C60，高性能混凝土一次性浇筑完成。C60 高性能混凝土的供应由项目部自建拌站提供。

高性能混凝土按照技术指标：水泥选用品质稳定、强度等级不低于 42.5 的硅酸盐水泥或普通硅酸盐水泥；粉煤灰、磨细矿渣粉等矿物掺和料符合 JTG/T F50 中规定的要求；粗骨料选用粒径≤20 mm，加工形式为反击破式，且针片状含量不大于 6%，含泥量不大于 1%，泥块含量不大于 0.5%；细骨料采用Ⅱ区的中砂，含泥量不大于 3%，泥块含量不大于 1%，细度模数不低于2.5；采用高性能聚羧酸减水剂，减水率不小于25%；设计合理的级配并进行验证，满足自密实混凝土各项技术指标；搅拌站严格按照规范，确保砂石称重计量误差在+2%，水泥、外加剂、掺合料称重计量误差在+1%。并保证搅拌时间不少于180 s。

预制工厂内浇筑盖梁混凝土，通过三辆16 m^3 混凝土搅拌车进行运输和一辆管道长46 m的混凝土泵车进行浇捣。

混凝土浇筑拟采用橡胶导管浇筑方式，有效控制跌落高度在1～1.5 m范围内，不允许超过2 m的跌落高度。

2）浇筑控制措施

混凝土浇筑前，混凝土运输车到场后，必须要求其高速自拌30 s以上。浇筑时，由班组指定人员放料应做到匀速不外溢。泵车应做到合理控制打料速率，保证混凝土质量。

混凝土浇筑中，盖梁浇筑时，首先采用从盖梁的一端（起始端）向另一端（结束端）连续浇筑方式，在达到盖梁底部的预制浇筑限位后，再返回起始端处逐步浇筑两侧挡块。混凝土振捣时，在盖梁的两侧架梁区域内每侧各设立两条振捣棒，同时对混凝土浇筑进行辅助布料及振捣密实作用。振捣时，班组要对盖梁的底部、套筒周边区域、钢筋密集区域、钢笼侧面边角处进行多点布棒加强振捣，确保该区域内混凝土质量密实。采用50型振捣棒每个浇筑面上，布棒间距不超过50 cm，每边振捣点2个交替错位向前振捣，每个点布料、振捣时间不少于1 min。浇筑结束时混凝土略有溢浆现象，应做好及时补料和表层收浆工作。

混凝土收水过程中，在两侧架梁浇筑区达到收水面时，各安排一名收水工及时进行收水工作。收水后，应严格控制横向平整度、满足纵向水平坡度。盖梁脊骨梁后浇带，应在混凝土初凝前进行拉毛处理，确保两次浇筑质量。

混凝土后浇挡块和后浇带，在盖梁两侧浇筑区达到浇筑限位后，待混凝土满足要求时再进行后浇两侧挡块。浇筑时应增加振捣点数，并确保插入振捣的深度，保证上下接合处的混凝土充分振捣密实。收水时确保浇筑挡块的高度、水平度。

再次施工时，应补浇上根盖梁的脊骨梁后浇带，做到部位冲洗干净、充分润湿。

盖梁浇筑、收水俯视图如图4.113所示。

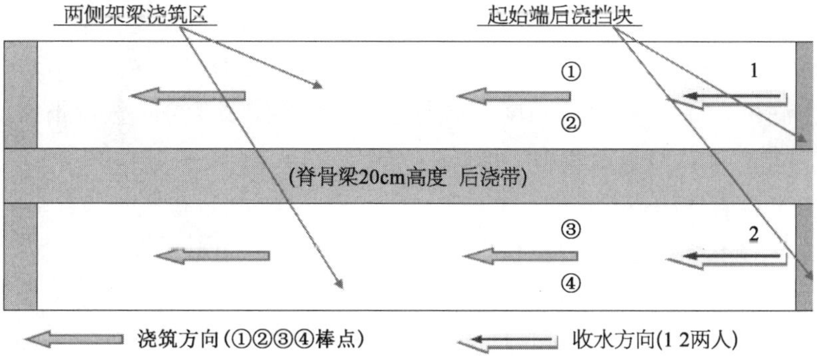

图4.113　盖梁浇筑、收水俯视图

3）盖梁养护

盖梁自最后1 m^3 混凝土浇筑结束后，一般24 h后即可安排拆除模板。模板拆除后，应及时对盖梁混凝土进行喷淋养护工作，由班组长负责混凝土后期养护工作。构件养护采用水管直接喷淋养护，根据天气情况，确保每2 g不少于一次喷淋养护。高温天气（38℃以上），必须采取土工润湿覆盖措施，确保每1 g不少于一次喷淋养护。

4.3.2.10 盖梁预应力张拉压浆

1）施工材料

钢绞线采用《预应力混凝土用钢绞线》(GB/T 5224—2014)中公称直径15.2 mm的规格，并采用砂轮锯进行切割。锚垫板、螺旋筋、锚具、夹片，以及工具锚、限位板等，均由供应商配套提供。预应力管道采用塑料波纹管，水泥浆强度不低于50 MPa。波纹管采用塑料波纹管，材质HDPE。

2）施工设备

盖梁预应力张拉采用Y 100L2－4型千斤顶张拉及相应的YE2－100L2－4型高压油泵压浆。为确保张拉精度，张拉机具应与锚具配套使用，进场前按《公路桥涵施工技术规范》(JTJ041—2000)的有关规定进行检查和校验。千斤顶与压力表配套校验，以确定张拉力与压力表读数之间的关系曲线。所用压力表的精度不宜低于1.5级，校验千斤顶用的试验机或测力机的精度不得低于±2%。张拉机具由专人使用和管理，并经常维护定期检验，且千斤顶在下列任一情况下重新标定：6个月或张拉200次；千斤顶严重漏油；配套油压表指针不回零；引伸量出现系统性的偏大或偏小；钢绞线严重断丝。

3）压浆设备

采用GLX－3三桶高速搅拌机进行水泥浆的搅拌，采用循环压浆的方式进行压浆施工。

4）施工准备

(1) 钢绞线的下料、搬运、穿束。钢绞线抵运工地后需采取防锈措施。根据设计要求计算确定下料长度，下料时只能使用切割机切割，不得使用电弧切割或氧乙炔切割。用切割机按设计长度(包括两端工作长度)切割下料、编束，编束后用18＃铁丝绑扎牢固，绑扎处用胶布包裹。

(2) 预应力张拉准备。在构件张拉部位搭设安全可靠的操作平台。盖梁张拉第一批束时，利用盖梁两端的模板支架作为操作平台。盖梁张拉第二批束时，在盖梁两端搭设“井”型支架作为操作平台。张拉前，工作锚环、工作夹片、限位板、千斤顶、工具锚环、工具夹片按顺序安装并正确就位。千斤顶、锚具、管道对中安装，并保证千斤顶与锚垫板垂直。对需张拉构件的混凝土试块进行抗压试验，强度及龄期达到设计规定要求方可进行张拉。

5）预应力张拉工艺及控制措施

盖梁混凝土强度必须达到100%才能张拉第一批墩顶标高，且此时混凝土的龄期不得小于10 d。第一批钢束，张拉完毕后方可拆除盖梁支撑。盖梁的钢束均采用两端张拉，张拉控制应力为0.75 Ryb。张拉时采用张拉力和延伸量双控，同时两侧各级荷载下的伸长读数，以便测定各钢束的引伸量。当混凝土构件达到设计要求的强度和龄期，根据张拉通知单，并经监理工程师和有关质检部门同意后，方可进行张拉。钢束张拉工艺为：0→初应力(0.1σcon)→1.03σcon→(持荷3 min，锚固)，σcon为张拉控制应力。钢束张拉顺序及张拉方法详见《盖梁预应力张拉专项方案》。钢丝(锚具、滑丝等)回缩值不大于6 mm。张拉后在离锚头30 mm处用切割机切割，严禁电弧切割。实测引伸量按下式计算：

$$\delta = (\delta 3 - \delta 1) + (\delta 2 - \delta 1)$$

将实测引伸量与设计引伸量相比较，如实测引伸量与设计引伸量的差值在±6%以内，说明张拉合格，否则，应查明原因并采取措施进行处理后方可继续张拉。认真做好张拉记录，并由现场监理工程师签认。每一个截面的断滑丝率不得大于JTJ041—2000的规定，否则应查明原因并采取解决措施后方可继续张拉。张拉锚固后，对锚具外表露出部分钢绞线进行切割（钢绞线切割应在灌浆后进行）。

6）孔道压浆

（1）灰浆原材料。水泥：采用硅酸盐水泥或普通水泥，水泥标号不低于42.5#。

萘系减水剂（液体）：掺量为1.5%～2.0%水泥重量。

水：一般饮用水。

水泥浆特性指标：水泥浆稠度控制在14～18 s，稠度试验方法可按《公路桥涵施工技术规范》（JTJ041—2000）附录G-11的规定进行。水灰比不大于0.40。水泥浆泌水率最大不超过4%，拌和后3 h泌水率控制在2%，24 h后泌水应全部被浆吸回。

（2）水泥浆的拌制工艺及注意事项。预应力钢绞线张拉结束后，经监理工程师同意，孔道在48 h内压浆。水泥浆采用高速拌浆机拌制，使浆体质量均匀，呈悬浮状。操作程序是：先将水加入搅拌机，然后启动搅拌机，边搅拌边不断加入水泥，在搅拌少许时间之后再加入减水剂，搅拌时间为2～3 min。将搅拌后的水泥浆放入储浆筒，继续搅拌，以保持浆质的均匀性，一次搅拌好的水泥浆应在30～45 min内泵送完。

压浆前检查孔道是否畅通。对曲线孔道和竖向孔道应由最低点的压浆孔压入，最高点的排气孔排气、泌水（本工程孔道的排气孔可设在孔道拐点的最高点）。

压浆应连续、缓慢、均匀进行，一次压完。对比较集中和邻近的孔道，先进行连续压浆完成，以防水泥浆串孔，堵塞孔道。停顿时立即将已压入孔道的灰浆用水冲洗干净，以后再重新压入。

压浆的最大压力一般为0.5～0.7 MPa，当输浆管道较长或采用一次压浆时应适当加大压力，每个孔道压浆至最大压力后，应有1～2 min的稳压时间。压浆应达到孔道另一端饱满和出浆，并应达到排气孔排出与规定稠度相同的水泥浆为止。

如果压力超过1.0 MPa而灰浆仍不能向另一端流动，表明孔道出现堵塞现象，应立即用水冲洗，检查原因并采取处理措施后再进行压浆。高温季节，当气温高于35℃时，压浆宜在夜间进行。气温低于5℃时不得压浆。

压浆时每工班制作不少于3组试块（每组6块），其中两组标准养护28 d，其抗压强度作为水泥浆质量的评定依据，另一组同构件一起养护，为切割钢绞线提供依据。在压浆操作中填写压浆记录表。

4.3.2.11 盖梁存储

预制工厂内盖梁台座浇筑区共设置1条生产线，生产线上设置5个盖梁台座。盖梁预制部分浇筑好以后，拆模存放于台座之上进行养护。养护完毕混凝土强度达100%以后，存放于生产线旁边，下部垫黄沙，黄沙上用土工布覆盖，保证盖梁底部受力均匀（见图4.114）。

图4.114　盖梁存储

4.4 信息化技术在构件预制中的应用

正是由于原本大量现浇的桥梁构件采用了专业化工厂预制的产业模式，桥梁构件也成了具有市场化属性的工程商品，也自然进入了市场流通领域。流通业是我国国民经济的基础性、先导性产业，其发展在很大程度上得益于商业技术进步的推动，研究表明，商业技术进步对商业发展的贡献率高达70%以上。同时，随着物联网的快速发展，应用物联网等现代商业技术已成为提升我国流通企业核心竞争力、降低企业运营成本、提高流通效率和经济效益的重要战略[51]。

物联网的网络结构大体包括感知层、网络层、应用层3个组成部分。其中，感知层又叫传感层，是物联网的皮肤和五官，用于采集信息和识别物体等，主要由各种具备感知能力的设备组成，包括二维码标签和识别设备、RFID标签和识读器、摄像头、GPS、传感器、M2M终端机传感网络等。这个层次主要实现物体的感知和识别。其中，二维码属于感知层中最底层的信息存储载体，承载着它自己的优势（如低成本、高存储密度、超高速识读、较强的纠错能力等），在物联网技术中发挥着举足轻重的作用。

综上所述，随着预制桥梁构件的工厂化生产使其脱离传统工程模式，传统模式已经无法满足新的行业要求，需要新的管理模式和先进技术，即引进基于物联网的管理技术来符合并促进行业发展，因此，嘉闵高架北二段工程专业预制工厂引入了二维码生产管理模式。

4.4.1 二维码技术及应用研究路线

4.4.1.1 二维码简介

二维码也叫二维条码或二维条形码，是用某种特定的几何图形按一定规律在平面（二维方向上）分布的黑白相间的图形记录数据符号信息的；在代码编制上巧妙地利用构成计算机内部逻辑基础的“0”“1”比特流的概念，使用若干个与二进制相对应的几何形体来表示文字数值信息，通过图像输入设备或光电扫描设备自动识读实现信息自动处理。它具有条码技术的一些共性：每种码制有其特定的字符集；每个字符占有一定的宽度；具有一定的校验功能等。同时还具有对不同行的信息自动识别功能、处理图形旋转变化等特点。二维码能够在横向和纵向两个方位同时表达信息，因此能在很小的面积内表达大量的信息。

二维码可以分为堆叠式/行排式二维条码和矩阵式二维条码。其中，堆叠式/行排式二维条码编码原理是建立在一维条码基础之上，按需要堆积成二行或多行，有代表性的行排式二维条码有Code 16K、Code 49、PDF417等；短阵式二维条码（又称棋盘式二维条码）是在一个矩形空间通过黑、白像素在矩阵中的不同分布进行编码，是建立在计算机图像处理技术、组合编码原理等基础上的一种新型图形符号自动识读处理码制。具有代表性的矩阵式二维条码有Code One、Maxi Code、QR Code、Data Matrix等。一些典型的二维码样例如图4.115所示。

图 4.115　二维码样例

4.4.1.2　二维码应用

在现代商业活动中，通过二维码可实现的应用十分广泛，如产品溯源、生产管理、网站链接、表单应用、数据下载、商品交易、定位/导航、证照应用、车辆管理、信息传递等。其中，生产管理在制造业中应用较为深入。比如，在汽车制造中，DPM 二维码（直接零部件标刻二维码，可用针式打标机、激光打标机、喷码机甚至化学蚀刻）技术现已在美国汽车行业得到广泛应用；产品溯源已在食品生产中得到应用，将食品的生产和物流信息加载在二维码里，可实现对食品追踪溯源，消费者只需用手机一扫，就能查询食品从生产到销售的所有流程；证照应用主要体现在将企业、个人乃至产品的个人信息做成电子名片的形式，用于宣传、管理和交流，利用查证的同时方便了管理工作。

4.4.1.3　二维码技术在案例桥梁预制工程中的应用

综合二维码在各个行业内的应用状况，结合预制装配桥梁施工工艺带来的工程模式的转变，利用二维码技术进行工程信息化管理在桥梁行业中的应用还相对较少，因此有必要对之展开研究，进一步优化预制装配桥梁施工管理模式，提高产品质量和生产效率[52]。本项目的主要研究内容包括：

（1）预制装配桥梁二维码标准化管理流程研究。

结合预制装配桥梁技术的独特性和其对应的工艺管理流程，确定二维码标准化管理流程。

（2）办公管理二维码技术应用研究。

明确哪些管理流程中需要二维码技术，在二维码信息中到底需要存储和展示哪些信息。

（3）生产管理二维码技术应用研究。

制定生产管理流程，明确哪些工序、材料和人员需要二维码技术，在二维码信息中到底需要存储和展示哪些信息。

（4）物流管理二维码技术应用研究。

制定物流管理流程，明确哪些流程中需要采用二维码技术，在二维码信息中到底需要存储和展示哪些信息。

（5）二维码标准格式及专用软件开发。

制定对应的二维码标准格式，并根据二维码标准化管理流程和标准格式对二维码管理使用的机制进行对应的后台信息录入反馈软件的开发，同时进行用于管理查看用的前端扫描软件（IOS 系统及 Android 系统手机的 APP、基于后台服务器式的网页版软件）的开发，并进行过程追踪管理二维码软件或平台的研发，最终形成一个完整的闭合。

(6) 二维码打印技术研究。

对需张贴的二维码标识根据管理流程及预制装配工艺的特点进行针对性打印技术研究,包括打印设备及打印材质等,保证其生命周期能满足工程建设的需求。

4.4.1.4 技术路线

二维码在桥梁预制中应用的技术路线如图 4.116 所示。

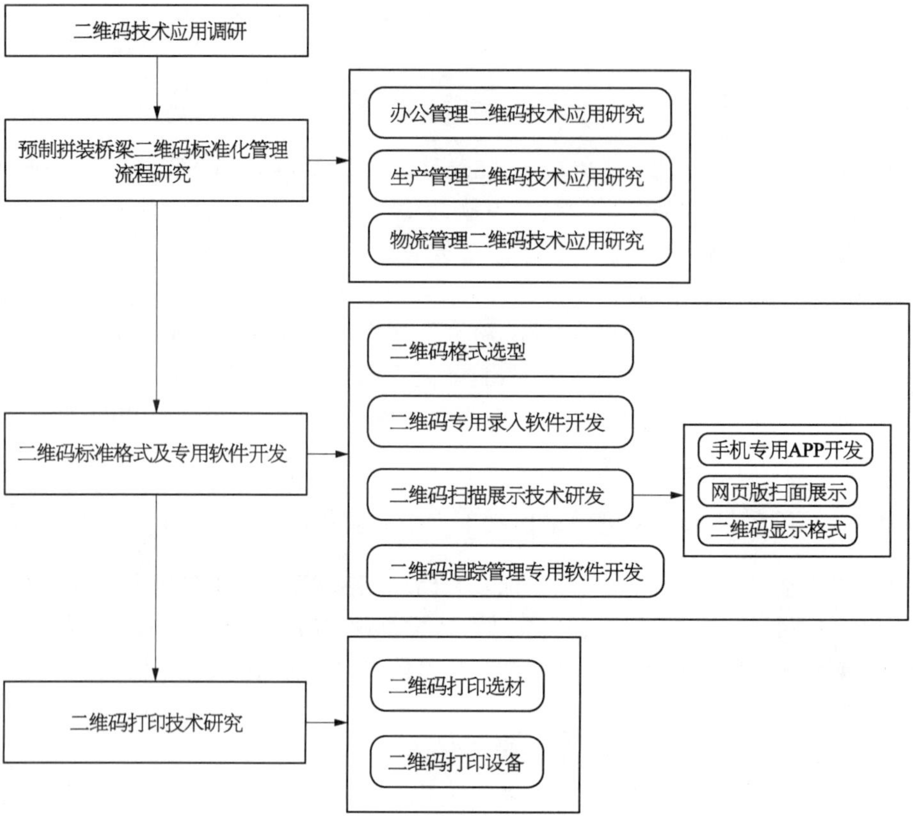

图 4.116 二维码技术研究路线图

4.4.2 二维码技术在预制装配桥梁工艺中的应用研究

4.4.2.1 预制装配桥梁二维码标准化管理流程

对于二维码技术在预制装配桥梁施工工艺的应用研究,必须明确预制装配施工工艺的主要流程,并研究在这些流程中的关键流程、关键信息。结合预制装配桥梁技术的独特性和其对应的工艺管理流程,确定本研究项目二维码标准化管理流程:办公管理、生产管理和物流管理。

办公管理主要是构件生产企业对自身管理人员日常办公的管理。生产管理是指构件生产企业对投入生产的设备、人员、施工人员及构件生产的统筹管理。物流管理是对构件成品配送的统筹管理。

4.4.2.2 办公管理

在办公管理中，二维码技术的应用主要针对项目部的人员管理、固定资产管理、工程简介及单位介绍。

人员管理是对工作人员的姓名、职务、部门、照片进行整合录入形成二维码名片，方便管理查询。

固定资产管理中是对项目部的电脑、打印机等办公设备进行编号，并录入其设备信息、照片形成二维码名片，通过二维码扫描进行统计盘点，合理计划固定资产的管理配置。

工程简介是对嘉闵高架北二段公路工程及联合工厂等相关介绍整合录入二维码名片中，方便工程介绍。

单位介绍是将企业的基本信息及企业官网链接整合到二维码名片当中，作为企业宣传的一个窗口。

4.4.2.3 生产管理

在生产管理当中，二维码技术主要应用于设备管理、施工人员管理、构件生产管理。

设备管理方面，是将用于生产加工的固定设备的型号参数、用途、注意事项、维修保养记录等信息整合到二维码名片当中，管理人员通过手机扫描二维码便可查看相关信息，根据扫描显示的情况安排维修养护等事项。

施工人员管理方面，通过二维码技术将现场施工人员的工种、资质、当前所负责的工作等信息整合到二维码名片当中，管理人员通过手机端扫描便可获取工人的信息，方便现场的管理。

构件管理方面，对于钢筋生产，通过分析 MEP 机器的二维码输入接口，根据钢筋翻样数据生成供 MEP 用二维码，生成二维码料单，用于 MEP 机器扫描自动化生产的同时记录钢筋的规格信息；对于预制混凝土构件，在制作安装过程中对其编号、位置、尺寸、浇筑时间、安装时间等信息动态录入到二维码名片当中，待生产安装流程完成后形成最终的电子名片，供用户查看信息。

根据预制装配桥梁施工工艺，具体需要录入的相关信息见表 4.4。

表 4.4 需要录入的信息明细

分　类	明　细
固定设备	全自动钢筋弯曲设备
	自动钻孔桩钢筋笼滚焊机
	CO_2 气体保护焊设备
	立柱胎架
	盖梁胎架
	钢筋滚压直螺纹加工设备
	钢筋切割设备
	叉车
	模板

续表

分　类	明　　细
固定设备	吊车
	台座
施工人员	焊工
	混凝土浇筑工人
	安全管理人员
	起吊工
构件管理	钢筋模块
	立柱成品
	盖梁成品
	其他混凝土预制件

4.4.2.4　物流管理

对于已完成生产的构件，在构件出厂前对其身份名片二维码进行扫描记录其库存信息，出厂配送时再次扫描，扫描信息反馈至后台服务其中，后台服务器将根据构件的二维码信息自动识别其构件信息并记录其出厂的时间，最后按类别进行构件物流的统计，方便管理人员掌控整个物流系统。

4.4.3　二维码标准格式及专用软件开发

4.4.3.1　二维码格式选用

二维码技术中有代表性的行排式二维条码有 Code One、Maxi Code、QR Code、Data Matrix、PDF417 等，根据目前常用的二维码格式和生产设备的具体需要，选取 QR Code 及 PDF417 作为预制装配桥梁施工工艺的二维码格式，具体应用范围见表 4.5。

表 4.5　二维码选型

分　类	明　细	二维码技术
办公管理	人员管理	QR Code
	固定资产管理	QR Code
	工程简介	QR Code
	单位介绍	QR Code
生产管理	设备管理	QR Code
	施工人员管理	QR Code
	钢筋构件生产管理	PDF417
	混凝土预制构件生产管理	QR Code
物流管理	钢筋构件	QR Code
	混凝土预制构件	QR Code

4.4.3.2 二维码专用录入软件开发

根据信息录入的需要，开发专门针对预制装配桥梁施工工艺中相关管理信息录入的后台软件（见图 4.117）。该二维码专用生成软件与预制联合工厂的信息化管理系统相结合，即二维码专用生成软件调用后台服务器对办公管理、生产管理和物流管理等流程当中记录的信息，并根据表 4.5 中的二维码格式要求生成对应的二维码。典型的二维码如图 4.118 所示。

图 4.117 二维码生成软件

钢筋构件加工（MEP数控弯曲剪切中心）

图 4.118　典型二维码展示

4.4.3.3　二维码扫描展示技术研发

二维码技术最重要的功能之一是信息的展示与传输，根据现有技术，本项目研究了两种扫描展示模式：一种是开发手机专用 APP；一种是利用既有的扫描工具，具体数据存储在网页上。

1) 手机专用 APP 开发

根据目前手机操作系统的市场占有比例，分别开发了使用苹果 iOS 系统和谷歌 Android 系统的前端 APP(见图 4.119)，工作人员在下载安装 APP 之后可以对管理流程当中二维码进行扫描，查看信息的同时参与到管理当中去，具体流程如图 4.120 所示。

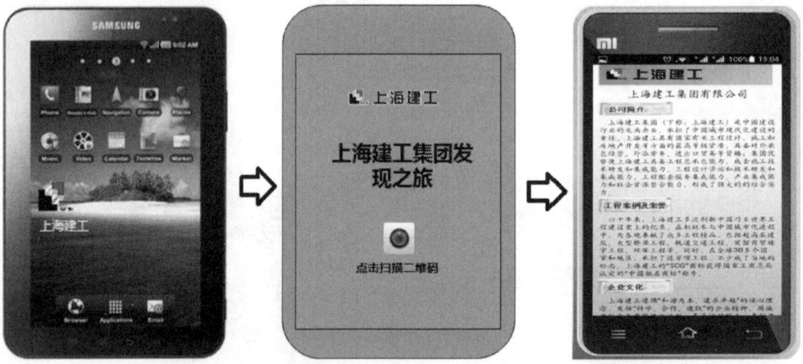

图 4.119　二维码手机 APP

图 4.120　二维码手机 APP 使用流程

采用手机专用 APP 的优点是有保密需要的设备外人无法获取信息，缺点是需要安装手机 APP。

2) 网页版扫描展示

打开手机里任何有二维码扫描功能的软件(如微信扫一扫)，扫描我们的二维码，即可显示信息(见图 4.121)。

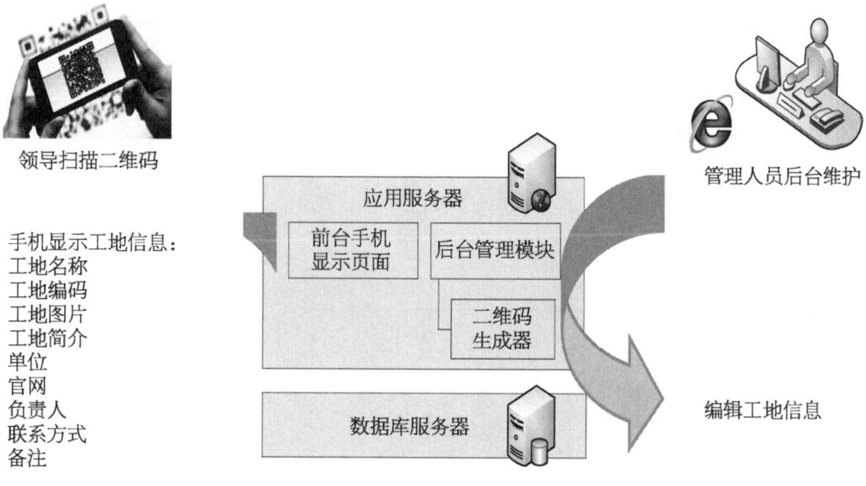

图 4.121　网页版扫描展示

使用网页版扫描展示二维码信息的优点是使用方便，方便更改二维码信息；缺点是安全性差。

4.4.3.4　二维码显示格式

二维码扫描后在手机端的显示按照现在主流的 5 寸手机屏进行设计，字体采用微软雅黑字体，界面上的字体为小四字号，背景采用天蓝色背景，样例如图 4.122 所示。

图 4.122　典型二维码展示样例

4.4.3.5　二维码追踪管理专用软件开发

二维码追踪管理专用软件是针对各类构件的加工、预制及安装的整个过程，对构件的每一个加工流通环节进行定位和管理。软件系统架构方案如图 4.123 所示，软硬件架构图如图 4.124 所示。

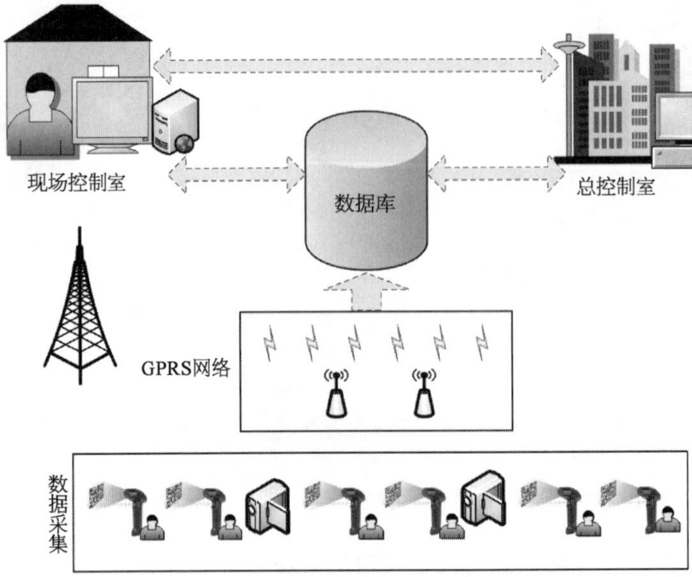

图 4.123　系统架构图

系统组成
- 硬件
  - 二维码扫描仪(GPRS)
  - 二维码打印机(或委托第三方公司加工制作二维码)
  - 主控电脑、服务器
  - IP 高清摄像头
- 软件
  - 预制构件过程追踪管理系统平台
  - 基于 WEB 端的网页追踪查询程序
  - 基于智能手机终端的追踪查询

图 4.124　软硬件架构图

系统主要分为数据采集、GPRS 网络、现场控制室、总控制室四层,其中各层功能如下:

(1) 构件定位数据采集:一是现场操作人员通过扫描二维码定位,向电脑通报当前构件位置及所在工序信息;二是布设在主要工位的摄像头实时监控现场情况。

(2) GPRS 网络:将采集到的信息上传至数据库。

(3) 现场控制室:查看所有构件的信息系,并可通过权限对自动上传至数据库的信息进行储存、修改、删除等操作。

(4) 总控制室:可直接访问现场数据和现场控制室系统进行监控。根据当前情况,发布最新控制指令反馈回现场控制室和现场操作人员。

二维码追踪管理专用软件主页面如图 4.125 所示。

4.4.4　二维码打印技术研究

4.4.4.1　二维码打印选材

根据各个流程当中涉及二维码打印部分的具体特点,进行二维码打印材质选材。

(1) 对于各类人员二维码的打印材料选用光洁不掉色的不干胶条码铜版打印纸。这种条码打印纸可以紧贴在人员胸牌上,耐磨且不易掉(见图 4.126)。

图 4.125　软件主页面图

图 4.126　铜版纸

图 4.127　哑银 PET 标签纸

(2) 对于办公室固定设备、小型加工设备，打印材料选用的是哑银 PET 标签纸。在办公室电器发热的情况下有着良好的防热效果。此外，哑银标签纸还有着抗刮、耐腐蚀等优点(见图 4.127)。

(3) 在联合工厂内的大型设备因其具有危险性，故将二维码打印在红色 A4 纸放在展示牌上，方便领导安全扫描了解设备信息(见图 4.128)。

(4) 工厂内预制试件采用的是将产品信息表现在纸张进行塑封，通过环氧粘贴固定在预制件上，便于固定，也防止腐蚀和磨损。

图 4.128　展示牌二维码展示

4.4.4.2　打印设备

二维码打印机是一种二维码专用的打印机。二维码条形码打印机和普通打印机的最大的区别就是，二维码条形码打印机的打印是以热为基础，以碳带为打印介质（或直接使用热敏纸）完成打印。这种打印方式相对于普通打印方式的最大优点在于，它可以在无人看管的情况下实现连续高速打印。它所打印的内容一般为企业的品牌标识、序列号标识、包装标识、条形码标识、信封标签、服装吊牌等。本工程中采用的是斑马 ZM400 条码机打印机（见图 4.129）。

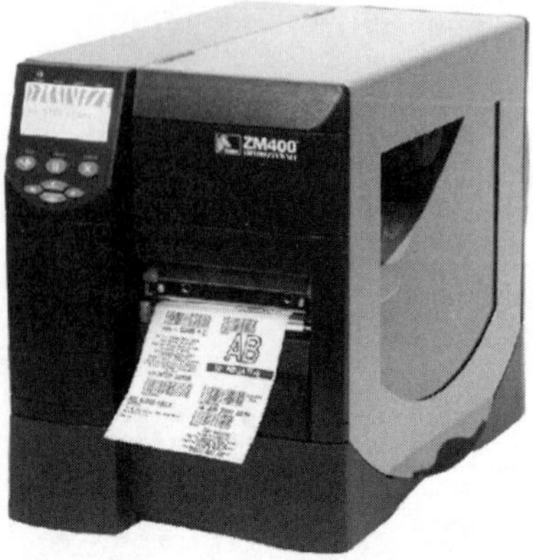

图 4.129　二维码打印机

4.4.4.3　二维码打印尺寸

二维码标准尺寸为 3 cm×3 cm，其中 logo 图标尺寸 0.7 cm×0.7 cm，所用纸张为尺寸 7.8 cm×5.2 cm 的专用标签打印纸。

部分大型机械由于安全原因只能在外面介绍牌上选择用 A4 纸张打印，其尺寸为 10 cm×10 cm。

CHAPTER 5

第五章

预制装配施工工艺研究——成套装配技术

桥梁构件装配在保证构件预制精度的前提下主要实现的功能是快速对接调整及连接构造的可靠施工。其中，关键技术包括城市内构件运输设备的选型及研发、合理吊装技术的选型与研发，快速装配对位及调整装置研发、高强无收缩灌浆料拌合、压浆设备研发、构件结合面相关技术研究等。

5.1 构件吊装运输

5.1.1 构件吊装运输原则

施工单位应根据预制构件的大小、重量选择合理的吊装设备及运输车辆。运输前应对路线实地勘察并优选运输路线，施工单位编制上报的吊装运输方案并应符合国家现行标准《建筑机械使用安全技术规程》(JGJ33)的要求，方案经相关单位批复后方能实施作业。构件吊装运输主要遵循以下原则：

(1) 龙门吊、吊车等大型吊装设备应进行专项检测，并出具有效安全检验合格证；各类钢筋笼、各类构件(吊具、吊架、吊点等)的吊装方案应进行专项设计；吊具、吊架应定期进行探伤检查和维护；吊装设备应符合使用要求，使用前应检查机具的维修、使用、检验记录；运输前应进行试吊装。

(2) 运输路线应平坦，地基应有足够的承载能力，纵向坡度应不大于 3%，横向坡度(人字坡)应不大于 4%，最小曲率半径应不小于运输车的允许转弯半径。同时在运输车通过的界限内，不得有任何障碍物；

(3) 运输车装载构件时，支承保护方案(包括构件运输方向、支承点设置、外露钢筋的保护等)应专项设计并报送相关单位，方案批复后方能运输；运输前应按支承方案检查，确保构件运输方向准确及支承措施牢固可靠；

(4) 运输车起步和运行应缓慢，平稳前进，严禁突然加速或紧急制动。当运输车接近目的地时，应减速徐停。

(5) 运输构件时，均不得使其在装卸和运输过程中产生任何形式的损伤和变形。

5.1.2 立柱工厂内起吊运输

1) 立柱厂内翻转

(1) 立柱起吊。采用两根 3 m 长双头钢丝绳(直径 52 mm)，起重量 35 t；卸扣采用 2 个 85 t 级(见图 5.1)。

(2) 立柱翻转。起吊后在沙坑内进行翻转(见图 5.2)。

(3) 立柱水平起吊。水平起吊时，柱底配置一对尼龙吊装带结套吊，尼龙吊装带选用≥35 t 级，长度为 10.0 m(见图 5.3)。

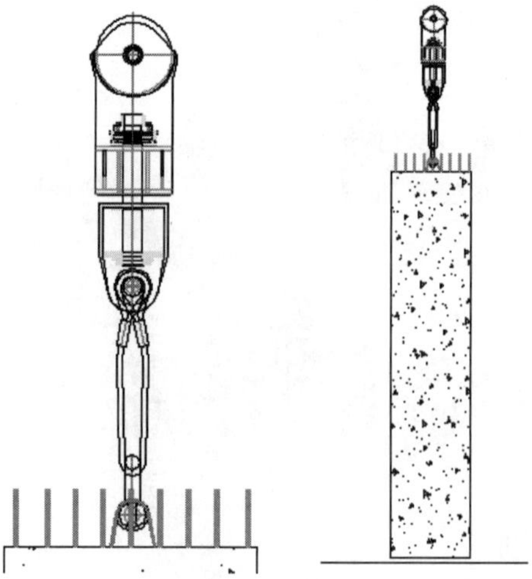

图 5.1　立柱起吊

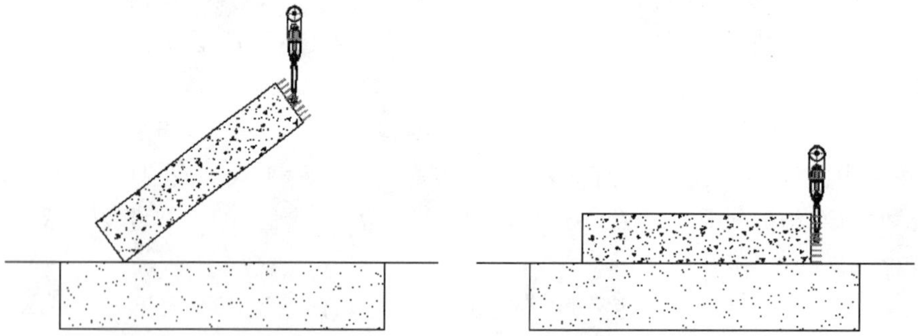

图 5.2　立柱沙坑内翻转

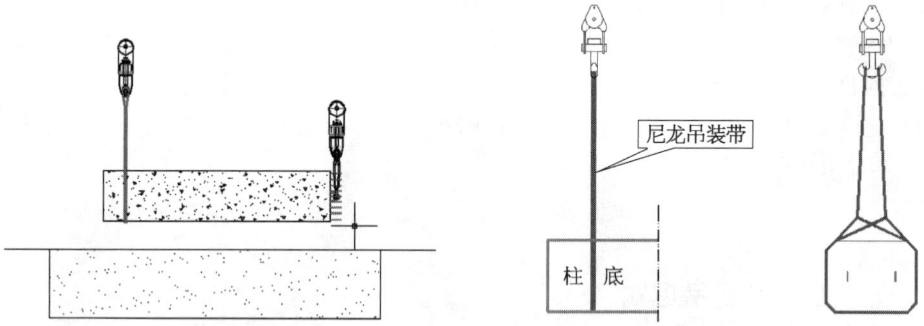

图 5.3　立柱水平起吊

2）立柱运输设备

根据本项目构件特点和运输路况条件，立柱的装运选用 6 轴重型平板半挂车。6 轴重型平板半挂车(含牵引车)结构尺寸及主要技术数据如图 5.4 所示。

经沿途勘察，上述构件运输路线途经的路桥设计载荷均≥30 t 级，能满足案例工程构件运载通行(包括途经转弯路幅)。

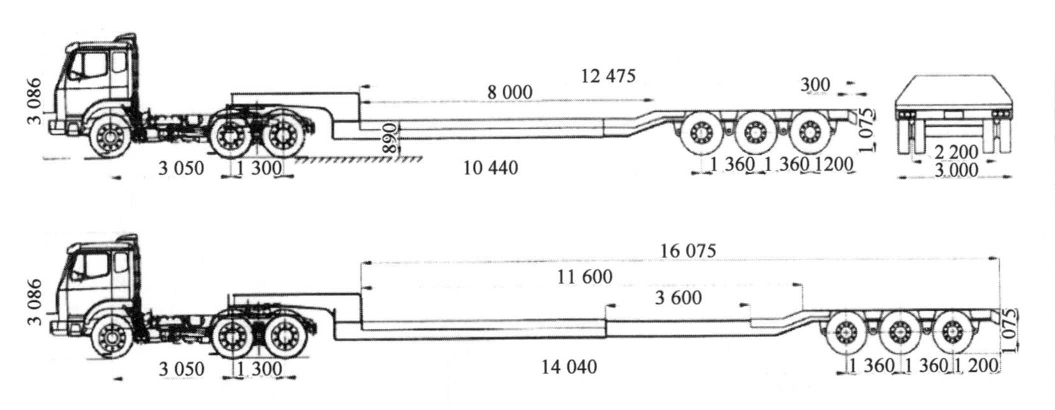

自编号，牌照号，挂车牌号：	116，沪 A－[redacted]，沪 A [redacted]挂；117，沪 A－[redacted]，沪 A [redacted]挂	最高车速/km/h	90
		最大爬坡度/%	15
厂牌、驱动形式	上汇 SH4251A4B(6×4)	内侧最小转弯半径/mm	11 000/14 600
外形尺寸/mm	20 260(23 860)×3 000×3 086	转弯通道宽	9 500/11 000
轴距/mm	3 050+1 300+10 440	货台面积	12 000(15 600)×3 000×1 075(凹 890)
轮距/mm	2 050/1 864	轮胎规格	11.00R20/8.25R15
自重/kg	19 400	发动机型号	WD615.38
列车总重/kg	45 900(79 400)	最大功率	280 kW/2 200 rpm
平板承载能力/kg	28 000(60 000)	最大扭矩	1 700 N·m/1 400～1 600 rpm

图 5.4　运输设备参数图

构件运输作业开始之前需征得当地路政部门及交通管理部门的同意。

3）装运作业程序

(1) 根据构件的外形特征，确定前后拖车的位置；装车时，前后拖车中心位置保持一直线，中间用钢丝绳进行连接；同时在前后转盘与钢梁之间用枕木作填衬。

(2) 构件装车后，两侧前后用尼龙吊带或钢丝绳进行绑扎，在与构件接触部位用麻布包角填衬后使用紧绳器或手拉葫芦收紧绳索；并拉设警示绳，悬挂示宽灯。

(3) 构件运载前向各有关部门办妥一切相关手续；实施运载，严格按规定时间和路线进行。构件运输时，需配备开道指挥车一辆；车辆转弯应启用随车遥控自动转向装置。

(4) 车辆行驶时，转弯保持 5 km/h 左右，确保构件运输安全。

(5) 构件运抵卸货区域后，按吊装方案要求，停妥卸车位置，拆解捆扎绳索。

构件装车示意图如图 5.5 所示。

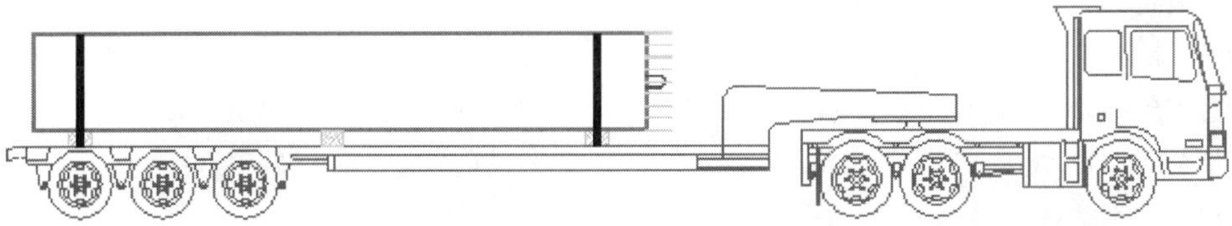

图 5.5　立柱装运示意图

其中，装运注意事项包括：

(1) 根据现场工况条件，明确构件吊装顺序和进场方向，并确定构件出厂装车的方向。

(2) 运料车进场路线的场地须平整硬实。

(3) 构件运输若影响交通，应尽可能安排夜间进场，现场配合做好交通协管工作。

5.1.3 盖梁工厂内起吊运输

1) 盖梁厂内起吊

盖梁最大自重 235 t，采用两台 160 t 行车抬吊；钢丝绳采用四根 8 m 长双头钢丝绳，直径 52 mm，起重量 35 t；卸扣采用 4 个 85 t 级，盖梁通过扁担起吊(见图 5.6)。起吊工况如图 5.7 所示。

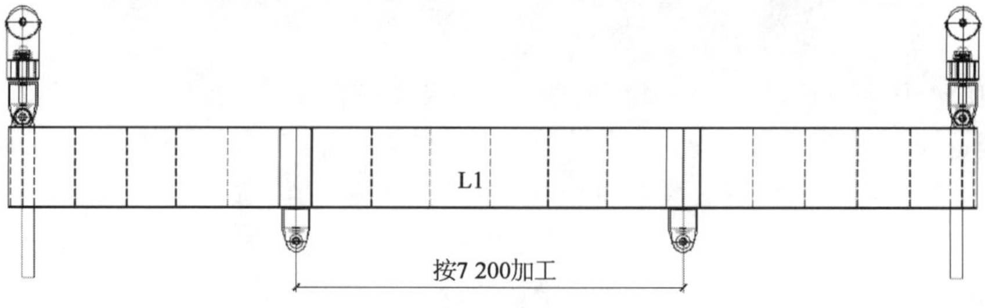

(a) 立面图

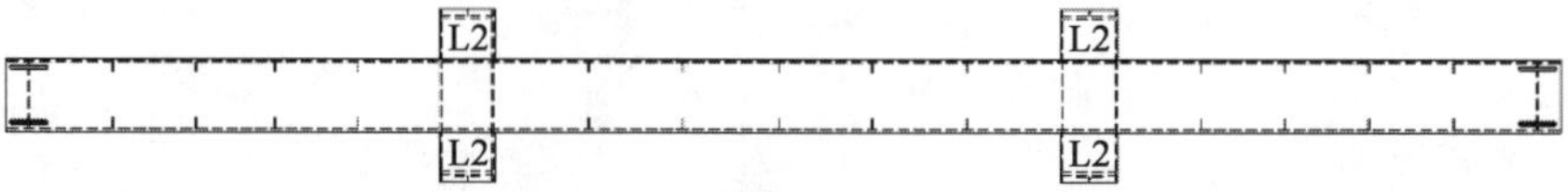

(b) 平面图

图 5.6 盖梁扁担设计图

2) 盖梁运输

根据本项目构件特点和运输路况条件，盖梁的装运采用轴线车运输，前后各 6 轴，自行设计专用的盖梁托架进行运输，托架放于平板车上，盖梁放在托架上(见图 5.8)。

经沿途勘察，上述构件运输路线途经的路桥设计载荷均≥30 t 级，能满足本工程构件运载通行(包括途经转弯路幅)。

构件运输作业开始之前需征得当地路政部门及交通管理部门的同意。

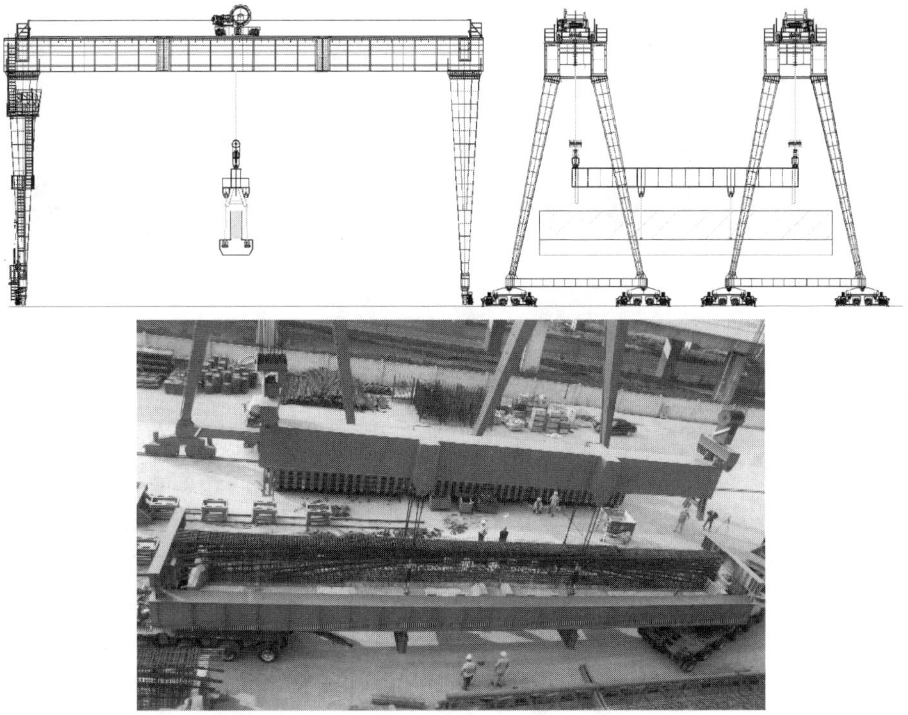

图 5.7　盖梁起吊工况

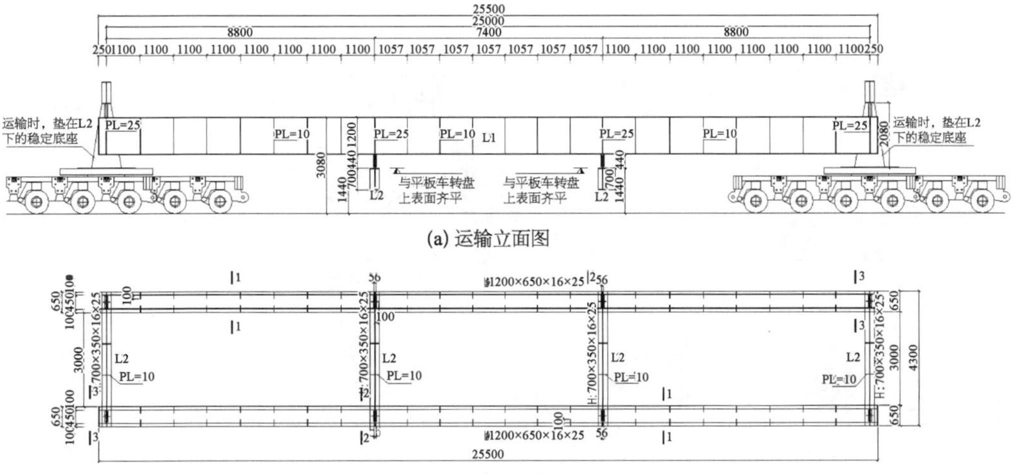

(a) 运输立面图

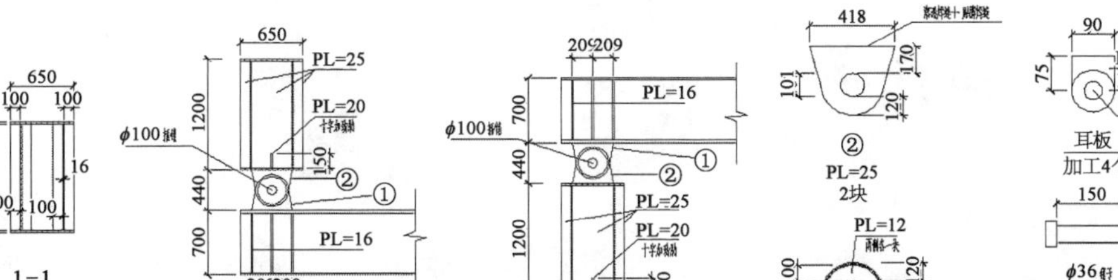

(b) 运输平面图

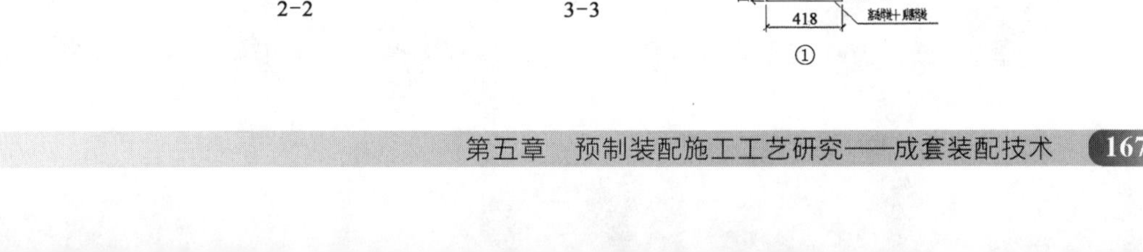

图 5.8　盖梁托架设计与实景图

3）装运作业程序

（1）根据构件的外形特征，确定前后拖车的位置；装车时，前后拖车中心位置保持一直线，中间用钢丝绳进行连接；同时在前后转盘与钢梁之间用枕木作填衬。

（2）构件装车后，两侧前后用尼龙吊带或钢丝绳进行绑扎，在与构件接触部位用麻布包角填衬后使用紧绳器或手拉葫芦收紧绳索；并拉设警示绳，悬挂示宽灯。

（3）构件运载前向各有关部门办妥一切相关手续；实施运载，严格按规定时间和路线进行。构件运输时，需配备开道指挥车一辆；车辆转弯应启用随车遥控自动转向装置。

（4）车辆行驶时，转弯保持 5 km/h 左右，确保构件运输安全。

（5）构件运抵卸货区域后，按吊装方案要求，停妥卸车位置，拆解捆扎绳索。

盖梁装车示意图如图 5.9 所示。

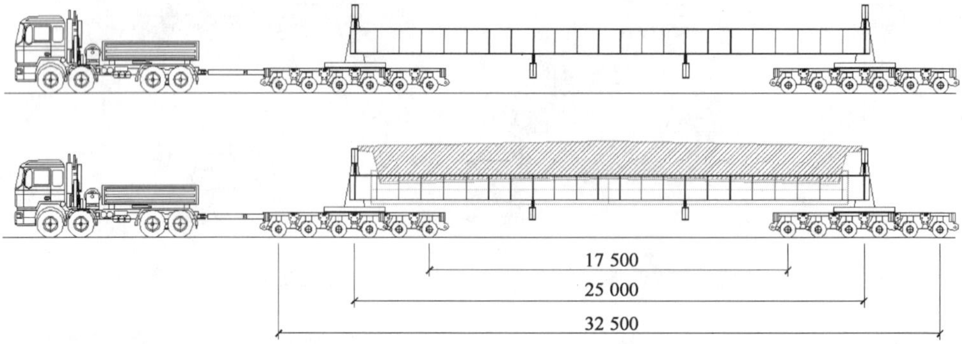

图 5.9　盖梁装运示意图

装运注意事项同立柱。

5.2　立柱装配

5.2.1　立柱装配原则

5.2.1.1　立柱预制装配总体原则

立柱运输到位后，与承台或立柱节段间进行快速预制装配。由于快速连接构造精度容差较小，因此测量放样和承台施工的精度决定了装配的速度和保证率。立柱预制装配具体主要遵循以下原则：

(1) 装配前应由勘测设计单位对控制性桩点进行现场交桩，并应在复测原控制网的基础上，根据施工需要适当加密、优化，并建立满足装配精度要求的施工测量控制网。

(2) 承台施工时应控制立柱与承台拼接面的坐标、标高和水平度，坐标及标高允许偏差为±2 mm，水平度允许偏差为±1 mm/m。装配前应对拼接面的坐标、标高和水平度进行复测。

(3) 立柱与承台装配前应进行匹配装配，同时应对外露钢筋进行除锈处理，并在拼接缝位置、承台上布置调节垫块。

(4) 立柱与承台装配应按以下工艺流程：装配面清理→装配缝测量→铺设挡浆模板→调节垫块找平→充分湿润拼接缝表面→铺设砂浆垫层→立柱吊装就位→调节设备(宜采用千斤顶等工具)安放→垂直度、标高测量→调节立柱垂直度→灌浆套筒连接或灌浆金属波纹管连接。

(5) 对于立柱间节段拼装，拼装前应对立柱节段拼接缝进行表面处理，确保表面无油、无水及无可见灰粉。立柱应按以下工艺流程：表面处理并充分干燥→拼接缝测量→涂刷环氧黏结剂→立柱节段拼装→安放调节设备→垂直度、标高测量→调节立柱垂直度→灌浆套筒连接。拼装前应对立柱节段拼接缝表面进行复测，标高允许偏差为±2 mm，水平度允许偏差为1 mm/m。环氧黏结剂应均匀涂刷，涂刷时间宜控制在30 min内，涂刷前、后均应采取防雨、雪、尘措施。上节立柱应设置调节设备，宜采用千斤顶等工具，用于调节的预埋件应在立柱预制时安装。

(6) 套筒或金属波纹管内灌浆料强度应大于35 MPa后方可进行下一工序施工。

(7) 装配时若气温低于5℃，应对高强无收缩水泥灌浆料进行保温，温度应不小于10℃且不大于40℃；同时应对拌合所需的水进行加热，温度应不小于30℃且不大于65℃；拌合灌浆料成品工作温度应不小于10℃。

(8) 装配前，施工单位、监理单位应对装配方案中的材料及设备到场情况、吊装区域地基处理情况进行严格复查；登高作业宜采用专用高空作业车，作业人员应配备全身式安全带；并应按管理规定对各级人员进行施工工艺和安全风险源交底。

5.2.1.2 套筒灌浆施工总体原则

套筒灌浆是整个装配工序中最关键、最重要的工序之一，因此对灌浆工艺提出以下原则：

(1) 灌浆前应再次检查套筒或金属波纹管，确保内腔通畅无杂质。

(2) 高强无收缩水泥灌浆料应在装配前一天进行流动度测试及1 d龄期抗压强度测试，达到规定强度后方可用于现场装配连接。

(3) 灌浆连接应按以下工艺流程：灌浆料倒入搅拌设备→计算水量并精确称重→专用设备高速搅拌→浆料倒入储浆装置→浆料倒入灌浆设备并连接压浆口压浆→出浆口出浆或端部出浆→持续出浆后停止压浆并塞入止浆塞→下一个套筒或金属波纹管压浆。

(4) 高强无收缩水泥灌浆料在拌浆时应制取试件，对应每个拼接部位应制取不少于3组，分别测试1 d、3 d和28 d龄期抗压强度。

(5) 灌浆施工应保持连续,如在压浆过程中遇停电等突发状况,现场应配备应急发电设备或高压水枪等清理措施。

(6) 灌浆完成后应及时清理残留在构件上的多余浆体。

5.2.2 立柱装配案例

5.2.2.1 立柱预制装配总体方案及施工流程

案例中预制立柱采用直立柱,单个立柱断面为矩形加线倒角,主线单个承台采用双立柱形式。立柱主筋采用 HRB400 的 Φ40 钢筋,箍筋及拉筋采用 HRB400 的 Φ12 钢筋。立柱装配采用 40 全灌浆套筒连接承台及盖梁的形式,立柱柱底布置套筒,柱顶伸出盖梁连接插筋。

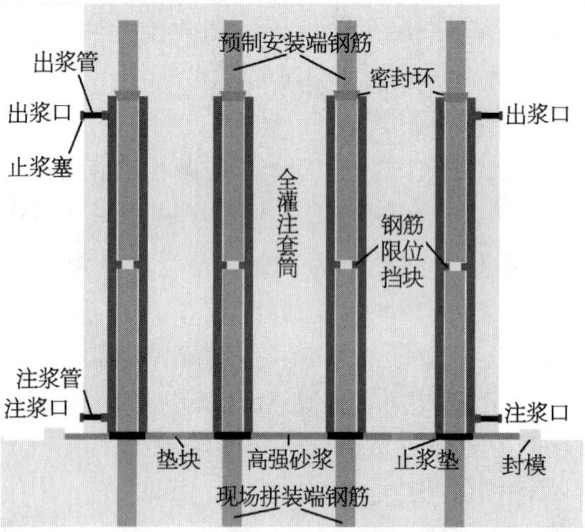

图 5.10 立柱与承台装配节点图

立柱连接工艺为立柱柱底套筒连接承台预留插筋,立柱柱顶预留插筋连接盖梁底套筒。立柱现场安装完毕后,进行垂直度及相对位置调节,调节后拼接面铺设 2 cm 厚 60 MPa 砂浆垫层,最后对套筒进行 100 MPa 砂浆压浆作业,完成整个装配工艺。相关节点示意图如图 5.10 所示。

立柱钢筋笼制作在精加工专用胎架上进行,为保证钢筋笼支撑稳定,定位体系布置保证主要受力钢筋不变形,钢筋笼制作偏差允许为±2 mm。为保证预制构件的钢筋定位精度,在胎架两端头增加套筒定位钢板和插筋定位钢板,采用车床精加工成型,精度可控制在±1 mm 内。在立柱浇筑过程中,为控制钢筋笼不发生套筒偏移,保留柱顶及柱底的定位钢板,以保证浇筑后的立柱拼接部分精度控制在±2 mm 内。

承台插筋笼于立柱胎架进行加工,现场绑扎过程中采用专用定位架进行定位施工,严格控制每根插筋的精度及两立柱插筋笼之间的距离,浇筑过程中保留定位架以控制精度。

具体施工流程如图 5.11 所示。

5.2.2.2 预制立柱吊装准备工作

案例中由于盖梁尺寸较大,盖梁吊装施工需占用社会道路,因此安排夜间进场和装配,白天在施工围场内进行相应的套筒压浆,现场配合做好交通协管工作。所有构件原则上现场卸车不落地,直接吊装就位。

其中,盖梁吊装均处于现状沪宜公路区域内。现状沪宜公路为二级公路,选择 SCC400 型 400 t 履带吊,自重 340 t,履带接地面积 20 m^2,盖梁自重最重达 230 t,吊装工况下履带吊接地压力(340+230)t/20 m^2=0.285 MPa,均小于《公路沥青路面设计规范》中标准轴载轮胎接地压强 0.70 MPa,现状道路承载力可承载吊机进行吊装作业,吊机作业区域铺设走道板进行地基加固。

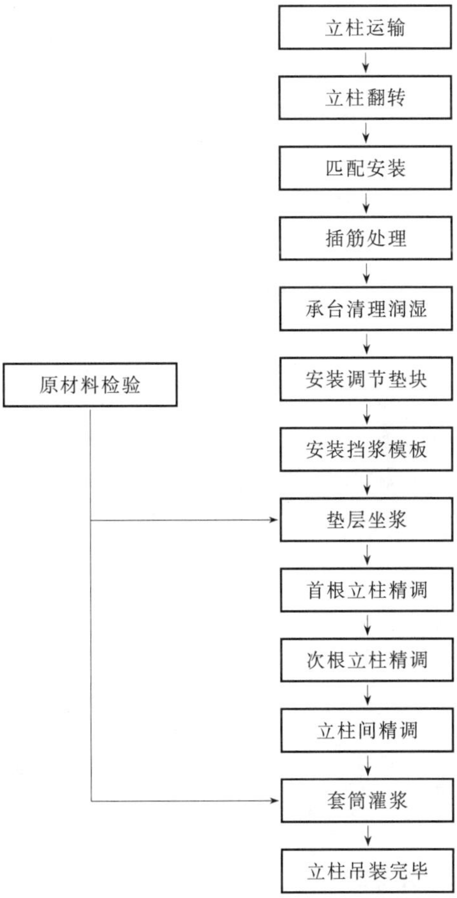

图 5.11　立柱装配施工流程

构件出厂前预检，检查盖梁的编号及方向标识，标识盖梁的轴线或安装定位线；检查盖梁外观情况，重点检查灌浆套筒的清理情况，不得有浮浆等杂物，并需报请监理进行出厂前验收，办理相关出厂验收记录，通过后方可出厂。现场起重吊索具、安装机工具、临时登高设施等准备齐全，并经检查完好。

在测量方面，复测坐标轴线和标高与结构安装的有关尺寸，如新建桥墩标注间距；桥墩构造图标注的标高及轴线中心；复核交桩书高程基准点；工厂制作的构件纵横轴线和基准标高标识。施工过程中的测量定位，采取安装位置角度测距和地面放线锤同步控制。

相关吊装机械设备及测量设备见表 5.1。

表 5.1　吊装所需机械设备及测量设备

序　号	机械或设备名称	数　量	用　途
1	250 t 履带吊/台	1	构件安装
2	100 t 履带吊/台	1	
3	D52.0×6×37 钢丝绳/付	4	
4	D56.0×6×37 钢丝绳/付	8	

续表

序　号	机械或设备名称	数　量	用　途
5	Actros3354 型牵引车/辆	3	构件运输
6	尼古拉斯平板车/辆	3	
7	全站仪/台	1	施工测量
8	水准仪/台	1	
9	5 m/50 m 钢卷尺/把	2	
10	1 kg 线锤/只	4	
11	登高车/台	1	人员上下运输

本工程预制构件起重吊装为超过一定规模的危险性较大的分部分项工程，起重吊装时必须由持特殊工种上岗证的起重工和司索指挥工进行施工作业。施工前，由项目工程师对项目管理人员进行专项方案交底。对作业班组进行专项方案技术交底。人员配备见表 5.2。

表 5.2　吊装人员配备

序号	职位或工种	数量/人	序号	职位或工种	数量/人
1	专职安全员	5	6	交通疏导员	2
2	专职质检员	5	7	平板车驾驶员	2
3	测量工	4	8	装配工	5
4	起重工	8	9	电工	2
5	司索指挥工	2			

5.2.2.3　承台顶面立柱区域凿毛

在吊装作业前应进行前期准备工作，对承台面及立柱端面的凿毛。使用由柜式空压机、储气罐、气动凿毛机等设备组成的气动成套设备对承台面积立柱端面进行凿毛作业。凿毛部分为图 5.12 斜线包围的区域。

图 5.12　承台顶面立柱区域凿毛

5.2.2.4 立柱吊装翻转

案例中立柱最大吊重 110 t 外，吊装相对高度约 9.0～14.5 m，可采用两种方案吊装翻转。

1) 250 t 主吊＋100 t 辅吊

主吊机选用 250 t 履带吊，辅吊机选用 100 t 履带吊(见图 5.13)。先采用双机抬吊，直接卸车、立柱翻转竖立；然后转单机吊装，旋转、就位。

图 5.13 双机吊

立柱吊装作业区域范围基本位于施工隔离区，不影响社会交通通行，可全天施工作业。立柱吊装过程履带吊停车作业时，履带范围需铺设厚钢板。主要施工步骤如下：

(1) 立柱卸车，吊装机械及运输车辆施工作业于沪宜公路上划定的施工区域内。立柱通过 1 台 250 t 主吊及 1 台 100 t 辅吊卸运下车。主吊采用卸扣连接吊点，辅吊采用尼龙吊装带捆绑立柱的形式(见图 5.14)。

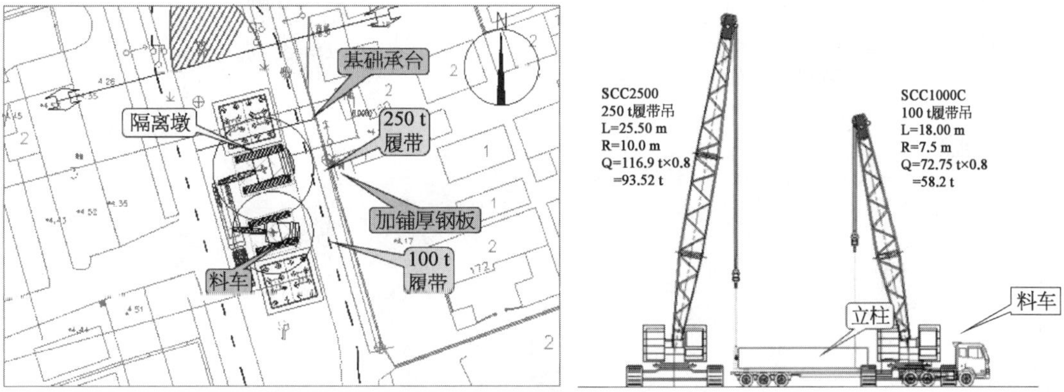

图 5.14 立柱卸车平面示意图

(2) 立柱翻转，通过两台吊机完成空中翻转竖立工况(见图 5.15)。

(3) 立柱竖直后 100 t 辅吊脱离，由 250 t 主吊旋转至承台位置，立柱套筒对准承台插筋，将立柱吊装就位。立柱吊装过程中，250 t 主吊履带距离承台基坑边缘的距离大于 1 m(见图 5.16)。

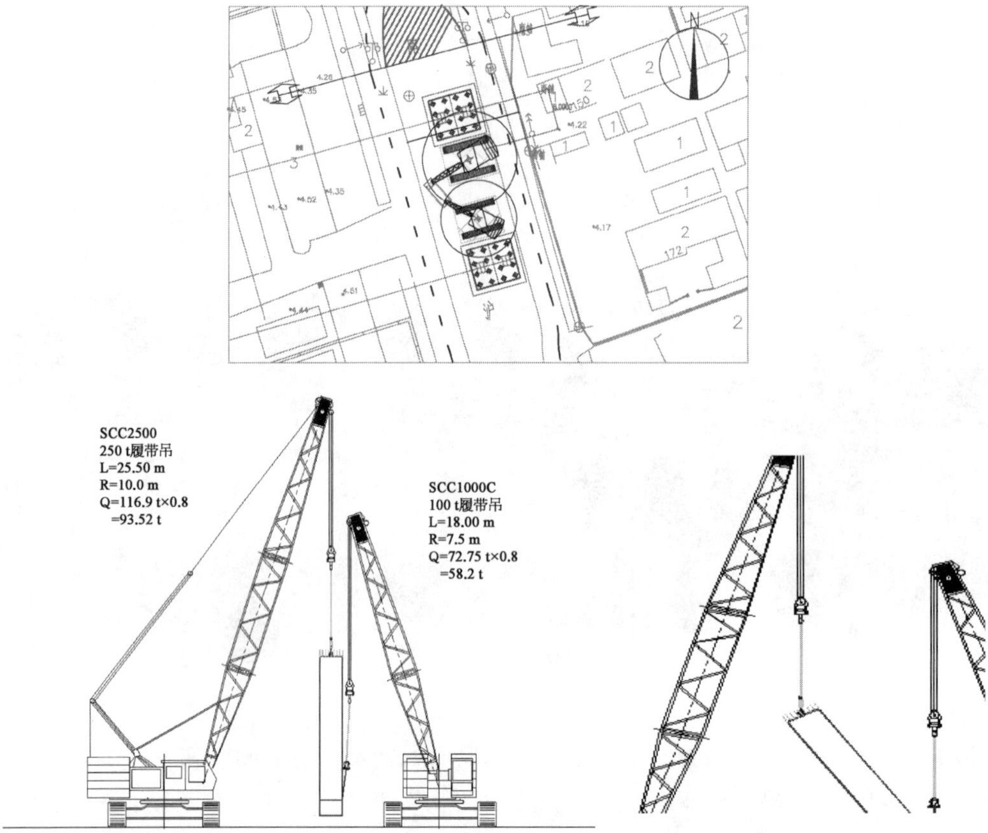

图 5.15　立柱翻转竖立平面示意图

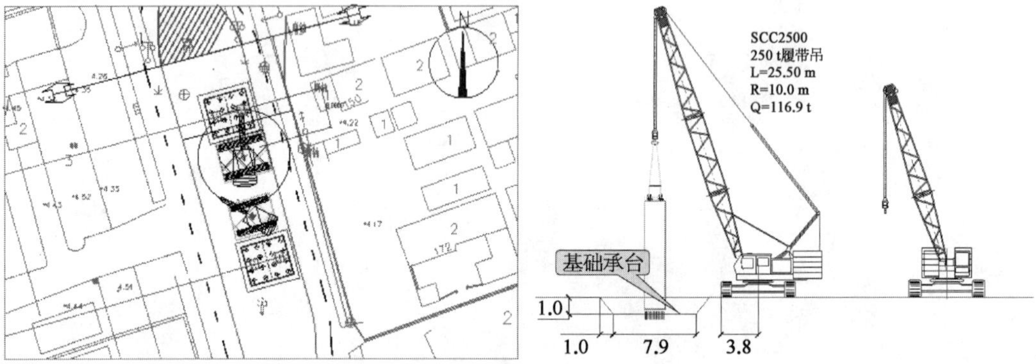

图 5.16　立柱吊装就位平面示意图

(4) 同一墩号立柱吊装完毕,吊机移位至下一墩号,施工方法同吊装立柱。

2) 250 t 吊机+翻转台

主吊机选用 250 t 履带吊,立柱通过翻转台完成翻转工况(见图 5.17)。先采用单机抬吊,直接卸车、立柱翻转竖立;然后转吊装,旋转、就位。

立柱吊装作业区域范围基本位于施工隔离区,不影响社会交通通行,可全天施工作业。立柱吊装过程履带吊停车作业时,履带范围需铺设厚钢板。

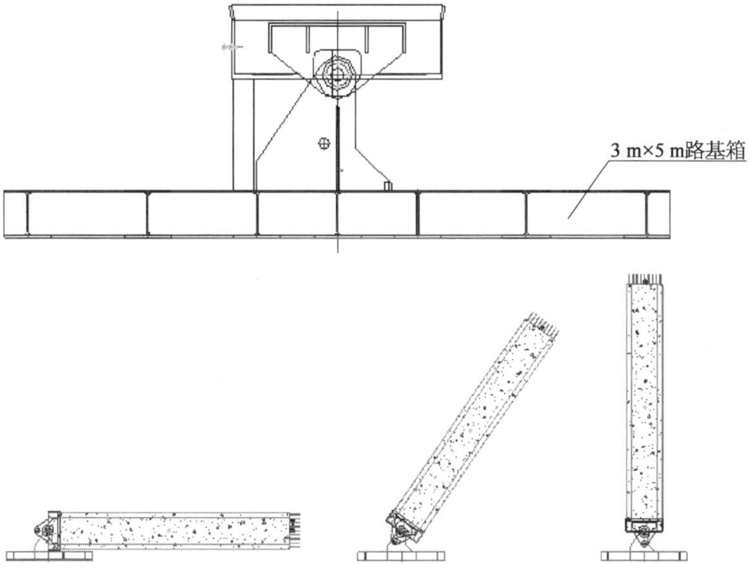

图 5.17　翻转台示意图

主要施工步骤(见图 5.18)如下：

(1) 立柱卸车,吊装机械及运输车辆施工作业于沪宜公路上划定的施工区域内。立柱通过 250 t 吊机卸运下车。吊机采用尼龙吊装带捆绑立柱的形式。

(2) 立柱吊入翻转台,通过吊机使立柱作水平微调,直至立柱柱底吊入翻转台。

(3) 柱顶吊点安装吊具。

(4) 通过吊机进行立柱的翻转作业。

图 5.18　单机吊翻转示意图

(5) 将立柱吊运出翻转台。

(6) 立柱由吊机旋转吊运至承台位置,立柱套筒对准承台插筋,将立柱吊装就位。立柱吊装过程中,250 t 吊机履带距离承台基坑边缘的距离大于 1 m。

5.2.2.5 匹配吊装

吊装立柱进行立柱匹配安装,确保立柱安装后 4 个方向均有调节余地,无误后方可进行下道工序的施工。立柱吊装就位后,若 4 个方向无调节余地,则需对承台插筋进行处理,削减插筋高度,但需确保套筒内插筋锚固长度大于 38.5 mm(套筒内可插入长度 39.5 mm)。

5.2.2.6 立柱垫层坐浆

1) 安装调节垫块

安放调节垫块,调整立柱安装标高。调节垫块采用 200 mm×200 mm×21 mm 橡胶支座,底下设置多块厚钢板调节高度。

图 5.19 台面清洗、润湿

2) 承台面清理、湿润

承台凿毛面进行清理。清理步骤为:先采用高压水枪将承台凿毛面进行清尘及湿润;再采用高压气管将表面多余水清除;最后确保承台面不留水迹(见图 5.19)。

3) 安装挡浆模板

在承台面上弹出立柱边线,根据边线位置安装挡浆模板。挡浆模板采用 5 cm 槽钢制作,各边比立柱尺寸大 6 cm。挡浆模板与承台接触面采用双面胶止浆(见图 5.20)。

图 5.20 砂浆垫层挡浆模板

4) 垫层坐浆

承台与立柱间的砂浆垫层采用 OVM 生产的 C60 砂浆,配合比为:干料∶水=100∶(17~18),一般取 17.5。技术指标见表 5.3。拌浆设备采用科尼乐立轴行星式搅拌机(见图 5.21),搅拌时间为 3 min。砂浆料搅拌完成后,将搅拌桶直接倾倒于承台凿毛面,用铁板刮平垫层砂浆。铺浆完成后,在每根承台预留钢筋上套上止浆垫,止浆垫略高于浆液面(见图 5.22)。

表 5.3 高强低收缩砂浆技术指标

项　目	指　标
28 d 抗压强度/Mpa	≥60
28 d 弹性模量/Gpa	≥30
28 d 竖向膨胀率/%	0.02～0.1
初凝时间/h	>2

图 5.21 科尼乐立轴行星式搅拌机

图 5.22 垫层坐浆

5.2.2.7 立柱精调

1）立柱安装精调

铺浆完成后，进行同一承台的首根立柱的安装。立柱垂直度控制，由 2 台经纬仪在 2 个方向同时监测校核立柱中心标记。立柱就位后，采用 4 台手动顶升液压杆来校正立柱的垂直度，垂直度校正误差为 1 mm。

同一承台的第一根立柱安装精调完成后，进行第二根立柱的安装。同样对第二根立柱进行垂直度精调。

2）两立柱间精调

安装立柱间操作平台，在平台上指挥调节立柱间相对尺寸。通过测量立柱主筋距离，与实际长度 3 860 mm 比较，调节立柱相对距离。测量对角线主筋，与实际长度 4 234 mm 比较，调节改善立柱间扭转情况。测量立柱中心间距，与实际长度 5 200 mm 比较，确保立柱相对距离。拉线控制立柱横桥向主筋在同一直线。相对位置调整到位后，完成立柱安装，进入下一承台立柱安装。示意图如图 5.23 所示。

5.2.2.8 套筒灌浆

1）套筒灌浆配套快速安装成套集成系统

为配合预制装配构件的现场安装，充分整合各项资源，改善现场文明施工水平，提高施工效率，项目部根据预制装配的工艺特点，配备了专业化的施工设备，并将其整合成一体化

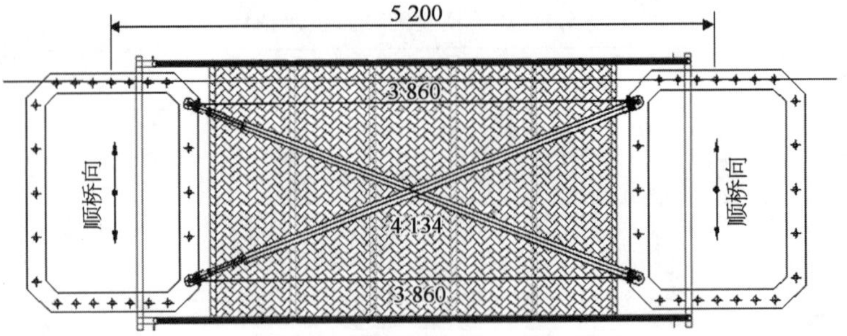

图 5.23　立柱间调节示意图

作业平台。同时辅以专业化的操作团队，形成专业化、集成化、高效率的机动作业模式。

快速安装成套集成系统包括随车吊、发电机、定制小型货箱、气动成套设备、自行走套筒式作业平台、立轴行星搅拌机、拌浆机和灌浆机、多功能高压清洗组合设备。各设备主要功能如下：

（1）随车吊：整合所用设备资源，提高机动性，同时也可以作为钢筋配送车辆（见图 5.24）。

（2）发电机：为电动设备提供动力来源（见图 5.25）。

（3）定制小型货箱：用于小型工具的收纳及施工材料的存放（见图 5.26）。

图 5.24　随车吊

图 5.25　发电机

图 5.26　小型货箱

（4）气动成套设备：由柜式空压机、储气罐、气动凿毛机等设备组成，用于施工现场的混凝土面的凿毛和清理（见图 5.27）。

(a) 柜式空压机　　(b) 储气罐　　(c) 气动凿毛机

图 5.27　气动成套设备

(5) 自行走套筒式作业平台(见图 5.28),兼顾立柱制作及装配过程的登高作业,作为工作人员上下立柱模板操作平台及立柱盖梁拼接面作业时工作人员的操作平台,套筒式结构便于运输。

图 5.28 自行走套筒式作业平台

(6) 调节千斤顶:针对预制装配工艺而设计研发的设备,用于立柱垂直度微调(见图 5.29)。

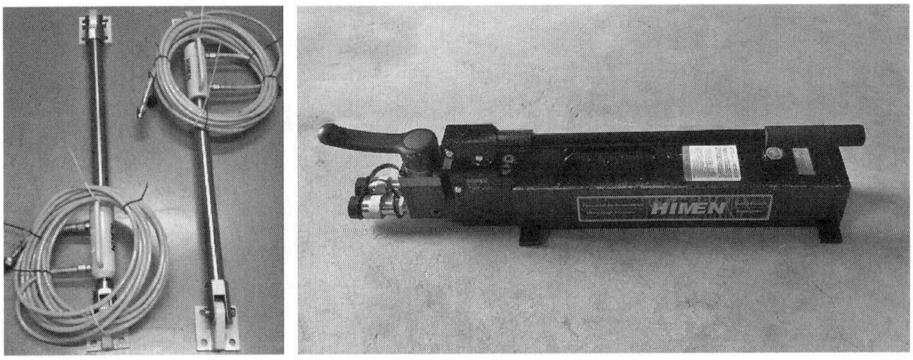

图 5.29 调节千斤顶

(7) 拌浆机和灌浆机:针对 M100 灌浆料高黏稠、易凝固的特性,专门定制研发的专用设备,用于套筒灌浆料的拌制(见图 5.30)和灌注(见图 5.31)。

图 5.30 套筒砂浆拌合设备

图 5.31 套筒砂浆灌注设备

(8) 多功能高压清洗组合设备：清洗机的压力可以达到 500 kg，可用于现场清理、设备清洗、模板清洗、混凝土表面的凿毛等(见图 5.32)。

图 5.32　多功能高压清洗组合设备(高压清洗机和水箱)

2）套筒灌浆施工

套筒压浆施工机械包括配套快速安装成套集成系统及抽水泵、电子秤等。压浆操作现场流动度试验仪器包括截锥圆模、玻璃板、砂浆试模。压浆操作工具包括铁皮桶、料勺、三角铲、搅拌棒、一字螺丝刀、尖嘴钳、开口扳手、剪刀、榔头。压浆操作耗材包括压浆管、抱箍、操作手套、个护用品。

套筒内的灌浆料采用 OVM 生产的 C100 高强无收缩水泥灌浆料，配合比为：干料 ∶ 水＝100 ∶ 12。需要分别称重干料及水。拌浆设备采用自制搅拌机，搅拌时间为 3 min。垫层砂浆达到终凝后方可进行压浆作业。

预先润湿搅拌桶及搅拌头，在搅拌桶中依次放入干料和水。同时开启搅拌机和底座转盘，并开始秒表计时。3 min 拌合结束，关闭搅拌机和底座转盘。如拌浆结束后用搅拌棒搅动感到浆料仍有固态干料存在，则继续搅拌至完全没有干料为止。静置 2 min 放出气泡，则高强灌浆料拌浆结束。

将拌制好的浆料倒入压浆机，开始压浆。压浆过程为：浆料从下部注浆孔压浆，上部出浆口出气。根据实验，压浆 70 s 左右，浆料升至出浆口 L 型管管口；待浆料流出，封堵出浆口并停止压浆；待压浆管压力稳定拔出压浆枪头封堵注浆口。压浆口采用橡胶止浆塞封堵。

相关施工过程如图 5.33 所示。

图 5.33　套筒灌浆施工

5.2.2.9　套筒灌浆后续施工要求

当现场检验的灌浆料 1 d 强度大于 35 MPa 后，可进行千斤顶拆卸作业，拆除挡浆模板及其他临时设施，并进行覆土作业，则立柱安装完毕。

5.3　盖梁装配

5.3.1　盖梁装配原则

盖梁的装配精度与速度由两方面组成：一是自身预制精度，二是立柱特别是多立柱的装配及调整精度。这两方面均是前道工序，因此盖梁装配施工中具体主要遵循以下原则：

（1）装配前应对预制盖梁进行出厂相关验收，同时对立柱装配空间数据进行测量。

（2）在盖梁与立柱拼接缝位置，立柱上应布置调节垫块。

（3）盖梁与立柱装配应按以下工艺流程：拼接面清理→拼接缝测量→铺设挡浆模板→调节垫块找平→拼接缝表面充分湿润→铺设砂浆垫层→盖梁吊装就位→调节盖梁空间坐标→灌浆套筒连接或灌浆金属波纹管连接。

（4）对于盖梁间节段拼装，拼装前应进行拼接面预处理，清除尘土、油脂等污染物及松散混凝土与浮浆后，应进行冲洗，然后进行干燥处理。盖梁间节段拼装前应进行匹配装配。环氧黏结剂应均匀涂刷，覆盖整个匹配面，涂刷时间宜控制在 30 min 内。施加临时预应力时，环氧黏结剂应在全断面均匀挤出，同时应对孔道口做好防护，严禁环氧黏结剂进入预应力筋孔道。冬季施工时应对环氧黏结剂采取保温措施。临时预应力筋和永久预应力筋的布置、预应力筋类型、张拉顺序、张拉力应严格按照设计方案执行。

(5) 套筒相关工艺及要求同立柱。

(6) 套筒或金属波纹管内灌浆料强度应大于 35 MPa 后方可进行下一工序施工。

(7) 装配时若气温低于 5℃，应对高强无收缩水泥灌浆料进行保温，温度应不小于 10℃且不大于 40℃；同时应对拌合所需的水进行加热，温度应不小于 30℃且不大于 65℃；拌合灌浆料成品工作温度应不小于 10℃。

(8) 装配前，施工单位、监理单位应对装配方案中的材料及设备到场情况、吊装区域地基处理情况进行严格复查。登高作业宜采用专用高空作业车，作业人员应配备全身式安全带，并应按管理规定对各级人员进行施工工艺和安全风险源交底。

5.3.2 盖梁装配案例

5.3.2.1 盖梁预制装配总体方案及施工流程

预制标准盖梁，长度为 23.4 m，重量约 190 t，底面斜角度为平面，底倒角斜率为 500/300，截面尺寸梁宽 2.7 m，梁顶宽 0.9 m，预制段梁高为 1.0～1.2 m，总梁高约 3.0 m。

盖梁采用灌浆套筒连接的预制装配施工工艺，节点位置同立柱(见图 5.10)。由于预制装配工艺对构件精度的要求严格，预制盖梁钢筋笼及套筒的安装精度严格控制在±2 mm 范围之内，因而盖梁下部拼接部分采用全工厂预制生产、后运至工程现场装配的方式。

标准段立柱为双柱形式，盖梁吊装前立柱已施工完毕达到正常使用条件。盖梁与立柱间放置橡胶支座控制标高及确保橡胶支座顶水平，以保证盖梁装配保持水平。盖梁吊装时先进行匹配安装，然后进行坐浆法施工。盖梁吊装就位后，应及时进行套筒压浆施工。

具体施工流程如图 5.34 所示。

5.3.2.2 预制盖梁吊装准备工作

由于盖梁构件尺寸和重量较大，盖梁吊装施工需占用社会道路，因此安排夜间进场和吊装，白天在施工围场内进行相应的套筒压浆，现场配合做好交通协管工作。所有构件原则上现场卸车不落地，直接吊装就位。

盖梁吊装均处于现状沪宜公路区域内。现状沪宜公路为二级公路。在标准路段选用 SCC400 型 400 t 履带吊，自重 340 t，履带接地面积 20 m^2，盖梁自重最重达 230 t，吊装工况下履带吊接地压力。

$(340+230)\text{t}/20\ \text{m}^2=0.285$ MPa，均小于《公路沥青路面设计规范》中标准轴载轮胎接地压强 0.70 MPa，现状道路承载力可承载吊机进行吊装作业，吊机作业区域铺设走道板进行地基加固。在跨路口段采用 250 t 吊车抬吊。

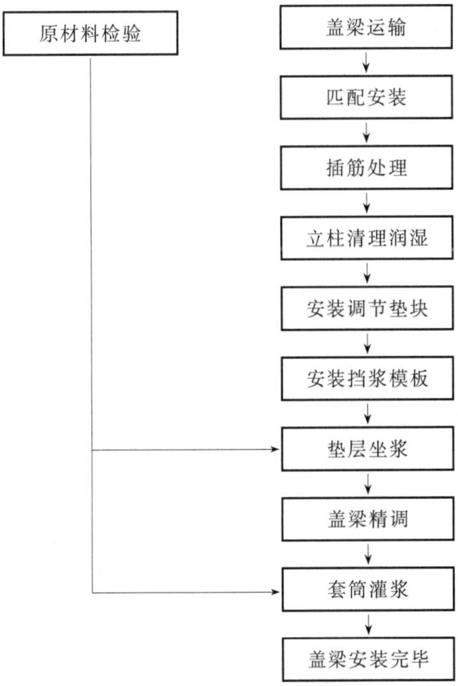

图 5.34　盖梁装配施工流程图

吊装前应进行施工测量，包括新建桥墩标注间距、桥墩构造图标注的标高及轴线中心、复核交桩书高程基准点、工厂制作的构件纵横轴线和基准标高标识。施工过程中的测量定位，采取安装位置角度测距和地面放线锤同步控制。

相关吊装机械设备及测量设备见表 5.4。

表 5.4　吊装所需机械设备

序　号	机械或设备名称	数　量	用　途
1	400 t 履带吊/台	1	构件安装
2	250 t 汽车吊/台	2	
3	25 t 汽车吊/台	1	
4	6×37+1-1770 ϕ60.0 mm L=16 m/付	2	
5	6×37+1-1770 ϕ60.0 mm L=32 m/付	1	
6	Actros3354 型牵引车/辆	1	构件运输
7	6 轴线尼古拉斯平板车/辆	2	
8	全站仪/台	1	施工测量
9	水准仪/台	1	
10	5 m/50 m 钢卷尺/把	2	
11	1 kg 线锤/只	4	
12	登高车/台	1	人员上下运输

本工程盖梁起重吊装为超过一定规模的危险性较大的分部分项工程，起重吊装时必须由持特殊工种上岗证的起重工和司索指挥工进行施工作业，作业人数配备同立柱。

5.3.2.3 盖梁垫层坐浆

1）盖梁垫层坐浆设置高空作业平台

盖梁安装高空作业采用专业设计的高空作业平台，设计如图 5.35 所示。

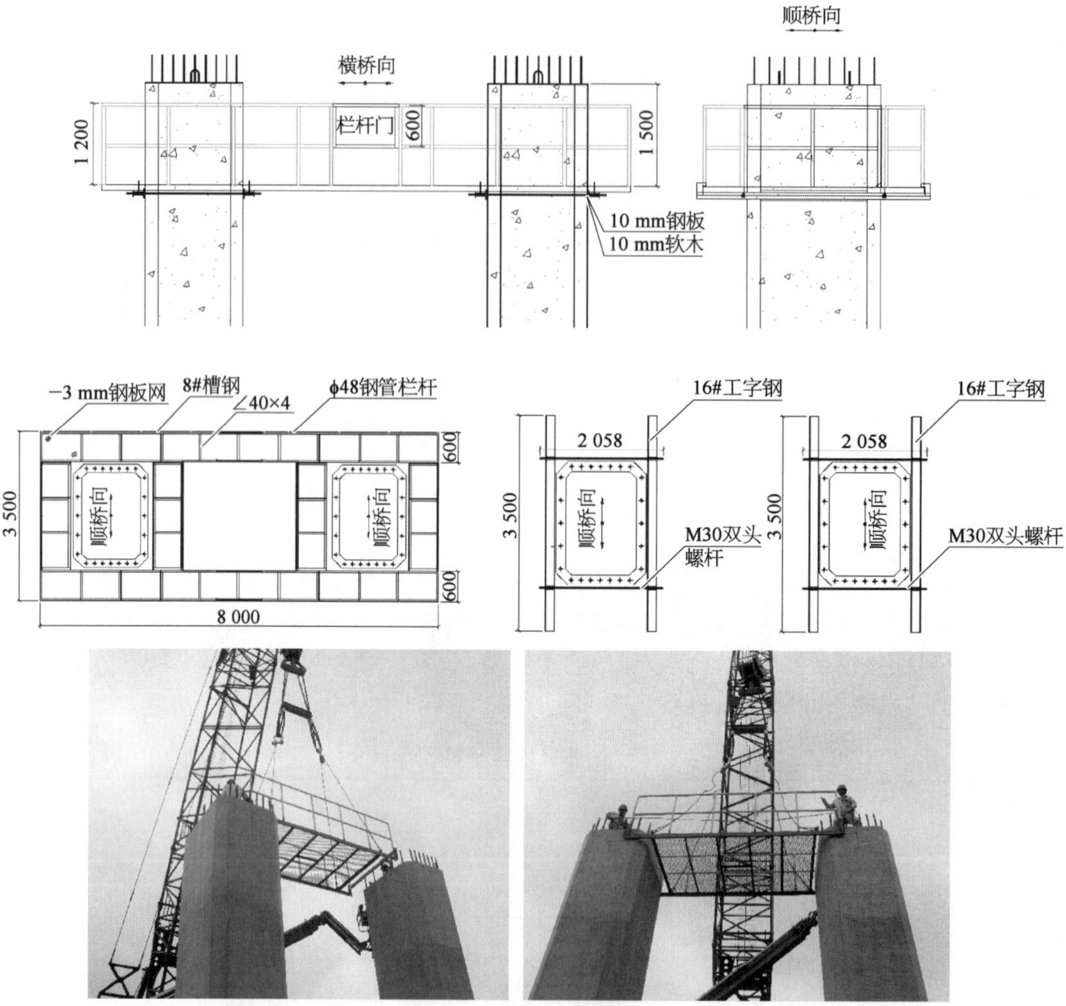

图 5.35 作业平台支撑设计

2）安装调节垫块

安放调节垫块，调整盖梁安装标高。调节垫块采用 200 mm×200 mm×21 mm 橡胶支座，底下设置薄钢板调节高度。21 mm 厚橡胶支座的压缩量为 100 t 荷载下压缩 5 mm。

3）立柱顶面清理、湿润

清理立柱顶面，清理步骤为：先采用高压水枪将立柱顶面进行清尘及湿润；再采用高压气管将表面多余水清除；最后确保立柱顶面不留水迹。

4）安装挡浆模板

在立柱顶安装挡浆模板，挡浆模板采用 7.5 cm 角钢制作，模板与立柱接触面采用泡沫条止浆（见图 5.36）。

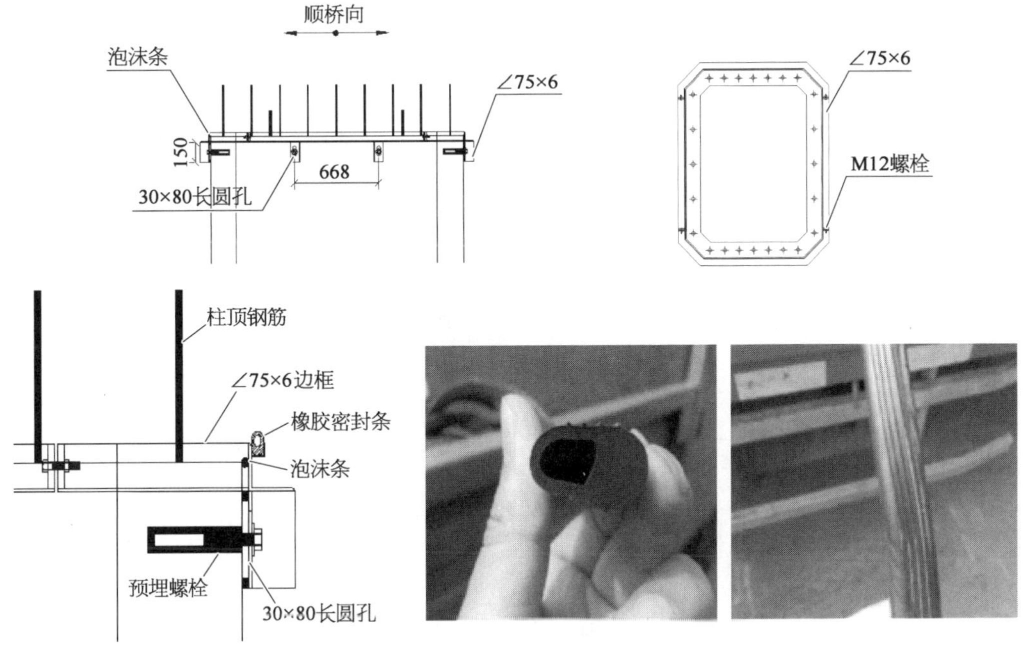

图 5.36　挡浆模板

5）垫层坐浆

立柱与盖梁间的砂浆垫层采用 OVM 生产的 C60 砂浆，工序同立柱。

5.3.2.4　盖梁装配施工工艺

坐浆完成后进行盖梁的吊装装配。案例中盖梁吊装工况有两种，分别是标准路段装配及跨路口段装配。具体施工工艺分别如下：

1）标准路段装配(400 t 单机吊)

(1) 构件进场卸车、起吊作业平面工况(见图 5.37)。

图 5.37　标准路段盖梁装配工况 1

(2) 吊机回转作业平面工况(见图 5.38)。

图 5.38 标准路段盖梁装配工况 2

(3) 构件吊装就位作业平面工况(见图 5.39)。

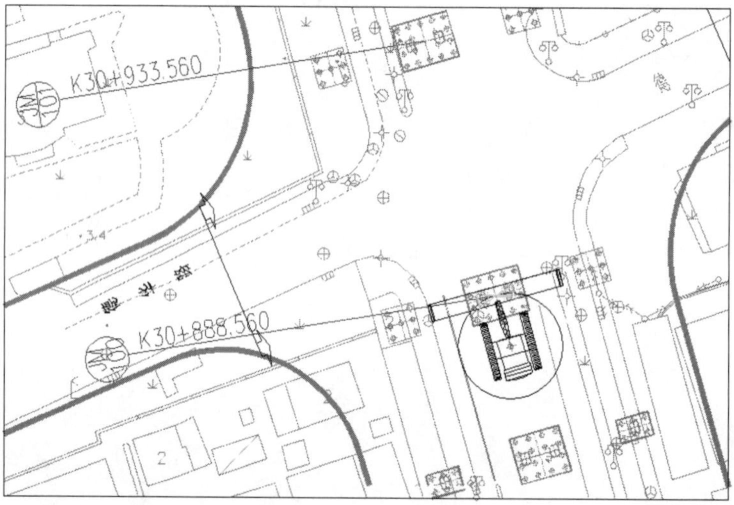

图 5.39 标准路段盖梁装配工况 3

(4) 构件吊装就位作业立面工况(见图 5.40)。

2) 跨路口段装配(改用 2 台 250 t 吊车)

(1) 构件进场卸车、起吊作业平面工况(见图 5.41)。

(2) 吊机 1 后退、吊机 2 回转,盖梁转向(见图 5.42)。

(3) 吊机履带转向、吊机 1 后退、吊机 2 回转,盖梁转向(见图 5.43)。

(4) 吊机前行,盖梁转向到位(见图 5.44)。

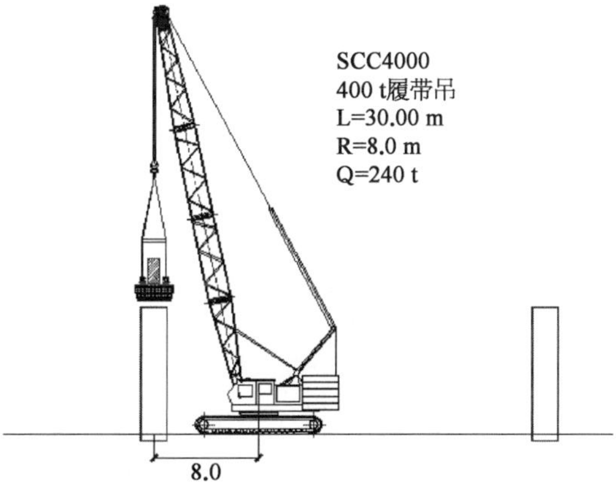

图 5.40　标准路段盖梁装配工况 4

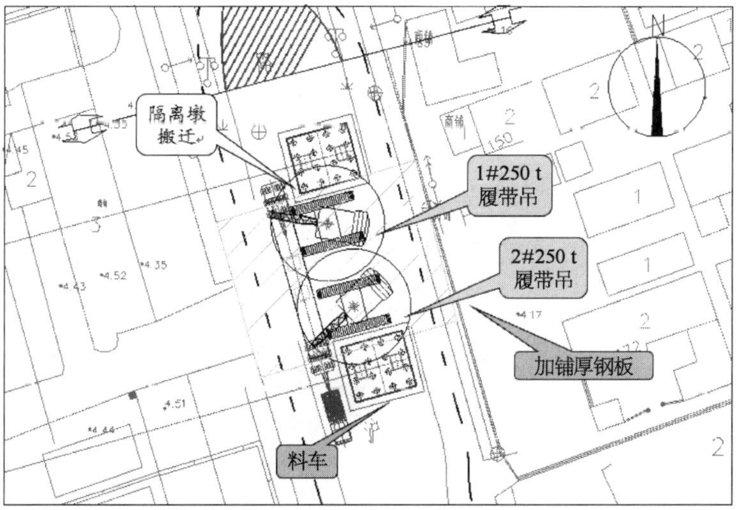

图 5.41　跨路口段盖梁装配工况 1

图 5.42　跨路口段盖梁装配工况 2

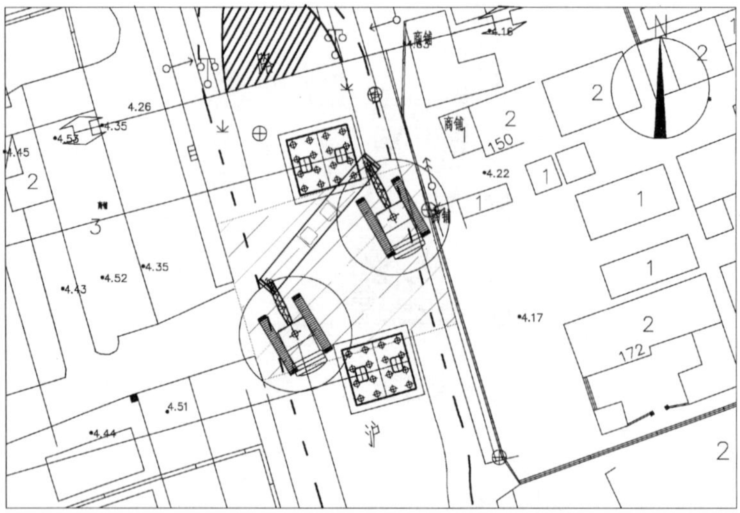

图 5.43　跨路口段盖梁装配工况 3

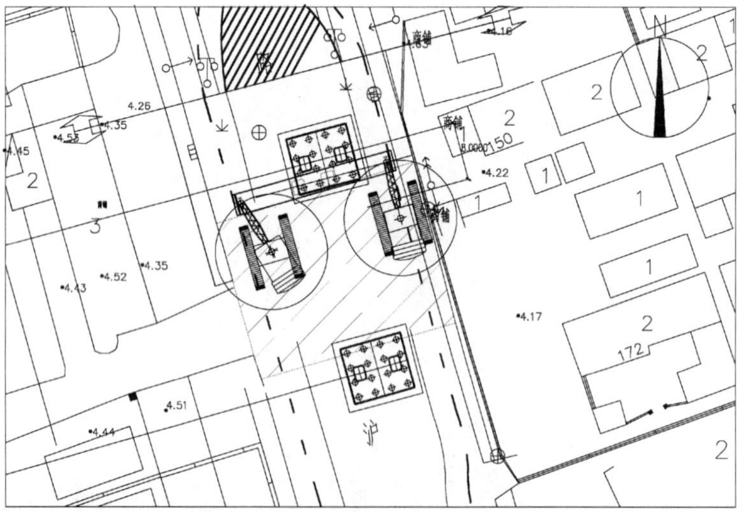

图 5.44　跨路口段盖梁装配工况 4

(5) 盖梁起吊，把杆变幅，盖梁吊装就位。盖梁吊装就位过程中，人员由登高车登高进行对位监控，每个立柱均需人员从横桥及顺桥向对盖梁安装进行对位引导(见图 5.45)。

(6) 构件吊装就位作业立面工况(见图 5.46)。

3) 盖梁调整工艺

每根立柱顶部放置 2 个垫块，通过控制垫块标高来控制盖梁安装的标高，通过盖梁两端面中部垂线来控制盖梁水平位置。

5.3.2.5　盖梁套筒灌浆

盖梁装配完成后进行套筒灌浆施工工艺，具体工艺同立柱内套筒灌浆施工。

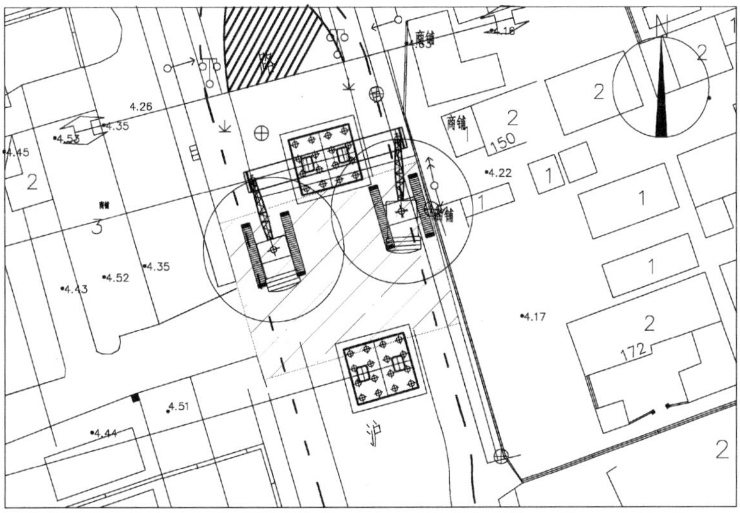

图 5.45　跨路口段盖梁装配工况 5

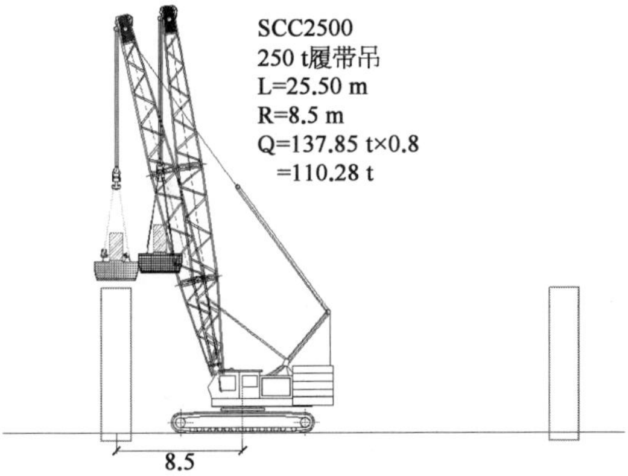

图 5.46　跨路口段盖梁装配工况 6

5.3.2.6　盖梁套筒灌浆后续施工要求

现场检验的灌浆料 1 d 强度大于 35 MPa 后，可进行后续作业，如部分现浇作业及预应力张拉作业。

CHAPTER 6

第六章

城市高架异形段节段拼装及防撞墙预制装配技术

6.1 高架异形段节段拼装技术

结构的标准化是预制装配桥梁提高效率、节省造价的重要条件。城市高架桥梁由于其道路线型和功能特点，宽度类型多、上下匝道多、异形段多，使其上部桥跨结构面临预制成本高、全预制难以实现的问题。目前，城市高架异形段上部结构预制装配通常采用横桥向分片的形式，通过纵梁间距变化适用桥宽，变宽段梁底美观性略差，较难满足城市高架桥梁的美学要求，而代替整体现浇大箱梁的纵桥向节段预制装配技术尚未成熟，应用很少。本节以上海虹梅南路高架工程为背景，探讨研究高架异形段上部结构的节段预制装配方案。

6.1.1 混凝土梁节段预制装配技术发展

1951 年，德国工程师 Finsterwalder 在 Lahn 河上建造了第一座悬臂浇筑施工的预应力混凝土桥梁，形成了现代意义上的悬臂浇筑施工法。1952 年，在纽约的谢尔登附近，E. Freyssinet 公司设计了一座采取纵向分段预制装配施工的单跨桥。该桥的建成标志着节段匹配预制法在施工中的首次运用。1962 年，法国工程师将节段悬臂浇筑与预制装配相结合，提出了一种新的桥梁施工方法——预制节段悬臂拼装法。该项创新提高了施工效率，加快了施工进度，节约了成本，而且提高了施工质量。随后，他们将这一方法运用在了巴黎南部塞纳河上的 Choisy - Le - Roi 桥，使此桥成为最早采用预制节段悬臂拼装法的桥梁，同时也是最早采用长线法偶配的桥梁。此后，该法不断改进，在世界各国工程中陆续被采用并得到推广。在预制节段拼装施工技术发展过程中，最具有里程碑意义的是在施工中引入了自行式拼装支架。1966 年，法国首次将上行式移动拼装支架进行节段悬臂拼装施工技术运用在 Oleron 海峡大桥的建设上。在预制装配发展的初期，接缝面一般采用单键形式的剪力键，后来在施工中发现键受剪较大，容易损坏。20 世纪 70 年代后期，法国人对此问题展开研究，开发了复合剪力键形式。1974 年，复合剪力键形式在巴西的 Rio - Niteroi 桥首次被采用，并取得良好的效果。工程界也因其良好的抗剪性能而在随后的预制节段桥梁中得到广泛采用。1978 年，法国工程师 Jean Muller 等设计建造了美国佛罗里达州 Long Key 桥（又名长礁桥，跨径为 101×36 m）。该桥是第一座采用预制节段拼装施工的体外预应力桥梁，创造了每周架桥 108 m 的纪录。

建于 1992 年 9 月的美国佛罗里达州 Mid - Bay 桥和 1998 年 3 月的 Garcon - Point 跨海大桥采用体外预应力、干接缝、节段逐跨拼装施工法，每周架桥分别为 290 m 和 299 m，创造了逐跨拼装施工的世界纪录。1996 年，英国 the Second Severn Crossing 在施工中引入了线型控制软件，通过将端模顶部控制点测量数据导入软件分析，得到线型调整值及补偿值，然后修正新节段数据，从而获得梁体的正确线型。钢筋骨架在胎膜上绑扎后吊入台座。这种施工方式提高了台座的生产率。1998 年竣工的孟加拉国贾木纳大桥施工中采取短线法预制桥梁节段，并用蒸养的方式来养护，极大地缩短了制梁周期。2000 年建成的泰国曼谷 Bang Na 高速公路高架桥，全线长 55 km，耗资 10 亿美元，平均跨度 42 m，整个工程预制节段 39 570 个，均采用体外预应力、干接缝、逐跨拼接技术；工程量非常艰巨，但整个工程工期耗时仅 26 个月。Bang Na 高架桥不仅是世界上最长的桥梁，而且也是最大规模采用预制逐跨拼装施工技术的桥梁。

香港自从 1990 年观塘快速路高架桥首次采用预制节段悬臂施工法之后，后续 10 多座桥均采用该法施工。机场铁路青衣海峡大桥、西铁高架桥和东铁高架桥等均采用预制节段拼装施工法。青衣北沿海道和马鞍山 T7 道采用了体外预应力逐跨拼装技术，有效解决了地形崎岖的难题，大大缩短了工期。

我国于 20 世纪 60 年代才开始研究、应用预制节段拼装预应力混凝土桥梁。于 20 世纪 60 年代建成通车的成昆铁路旧庄河一号桥采用节段预制、悬臂拼装施工法；孙水河 4 号桥等采用节段预制、逐跨拼装施工法。1997 年建成的湘江铁路大桥是我国首次采用专用移动式拼装支架进行节段悬臂拼装施工。2001 年，建成通车的嘉浏高速公路新刘河大桥是国内首次采用特制进行节段拼装施工，并采取部分体外预应力方式。2003 年 9 月完工的上海沪闵二期高架道路工程，全长 5.4 km，采用短线法生产宽节段，这在国内为首次。同时该工程中引进 1800T 型架梁设备，在国内首次对节段拼装预应力混凝土连续弧形箱梁进行试验研究，体现了我国高架道路工程设计及施工技术的进步和发展，并为后续工程采用预制装配提供了工程借鉴和技术支持。在沪闵二期高架道路工程的基础上，2006 年 12 月建成通车的广州轨道交通四号线借鉴国外施工技术，推陈出新，使梁段工厂化生产和节段现场装配技术提高到一个新的水平。2008 年建成通车的苏通大桥是当时我国建桥史上工程规模最大、综合建设条件最复杂的特大型桥梁工程，采用箱梁节段短线匹配预制和悬臂拼装法施工。短线匹配预制和悬拼技术的成功应用，充分体现了施工作业工厂化、模块化、机械化和线型控制计算机程序化的独特优点，具有很强的推广应用价值。

总的来说，国内桥梁建设中，预制节段拼装标准段的设计、施工水平已和国际同步，较多运用在公路及海上桥梁。而城市高架受地面建筑等因素影响线形一般较为复杂，且上下匝道设置较为密集，存在较多的异形变宽段，在异形变宽段桥梁上运用箱梁纵桥向节段预制装配的案例较少。

6.1.2 异形段节段拼装方案研究

根据虹梅南路高架工程特点并借鉴相关工程实例，对异形段的预制装配提出三个比选结构设计方案：预制拼宽方案、现浇拼宽方案和变宽大箱梁方案。

6.1.2.1 预制拼宽方案

在高架主线进入匝道以前，由于行车的需要，道路要在主线车道外再多设置 1～2 个加速或者减速车道，以满足合流或者分流的需求。结构上传统的做法是在该位置设置一整体异形箱梁，以满足变宽的需要。图 6.1 为城市高架上一个典型的匝道平面，以上匝道为例，在过渡段 1，车流由两个车道汇合成一个车道，变宽部分宽度由 10 m 变化到 3.5 m；在加速段，为加速车道，基本上维持一个车道，变宽部分宽度维持在 3.5 m；在过渡段 2，车流由一个车道汇进主线，变宽部分宽度从 3.5 m 变化到 0。

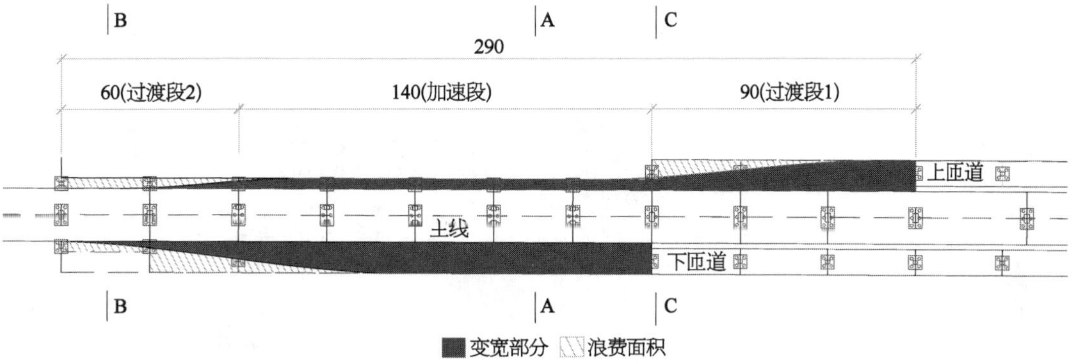

图 6.1　异形段平面图(单位：m)

预制拼宽方案的做法是把异形箱梁在断面上分为三幅预制箱梁,维持主线断面不变,两侧加宽部分采用等宽的预制小箱梁或者匝道梁,并在三幅箱梁接缝位置设置湿接头。其中,加宽部分大于 3.5 m 的采用大型单箱室匝道梁拼接,小于 3.5 m 的采用标准 30 m 跨径预制小箱梁拼接(见图 6.2)。

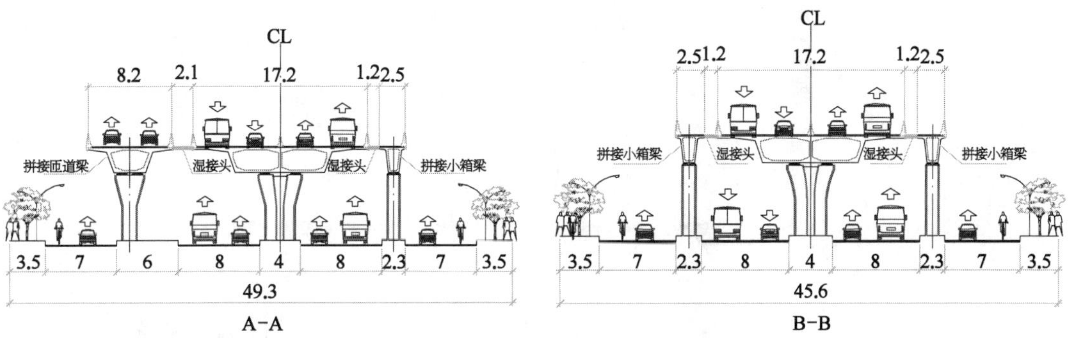

图 6.2　异形段横断面图

对于预制拼宽方案,主线及匝道梁拼接部分都为等截面,可以采用短线法预制,并用架桥机进行装配施工。标准小箱梁拼接部分可以用履带吊安装。但是预制拼宽存在一定的面积浪费,并且加宽部分外观存在突变。另外,在设置横向湿接头后,主线的挑臂受力体系发生变化,由悬臂体系转化成为连续体系,并且跨度比较大。

由于横断面上存在三幅箱梁,桥墩的布置需与主梁结构布置相适应。除了图 6.2 所示布墩方式外,根据地面道路布置和净空要求,还可以有分离式门架墩和结合式门架墩两种布墩方式(见图 6.3)。

若拼接梁下面道路没有合适的立墩空间,就必须采用门架。分离式门架墩的门架横梁设在梁底,主线和拼接梁通过支座搁置在横梁上。设置分离门架的主线和拼接部分的施工方法完全一致,都非常便利,门架可以预制或者现场浇筑,而且设置分离门架对控制主线和拼接梁不均匀沉降也是非常有利的。所以,对于采用预制节段装配施工,简支变连续体系的桥梁而言,采用分离门架是一种比较常见的做法,如图 6.4 所表示的泰国 Bang Na 高架和印度德里地铁高架。当然,采用分离式门架增加了桥梁结构的高度,并且桥梁景观不佳。

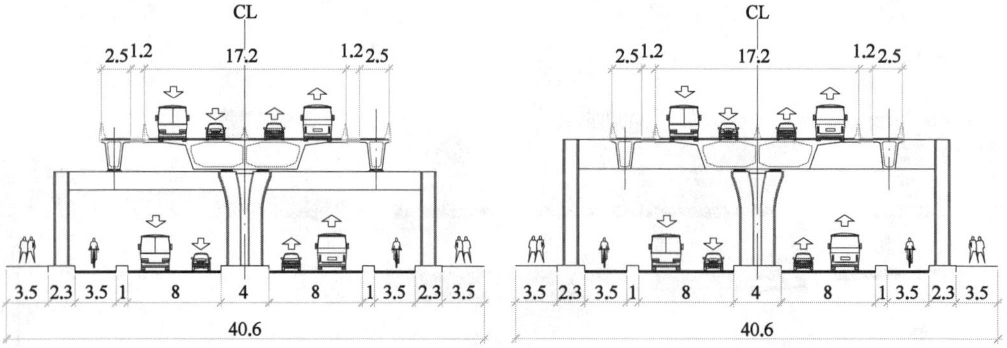

(a) 分离式门架墩

(b) 结合式门架墩

图 6.3　门架墩(单位：m)

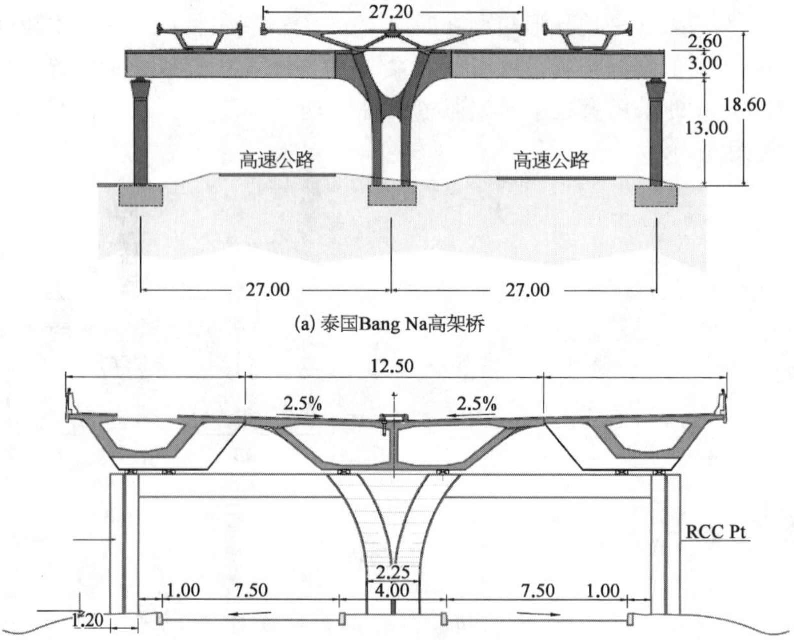

(a) 泰国Bang Na高架桥

(b) 印度德里地铁高架桥

图 6.4　分离式门架墩实例(单位：m)

图 6.5　结合式门架墩

当拼接梁下面道路没有合适的立墩空间且对景观或者净空有较高的要求时，可以采用结合式门架(见图 6.5)。结合式门架横梁和主梁做成一体，类似于普通现浇变宽段的做法。结合式门架施工时，门架横梁须先做，门架可以预制或者现场浇筑。且制作门架时横梁侧面必须带出一小段主梁，通过湿接缝与其他梁段拼接。图 6.5 所示为中国香港某节段预制装配高架结合式门架的设置方法。相比于分离式门架设置，结合式门架具有美观与结构高度低的优点，但是受力体系与施工要稍复杂。

6.1.2.2 现浇拼宽方案

现浇拼宽方案把异形箱梁在断面上分为三幅桥，主线断面采用预制箱梁，两侧加宽部分采用现浇异形箱梁，主线断面箱体部分维持不变，但把挑臂适当做短，以保证拼接的异形箱梁构造最小尺寸，并同时减小湿接缝位置桥面板的跨度。相比于预制拼宽，现浇拼宽不存在面积浪费，外边线上可以做得与道路线型完全一致，且桥面板湿接缝位置的跨度小，不需要配置预应力，构造上处理比较简单。异形拼接最大的问题是现场浇筑的面积较多，就虹梅南路高架而言，现浇面积可占到变宽段的一半(见图 6.6 及图 6.7)。

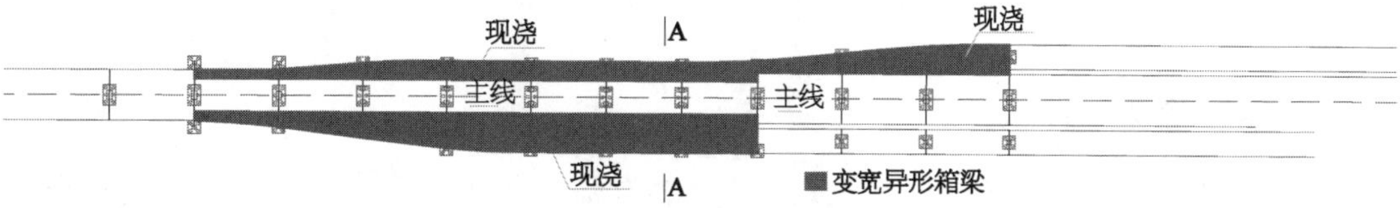

图 6.6 异形拼接平面

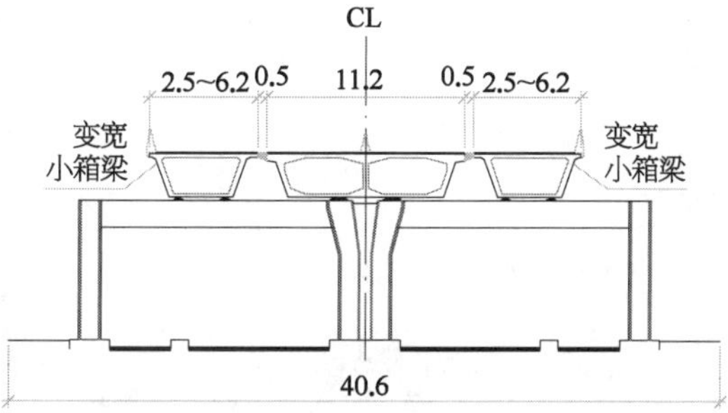

图 6.7 现浇拼宽断面(单位：m)

6.1.2.3 预制变宽大箱梁方案

本方案将异形段做成整体式变宽大箱梁，采用长线法在场地上预制好，运到现场装配(见图 6.8、图 6.9)。变宽大箱梁不仅需要纵向分段，而且需要横向分段，以满足节段运输最大长度的限制。施工的时候，桥梁沿横向分为两幅桥，分别单独拼接成桥，再浇筑横向湿接缝，随后张拉横向预应力。由于横向两幅桥的中心和桥墩中心不在同一条线上，所以一个架桥机无法满足装配要求，需要设置临时支架或者配置两台架桥机。本方案的优点是无现场浇筑工作，缺点是变宽节段预制需要多套模板，施工工序复杂，且需要现场搭设临时支架。

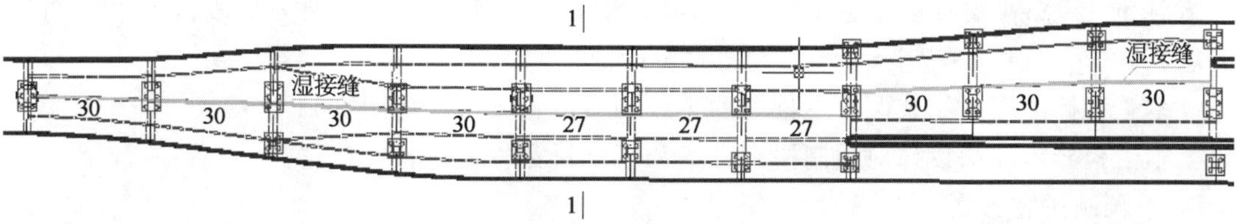

图 6.8 变宽大箱梁方案平面

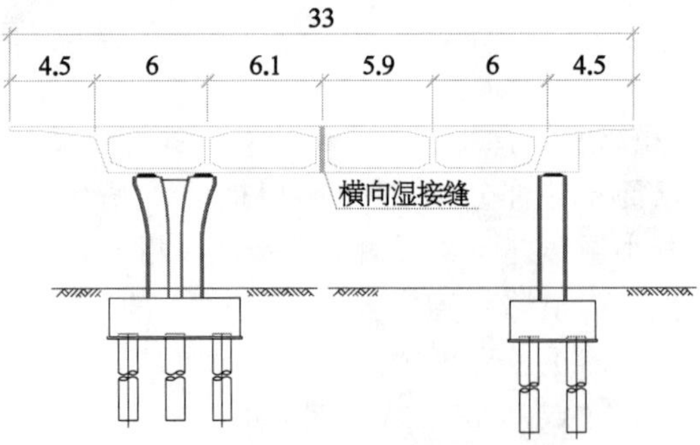

图 6.9　变宽大箱梁方案断面(单位：m)

6.1.2.4　各方案比较

各方案优缺点比较见表 6.1。3 个设计方案各有优缺点，应根据工程具体情况选择合适的方案。

表 6.1　异形段节段拼装各方案比较

参　　数	预制拼宽方案	现浇拼宽方案	预制变宽大箱梁方案
外观	一般 (外轮廓不太流畅)	较好 (外轮廓流畅)	较好 (外轮廓流畅)
施工便利性	非常便利 (基本可以实现无支架施工)	较便利 (一半的面积要搭设支架)	不便利 (异形箱梁，预制麻烦；箱梁横向分段，现场需设临时墩)
经济性	经济 (变宽段可完全实现节段预制装配施工)	比较经济 (变宽段可部分实现节段预制装配施工)	不经济 (长线法预制需要的模板多，场地大，现场施工临时措施多)
环保性	环保 (基本无支架，现场无浇筑工作)	比较环保 (现场需搭设一定量的支架，有一部分浇筑工作)	比较环保 (现场需搭设临时墩，需浇筑湿纵向接缝)
设计及技术复杂度	较简单 (拼接梁为标准箱梁，种类少，简单)	较简单 (拼接变宽段梁的种类较多)	复杂 (主线变宽段梁的种类多，纵、横向都设缝，构造复杂)

6.1.3　高架异形段节段拼装设计实例

虹梅南路-金海路通道工程(虹梅南路段)从中环线立交北侧，经淀浦河、外环线、银都路、S32 高速公路，南至永德路北侧高架接地点，桩号范围为 K0 - 403～K10＋490，全长 10.89 km。主路高架标准桥宽 17.5 m，沿线设有 5 对上下匝道。高架异形段典型平面布置如图 6.10 所示。本工程中，异形段约占总桥面面积的 30％。

本工程标准段预制装配方案推荐的主线和匝道箱梁断面如图 6.11 所示。

本工程异形段的设计对预制拼宽方案和现浇拼宽方案进行了比选。

1) 预制拼宽方案

将异形段横向划分为主线标准箱梁加上两侧加宽部分，两侧加宽部分根据变宽需要拼

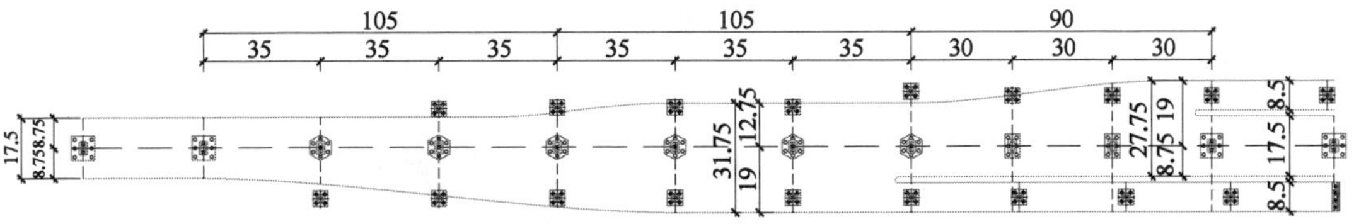

图 6.10　高架异形段典型平面布置图(单位：m)

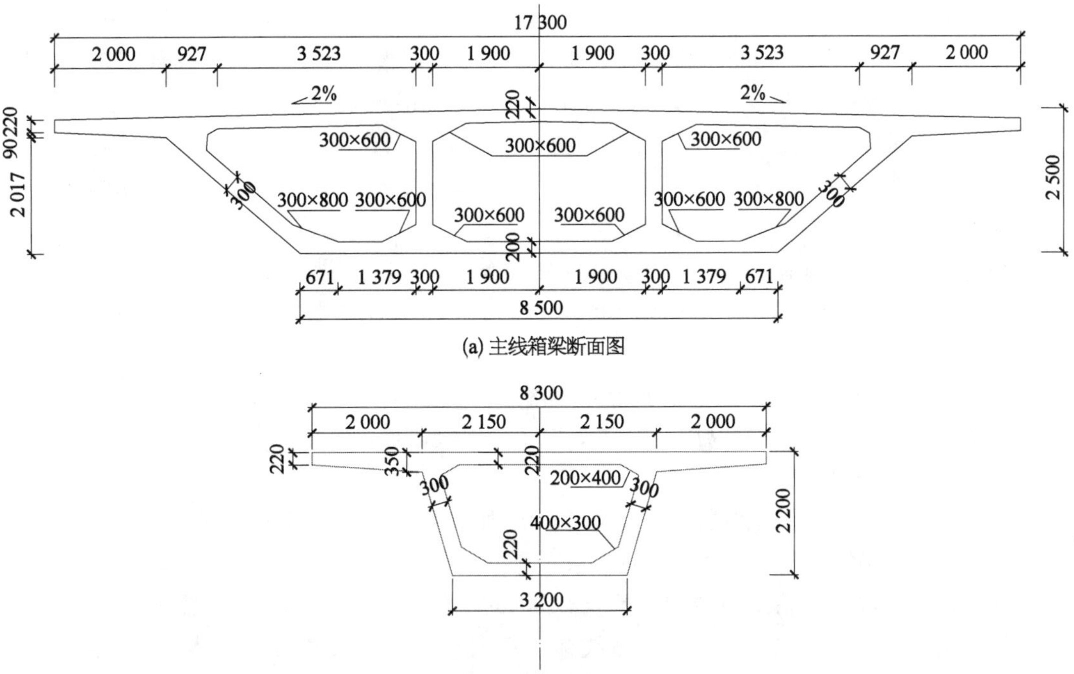

(a) 主线箱梁断面图

(b) 匝道箱梁断面图

图 6.11　背景工程标准箱梁横断面

接 3.55 m 宽或 9.8 m 宽的箱梁。主线标准箱梁采用与标准段相同的预制节段拼装方法施工。9.8 m 宽拼接箱梁也采用预制节段拼装方法施工，可利用匝道架桥机，但架设时箱梁中心线与桥墩中心线存在一定的偏心，施工中需采取必要的措施。3.55 m 拼宽箱梁单跨重量约 180 t，可采用整孔预制、整孔吊装的方法施工，局部需设临时墩。主线标准箱梁和两侧加宽箱梁均为先简支后连续结构，各自形成体系后，现浇桥面纵向接缝和墩顶横梁连接段，连成 体。全预制方案异形段呈阶梯式变宽，将道路边线包络在桥梁平面范围内，桥面面积有小部分空置。示意图如图 6.12 及图 6.13 所示。

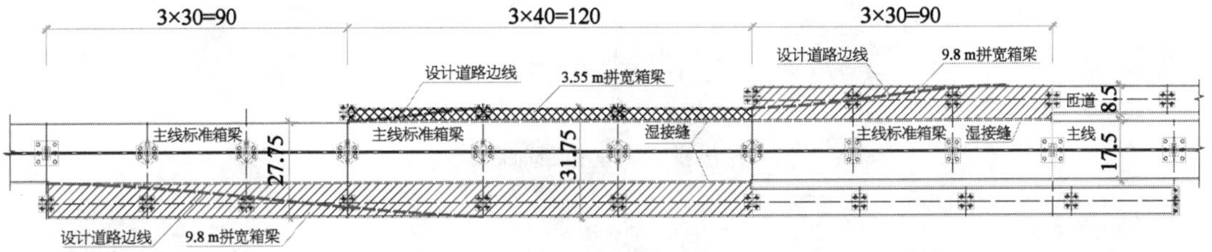

图 6.12　预制拼宽方案平面图(单位：m)

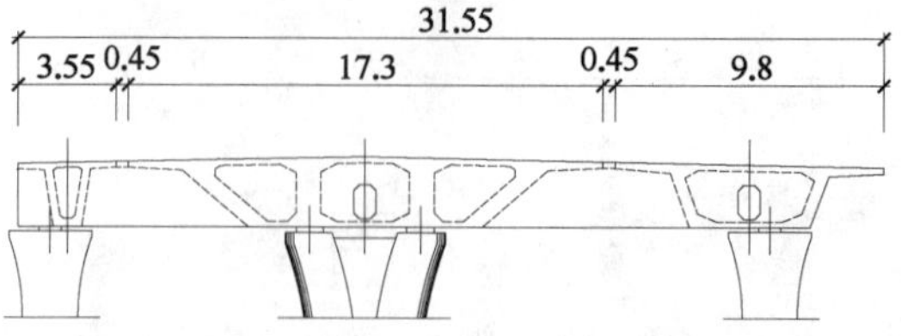

图 6.13　预制拼宽方案横断面图(单位：m)

中箱梁采用主线标准梁段，标准节段长度为 3 m，单箱三室截面，梁高 2.5 m，宽度 17.3 m，其中单侧挑臂宽 2 m，顶板设置双向 2%横坡。顶板厚 220 mm，底板厚 200 mm，跨中腹板厚 300 mm，在接近支点附近有 400 mm 和 600 mm 两种厚度变化。

边箱梁标准节段长度为 3 m，单箱单室截面，梁高 2.22 m，宽度 9.8 m，其中单侧挑臂宽 2 m，顶板设置单向 2%横坡。顶板厚 220 mm，底板厚 200 mm，跨中腹板厚 300 mm，在接近支点附近腹板加厚至 450 mm。

小箱梁为单箱单室截面，梁高 2.28 m，宽度 3.55 m，顶板设置单向 2%横坡。顶板厚 180 mm，底板厚 200 mm，跨中腹板厚 190 mm，在接近支点附近腹板加厚至 300 mm。

桥梁结构为预应力混凝土结构，边箱梁、中箱梁采用体内外混合预应力配束，小箱梁仅配置体内腹板束和顶板束。主线标准箱梁和两侧加宽箱梁均为先简支后连续结构，各自独立架设形成体系后，现浇桥面纵向接缝和墩顶横梁连接段连成一体。

2）现浇拼宽方案

将异形段横向划分为主线标准箱梁加上两侧加宽部分。主线标准箱梁采用与标准段相同的预制节段拼装方法施工，两侧加宽部分拼接现浇变宽箱梁，使桥梁边线与道路边线一致。为了便于现浇拼宽箱梁的结构布置，异形段的主线标准箱梁部分区段需取消桥面板挑臂。拼宽箱梁采用支架法现浇施工。主线标准箱梁与拼宽箱梁各自形成体系后，再浇筑桥面纵向接缝和墩顶横梁连接段，连成一体。示意图如图 6.14 及图 6.15 所示。

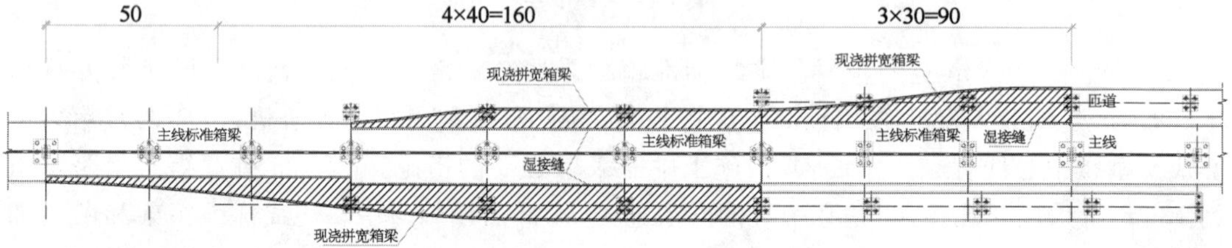

图 6.14　现浇拼宽方案平面图(单位：m)

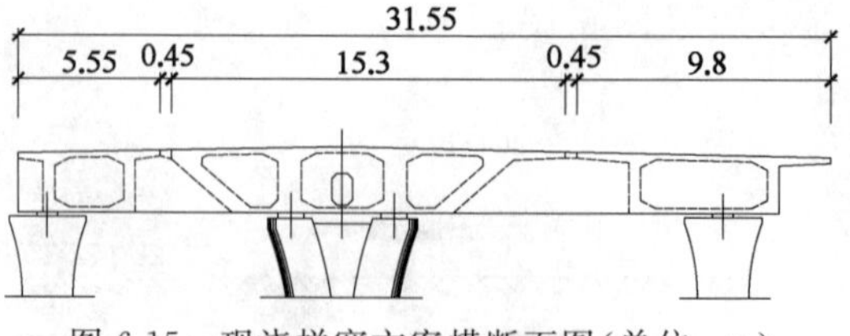

图 6.15　现浇拼宽方案横断面图(单位：m)

3）方案比较

预制拼宽方案和现浇拼宽方案在结构上都可行。预制拼宽方案受力体系明确，构造简单，但桥面阶梯式变宽对景观稍有影响；现浇拼宽方案中变宽箱梁在一联内宽度变化较大，构造较复杂。预制拼宽方案梁体均为预制施工，现场支架及现浇工程量很少，施工速度较快；现浇拼宽方案需搭设支架现浇拼宽箱梁，现浇工程量大，现场支架多，施工周期较长。根据虹梅南路高架的具体情况，经综合比较，最终选择采用预制拼宽方案。

6.2 防撞墙预制装配技术

桥梁防撞墙作为桥面重要的交通安全设施，在以往的建设过程中基本采取现场浇筑的方式，由于其外形构造复杂，浇筑空间不足，且高空临边作业多，往往容易出现线型不连续和保护层厚度不足、露筋、碳化等质量问题，施工过程中对下交叉的空间形成一定的安全隐患。在上海这种交通繁忙的大都市环境中建设桥梁，面临降低对周围交通和环境干扰，快速高效和高质量完成桥梁建造的迫切需求，就要求桥梁建设积极引进新技术及新工艺，开展包括防撞墙等附属结构在内的全预制装配桥梁技术研究，从而达到更高效、安全地完成桥梁建设。以 S6 新建公路高架工程为背景，为高效、低碳、环保地建造该桥，确定采用预制防撞墙代替现浇防撞墙。为了确保预制防撞墙满足实际桥梁所需的防撞能力，有必要对其进行相关的试验研究。为此，采用静力试验对该工程预制防撞墙的防撞性能进行研究，校核其防撞能力，探讨其破坏模式和机理，以便为实际桥梁结构的防撞墙(护栏)设计提供依据。

6.2.1 预制防撞墙设计方案

6.2.1.1 采用规范

(1)《工程结构可靠性设计统一标准》(GB 50153—2008)。
(2)《公路工程技术标准》(JTG B01—2014)。
(3)《公路桥涵设计通用规范》(JTG D60—2015)。
(4)《公路钢筋混凝土及预应力混凝土桥涵设计规范》(JTG D62—2018)。
(5)《公路工程混凝土结构防腐蚀技术规范》(JTG/T B07-01—2019)。
(6)《公路交通安全设施设计规范》(JTG D81—2017)。
(7)《公路交通安全设施设计细则》(JTG/T D81—2017)。
(8)《混凝土结构加固技术规范》(GB 50367—2006)。
(9)《钢结构设计规范》(GB 50017—2017)。
(10)《公路桥梁加固施工技术规范》(JTG/T J23—2008)。
(11)《公路交通安全设施施工技术规范》(JTG F71—2006)。
(12)《道桥用防水涂料》(JC/T 975—2005)。

6.2.1.2 主要技术标准

(1) 结构设计基准期：100 年。

（2）结构设计安全等级：三级。

（3）耐久性环境类别：Ⅰ类。

（4）设计荷载：

① 防撞等级：Sa 级。

② 声屏障荷载：按 4.5 kN/m^2，高度按 3.6 m。

③ 考虑防撞墙交通标志基础竖向力：80 kN。

（5）主要材料：

① 混凝土的强度等级 C40。

② 锚栓采用 8.8 级合金钢材料，材料性能应满足《混凝土结构加固技术规范》(GB 50367—2006)中的要求(见表 6.2)。

表 6.2　合金钢锚栓的钢材抗拉性能指标

性能等级		8.8
锚栓钢材性能指标	抗拉强度标准值 f_{uk}/MPa	800
	屈服强度标准值 f_{yk}/MPa	640
	伸长值 δ/mm	12

③ 普通钢筋采用 R235(GB 1499.1—2008)和 HRB335 钢筋(GB 1499.2—2008)；钢板采用 Q235B(GB/T 700—2006)。

④ 砂浆强度等级为 M10。压浆强度等级不小于 C40。

6.2.1.3　设计要点及主要数据

1）荷载计算取值

（1）钢筋混凝土重力密度：26 kN/m^3。

（2）汽车水平荷载：按 86 kN/m，作用长度为 5 m。

（3）外荷载：声屏障荷载高度按 3.6 m 计算，交通工程基础竖向最大荷载为 80 kN。

2）断面及构造

（1）按照《公路交通安全设施设计细则》(JTG/T D81—2006)要求确定内侧尺寸，高度为 1 m。

（2）连接构造。与主梁连接采用合金钢锚栓。纵向连接采用弯螺栓进行连接。

（3）接缝连接构造。与主梁连接采用高强砂浆。纵向接缝用发泡橡胶填充，并在外部用聚氨酯嵌缝胶进行封闭。

（4）典型节段如图 6.16 所示。

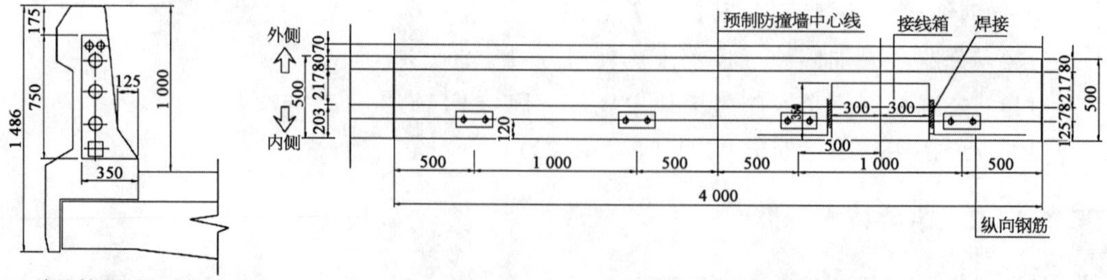

(a) 接线箱外形构造图　　(b) 标准节段，接线箱处平面图

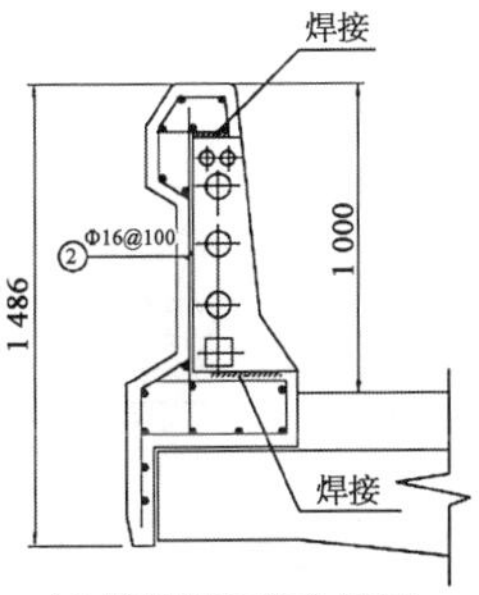

(c) 接线箱钢筋构造图

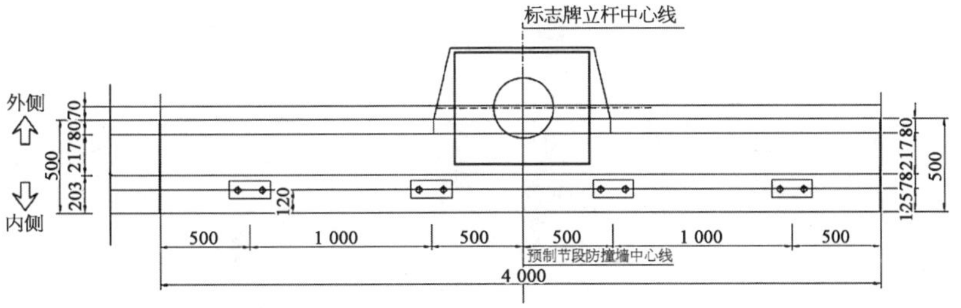

(d) 标准节段，标志杆基础处平面图

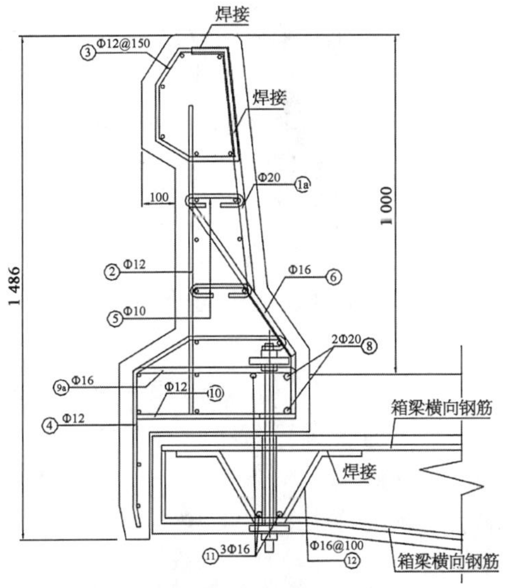

(e) 锚栓处外形尺寸图

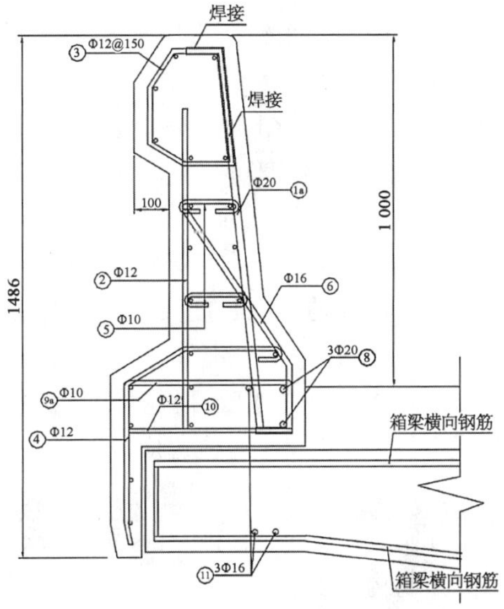

(f) 标准处外形尺寸图

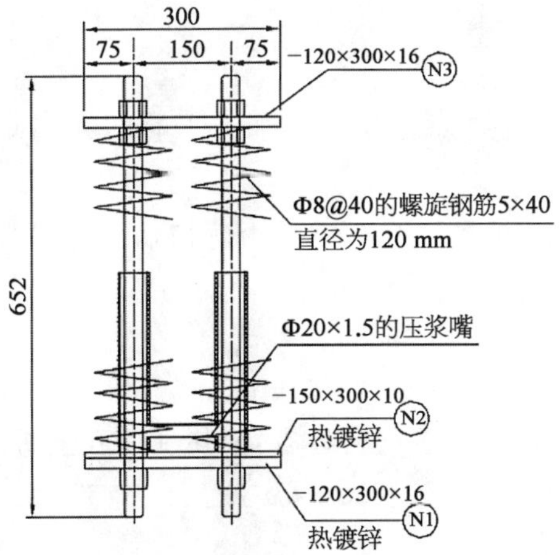

(g) 大样A立面图

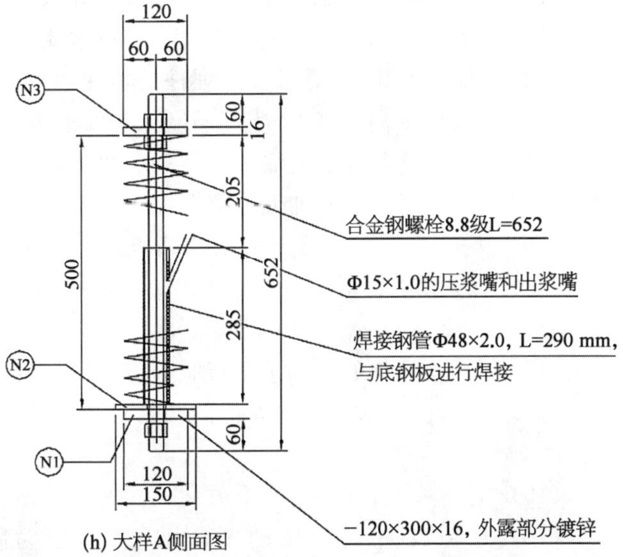

(h) 大样A侧面图

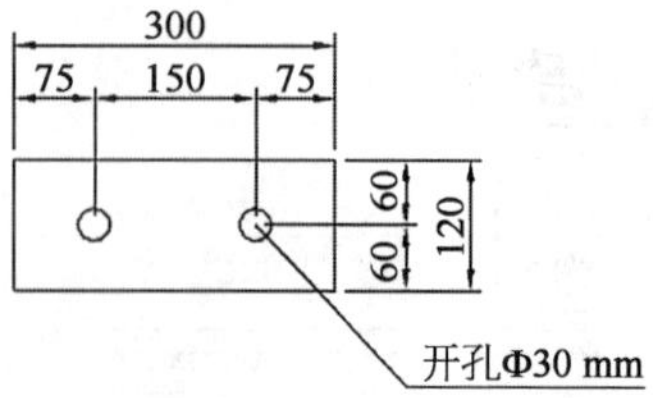

(i) N1、N3平面图

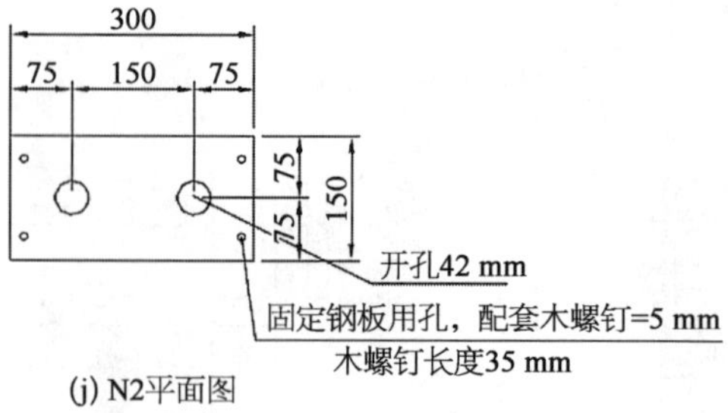

(j) N2平面图

图 6.16 预制装配防撞墙设计图

6.2.1.4 施工要求

(1) 预制构件宜采钢模板以提高外观质量；普通钢筋的净保护层厚度内侧钢筋净保护为 40 mm，其余保护层为 25 mm。

(2) 预制构件混凝土的强度达到 100%强度设计值后，方可移动、运输、吊装。吊点构造及存放指点位置，承包商可根据实际施工情况进行确定并报设计认可。

(3) 现场预留锚栓孔的位置必须与预制构件匹配，并准确定位，误差控制在 5 mm 以内。锚栓张拉完毕后，应立即进行压浆。压浆应饱满且工艺应符合相应技术标准要求。

(4) 预制构件的标准长度为 4 m。根据现场梁长的分布可以做适当的调整，调整预制结构的长度范围为 3.8～4.5 m。

(5) 预制构件分缝宽度可根据现场的施工精度进行调整，采用 10～15 mm。梁的墩顶处必须设缝，在伸缩缝处的缝宽应同结构的分缝宽度，并且分缝应与水平面垂直。

(6) 预制构件与主梁的接合处，必须拉毛处理并保持平整。

(7) 预制构件尺寸、钢筋位置、预埋合金钢锚栓及体内管线的位置，必须准确。

(8) 预制构件安装后，锚栓必须拧紧，每个锚栓的预紧力不小于 5 kN。

(9) 外露钢构件及螺杆、垫圈、螺母外露部分均采用热镀锌处理，镀层平均厚度不小于 80 μm。

(10) 预制构件和主梁的结合面处应设置防水层。防水层的技术指标应满足《城市高架桥梁桥面防水工程技术规程》中的一类防水技术要求。

(11) 预制防撞墙中各种预埋管线材料技术要求与现浇防撞墙中管线技术要求相同。

(12) 施工过程中，注意各种预埋件的预埋。

(13) 防撞墙纵向接缝处，应塞满嵌橡胶发泡板。

(14) 先计算出每孔防撞墙中心线的长度，根据中心线长度进行等分调节，每 4 m 一块进行分配，剩余长度用非标准块进行调节。

(15) 放样时，根据计算出来的特征点值进行放样，并在翼板上放样出防撞墙外边线。待混凝土浇筑完成后，再放样防撞墙内边线，并对外边线进行复核。

(16) 每 12 m 设置 1 个特征点。

(17) 梁内预埋件的定位采用特制的定位尺，定位尺的加工误差为 1 mm。

(18) 安装前，先对所有预埋件的预留孔的平面位置及孔道进行检查，对堵孔的孔道进行清理。

(19) 按从一个方向往另一个方向依次安装。

(20) 安装过程中，应对好防撞墙内边线，保证防撞墙线型流程，相邻防撞墙的错台控制在±2 mm。

6.2.2 预制防撞墙静力试验

6.2.2.1 试件目的

本试件设计由设计院设计，并依据试验加载条件对加载部位进行了局部适当调整，试验模型设计以实际工程防撞墙为原型，进行预制防撞墙和传统现浇防撞墙静力加载试验研究，研究预制防撞墙的损伤、防撞力及最终破坏模式，并与传统现浇防撞墙的力学行为和防撞墙进行比较。具体试验研究目的如下：

(1) 比较传统防撞墙和预制防撞墙的破坏模式和最终防撞能力等。

(2) 通过不同加载方式预制防撞墙试验，深入了解和掌握对应于不同加载方式防撞墙的破坏机理、破坏模式和损伤部位及损伤程度的分布情况等。

(3) 通过试验研究结果分析破坏模式及原因，为设计提供更加合理、经济、有效的构造细节建议，以改善预制防撞墙的力学性能。

6.2.2.2 试件方案设计和试验内容

拟定开展4个试件的试验研究，其中2个为现浇防撞墙，另2个为预制防撞墙。试件模型如图6.17和图6.18所示，4个试件长度均为4 m，下面给予分别说明：

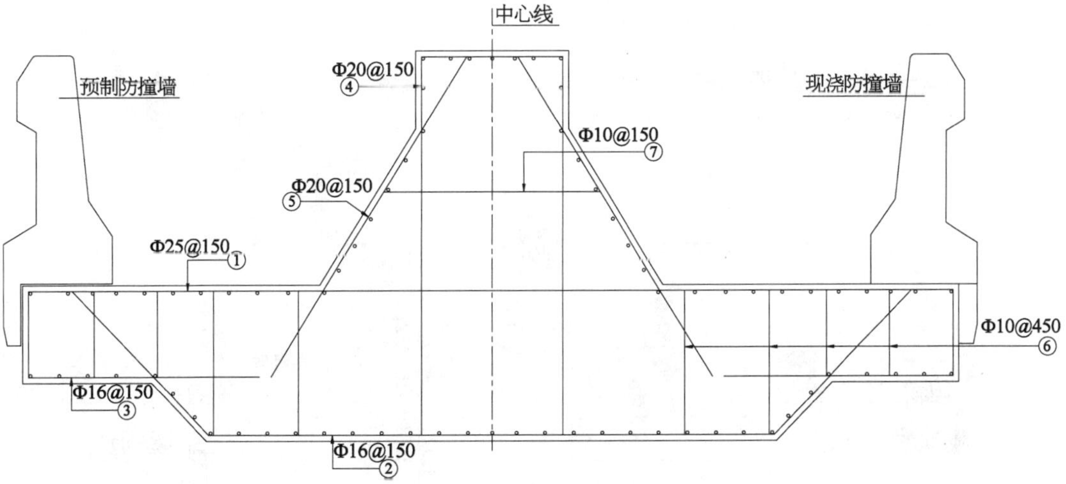

图6.17 试件模型图(钢筋图)

试件1和试件2：传统现浇防撞墙和预制防撞墙对称均布加载试验，用于探讨两类防撞墙在均布加载条件下的损伤部位、破坏机理和防撞能力等方面的差异。

试件3和试件4：传统现浇防撞墙和预制防撞墙偏载加载试验，用于探讨两类防撞墙在偏载加载条件下的损伤部位、破坏机理和防撞力等方面的差异。

6.2.2.3 试验加载工况

千斤顶顶紧防撞墙，之后逐渐加大顶推力向外侧推，直至防撞墙分级加载至严重破坏。

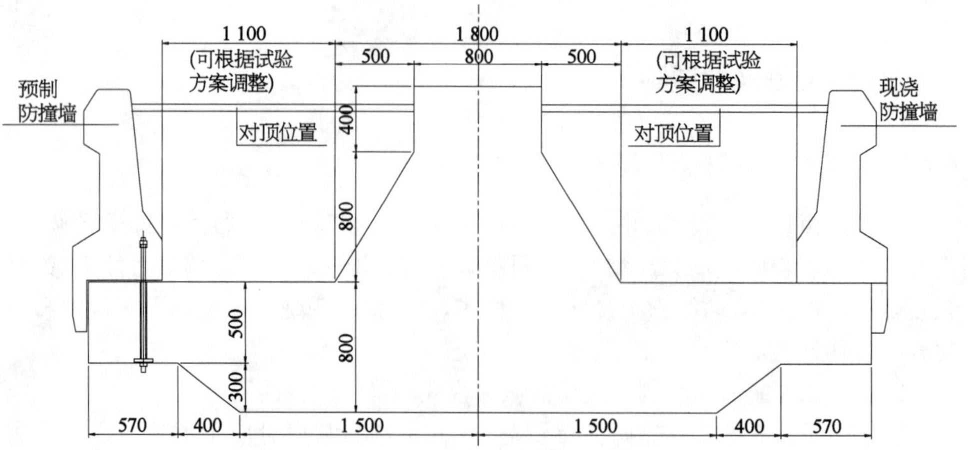

图 6.18　加载位置示意图

其间要保证千斤顶与墙面接触位置不发生局部受压破坏。加载点根据试件不同,加载位置分别为作用于一片预制防撞墙中心位置(集中加载,至设计荷载 43 t),随后单点偏载加载,直至防撞墙严重破坏。另一种加载方式是采用四点加载(模拟均布加载),四点均布加载直至破坏(见图 6.19 和图 6.20)。

加载方式的分级情况如下:

(1) 预压紧至 10 kN。

(2) 加载至规范设计撞击力的 1/4。

(3) 加载至规范设计撞击力的 1/2。

(4) 加载至规范设计撞击力的 3/4。

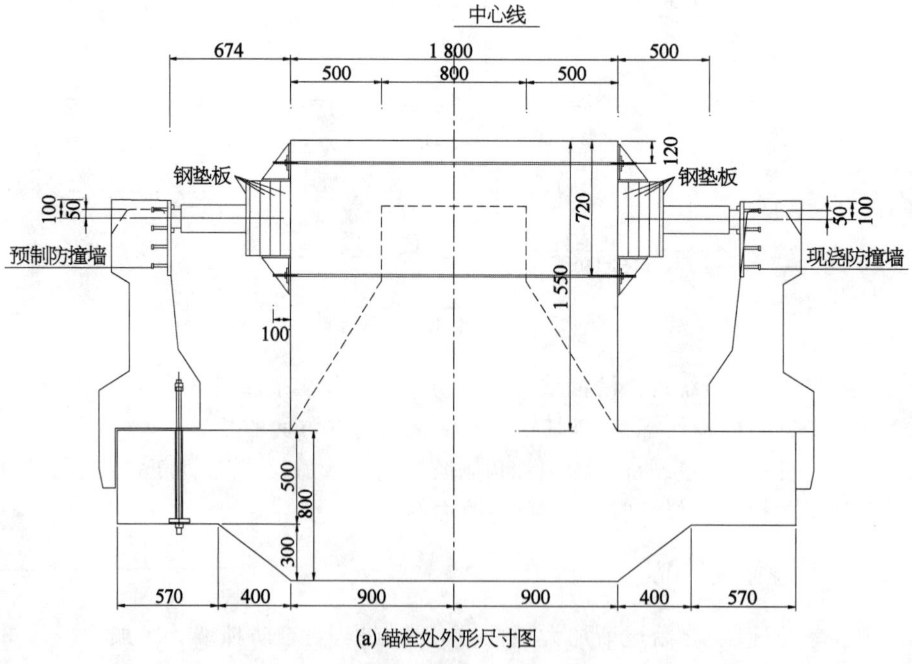

(a) 锚栓处外形尺寸图

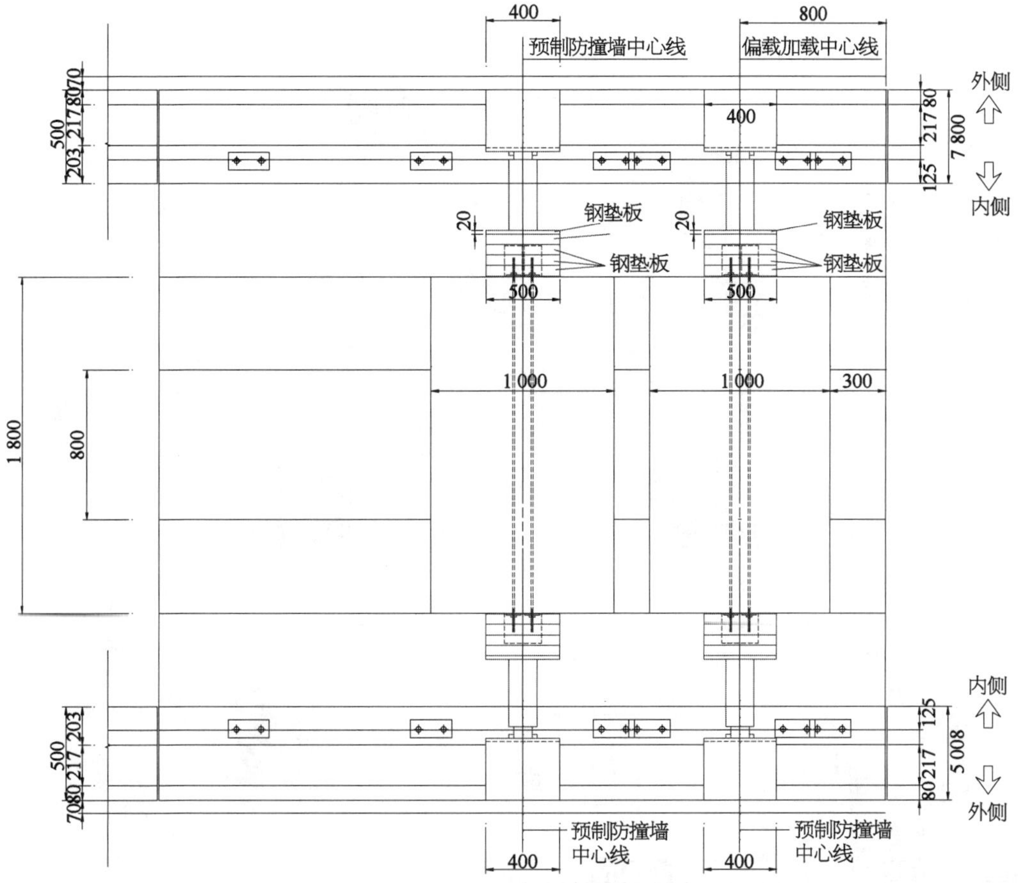

(b) 千斤顶布置平面图

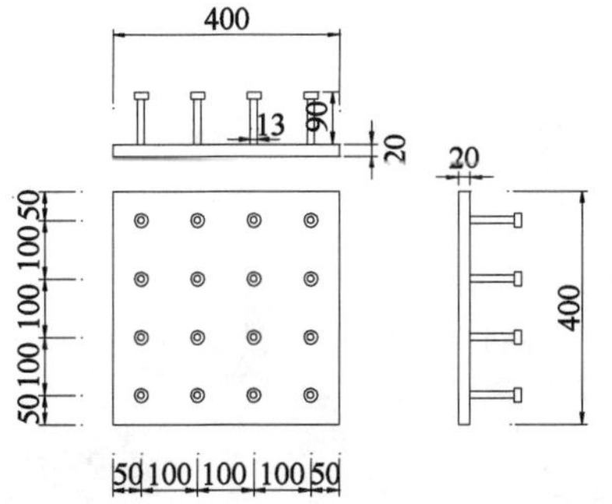

(c) 护栏位置预埋钢板

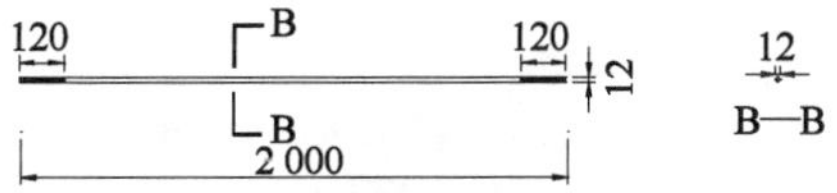

(e) 反力墙预埋螺杆

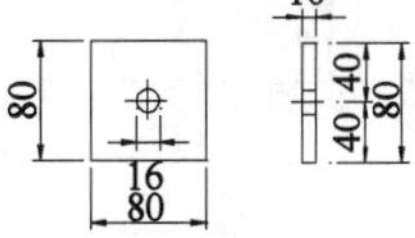

(f) 反力墙预埋螺杆垫板

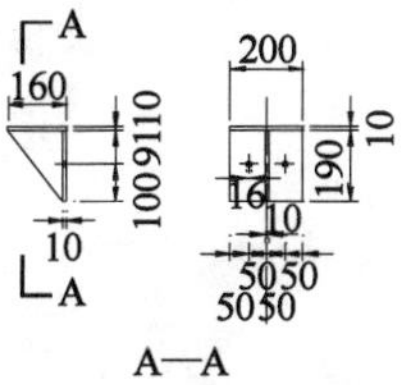

(d) 反力墙支持牛腿

预埋件和加载配件工程数量表

编号	位置和规格	数量
1	防撞墙预埋剪力钉钢板组件	4套
2	反力墙预埋螺杆和配套2个螺母直径12 mm，长度2 m	8套
3	反力墙预埋螺杆垫板	16个
4	反力墙牛腿	4套

图 6.19 加载位置示意图(中心位置和偏载单点集中加载)

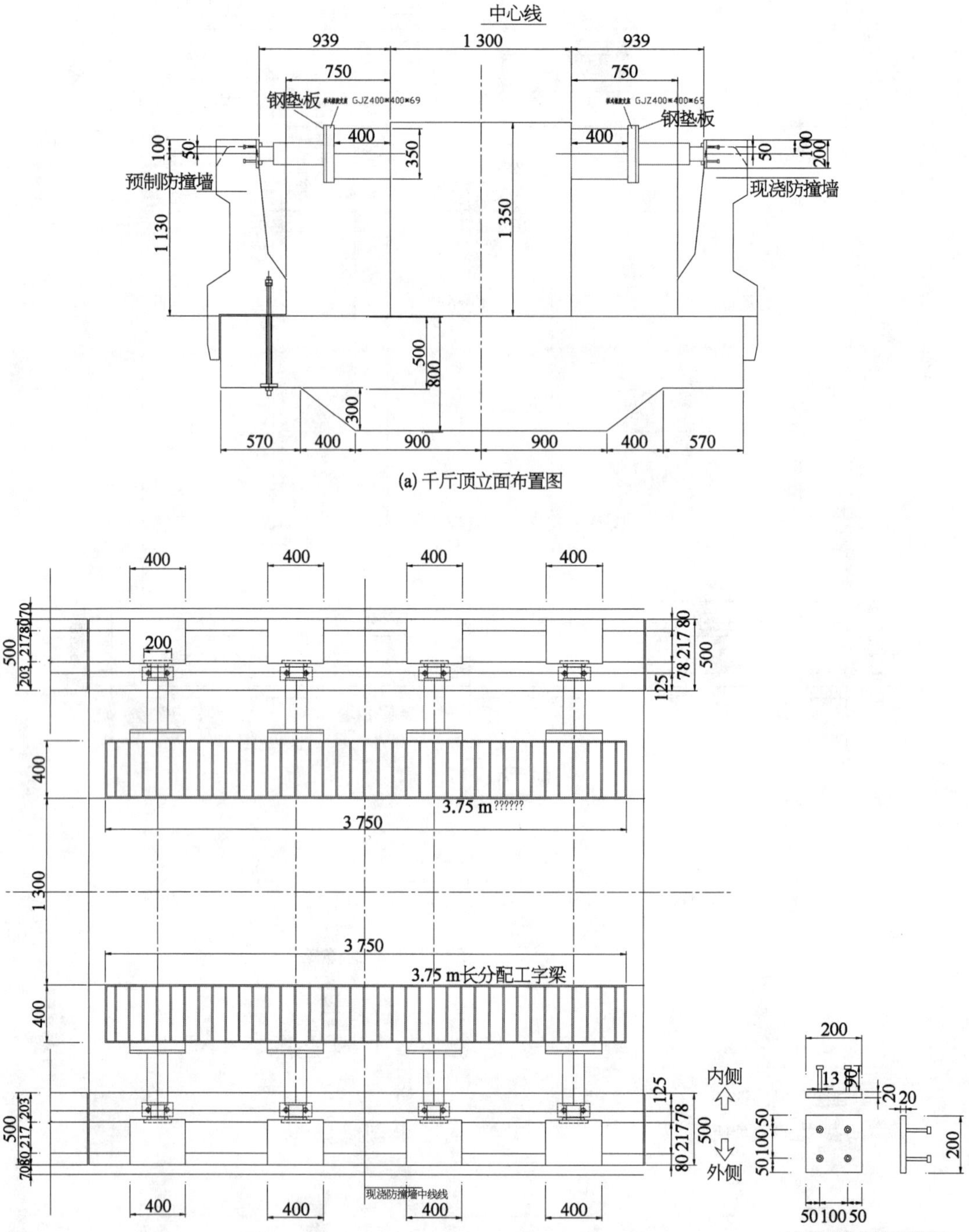

(a) 千斤顶立面布置图

(b) 千斤顶布置平面图

(c) 护栏位置预埋钢板

图 6.20　加载位置示意图——四点加载(模拟均布加载)

(5) 加载至规范设计撞击力。

(6) 加载至规范设计撞击力的 1.5 倍。

(7) 加载至规范设计撞击力的 2 倍。

(8) 加载至规范设计撞击力的 2.5 倍。

(9) 每次累加 0.5 倍的规范设计撞击力,直至破坏。

每级加载后稳定 5 min,记录所有测试数据后继续加载,并全程记载加载的力-位移曲线,直至破坏。破坏情况包括如下 3 种:

(1) 防撞墙墙背侧混凝土受压破碎。

(2) 防撞墙墙前侧连接锚栓受拉断裂或底座破坏。

(3) 千斤顶无法继续施加荷载,但相对位移不断加大。

6.2.2.4 数据采集和测试内容

1) 加载力数据采集

采用测力传感器测试千斤顶施加的荷载值,并确保千斤顶与防撞墙之间可靠接触,且与千斤顶油表读数进行校核。

2) 关键部位应变片布置和数据采集

在预制防撞墙的全部锚栓上布置钢筋应变片,在防撞墙竖向和横向受力主筋上布置钢筋应变片,在竖向上应变片分别设置于防撞墙根部、截面突变部和两者之间部位,在竖向和横向位置交叉的点处布置防撞墙竖向和横向受力主筋上布置钢筋应变片。在防撞墙根部和截面突变处的前后侧混凝土上布置混凝土应变片,采用应变测量系统采集混凝土应变、纵向预应力筋应变和横向钢筋应变的变化规律。注意要对应变进行温度补偿。

3) 位移计布置和数据采集

测试千斤顶作用位置处及关键部位的变形,测试所有钢筋应变测试点附近位置的位移情况,要求两侧防撞墙分别独立进行测试。

6.2.2.5 试件加工制作

四个测试防撞墙试件分别包括 2 个现浇防撞墙和 2 个预制防撞墙。测试试件制作在实际施工现场进行加工制作,其中预制防撞墙在预制构件厂加工制作。在制作过程中,对其受力部位的钢筋布置了应变片,浇筑养护完成后,运到试验现场,安装在加载测试的底座上。现浇防撞墙直接在试验现场的加载底座上搭设支架,绑扎钢筋,现浇、养护而成。在绑扎钢筋过程中,也对受力关键部位的钢筋上布置了应变片。图 6.21～图 6.23 为预制防撞墙和现浇防撞墙的制作过程照片。

图 6.21　试件制作

图 6.22　预制防撞墙安装于试验底座

图 6.23　4 个试验防撞墙养护

6.2.2.6　试件加载损伤破坏现象

在试件达到设计强度后进行试验，试验顺序是现浇防撞墙四点均布加载试验、预制防撞墙四点均布加载试验、现浇防撞墙单点集中加载和预制防撞墙单点集中加载试验。试验加载装置为千斤顶加载，并通过仔细控制实现多个千斤顶同步加载，按照试验加载方案进行加载试验。

图 6.24 和图 6.25 为现浇防撞墙和预制防撞墙在四点均布加载条件下的破坏现象图。比较两图发现，两墙最终破坏均由底座破坏控制，墙身损伤轻微。但具体破坏细节存在一定差异。现浇防撞墙裂缝主要集中在底座，且以水平向和斜向裂缝为主，墙身有轻微裂缝，墙身背面无明显裂缝。而预制防撞墙，底座破坏集中在后侧，以竖向和斜向裂缝破坏为主，墙身前面螺栓锚固位置表明混凝土损伤严重，墙身背部也有裂缝出现。此外，预制防撞墙相对底座发生平动滑移，且装配交接面裂缝出现较早，而现浇防撞墙与底座牢固连接，没有发生相对位移。

图 6.24　现浇防撞墙四点加载破坏现象

图 6.25　预制防撞墙四点加载破坏现象

图 6.26 和图 6.27 为现浇防撞墙和预制防撞墙在单点偏载加载条件下的破坏现象图。比较两图发现，两墙最终破坏均由墙身破坏控制，并伴随底座损伤。但具体破坏细节存在一定差异。现浇防撞墙墙身破坏主要集中在加载点附近，墙身破坏面呈现一个曲线面，底座也发生损伤但相对轻微，裂缝以竖向和水平向为主，伴有斜向裂缝。而预制防撞墙底座损伤严

重，主要以竖向和斜向裂缝为主，底座底面也发生破坏。墙身破坏以一条间于 1＃ 和 2＃ 加载点之间的主斜裂缝为破坏面。锚固螺栓处墙身墙面混凝土表面发生损伤，但底座锚固螺栓处没有明显破坏现象。预制防撞墙墙身与底座之间发生相对位移，且是不对称的。

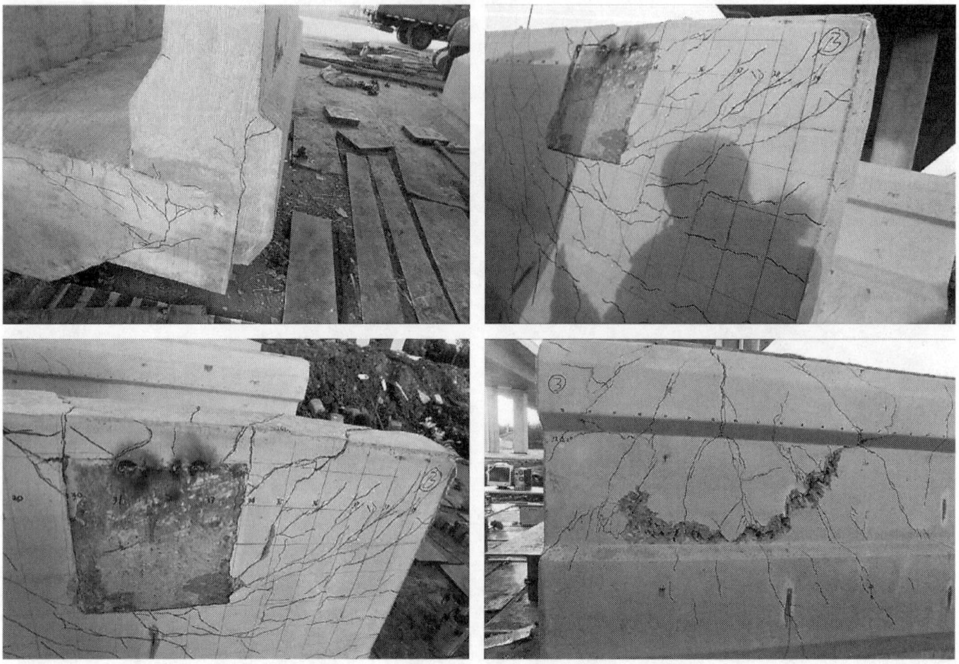

图 6.26　现浇防撞墙单点加载破坏现象

图 6.27　预制防撞墙单点加载破坏现象

6.2.2.7　试验测试结果分析

依据测试内容和测试工况对施工现场完成的 4 个试件静力试验的数据进行处理分析，试验数据处理结果分述如下：

1）力-位移曲线

通过千斤顶逐级增加水平荷载作用于防撞墙，同时采集对应每级荷载下防撞墙加载点处发生的水平位移。表 6.3 给出四点均布加载工况下现浇防撞墙和预制防撞墙的单个千斤顶的力-位移对应数值。

表 6.3　四点均布加载试件力和位移值

加载力/kN	现浇防撞墙位移/mm	预制防撞墙位移/mm
27	0	5.000
54	0.147	9.100
81	0.440	12.70
107	0.586	14.70
161	1.318	19.35
215	6.738	27.70
249.9	10.40	42.00
300	—	42.30
防撞墙最大承受力	999.6 kN	1 236 kN

从表 6.2 中可知，均布加载条件下，现浇防撞墙最大承受水平力为 999.6 kN，预制防撞墙最大承受水平力为 1 236 kN，比现浇防撞墙大。

表 6.4 给出了四点均布加载工况下现浇防撞墙和预制防撞墙的单个千斤顶的力-位移对应数值。

表 6.4　单点加载力和位移

水平力/kN	现浇中心/mm	现浇偏心/mm	预制中心/mm	预制偏心/mm
108	0.146 5	0.356	2.783	5.419
216	0.293	0.694	7.324	11.133
322	0.732 4	1.294	17.138	21.094
430	1.171 9	2.044	30.908	34.131
560		4.519		58.594
最大承受力	—	613.0 kN	—	591.9 kN

2）钢筋应变

试验过程中，对受力关键部位钢筋粘贴了应变片，以测试钢筋的受力特性。试验过程中，发现部分应变片受到损坏，经选择数据合理的应变片数值规律以图形方式给予描述，给出主要受力部位钢筋的应变规律。当破坏严重时，钢筋应变片发生损伤，因此对应最大荷载，有些部位的钢筋应变片无信号。

图 6.28～图 6.30 给出的主要受力部位钢筋的应变规律表明，当破坏严重时，钢筋应变片发生损伤，因此对应最大荷载，有些部位的钢筋应变片无信号。从图中可以看出，墙体前面的钢筋底部受拉，斜筋在变宽段受拉较大。

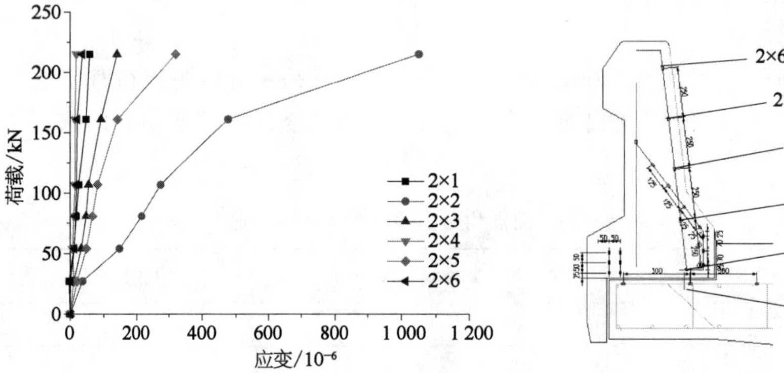

图 6.28　现浇防撞墙四点加载墙体前面竖向钢筋应变

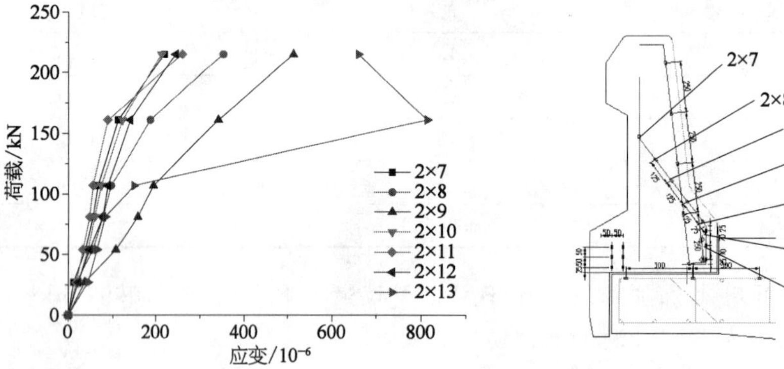

图 6.29　现浇防撞墙四点加载墙体斜筋应变

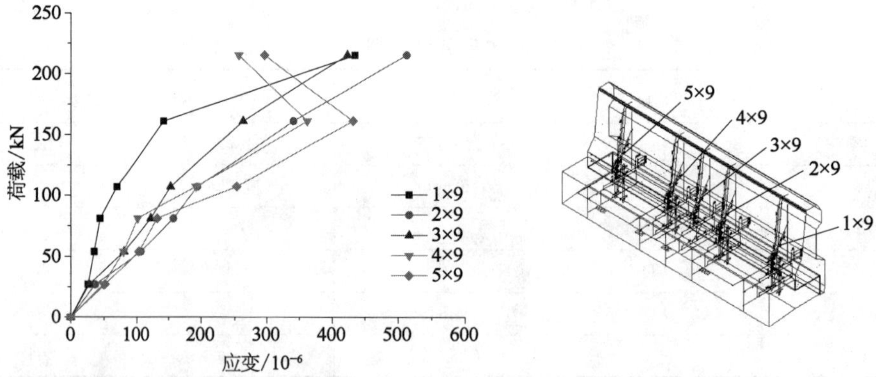

图 6.30　现浇防撞墙四点加载墙体水平向钢筋应变

图 6.31～图 6.34 给出的预制防撞墙四点均布加载下主要受力部位钢筋的应变规律表明：墙体前边竖向筋和斜筋在底部受力较小，而在变宽段处钢筋应变较大，说明受力较大。从中可以看出，墙体前面的钢筋底部受拉，斜筋在变宽段受拉较大。从锚固螺栓的应变看，锚固螺栓已经发挥作用。

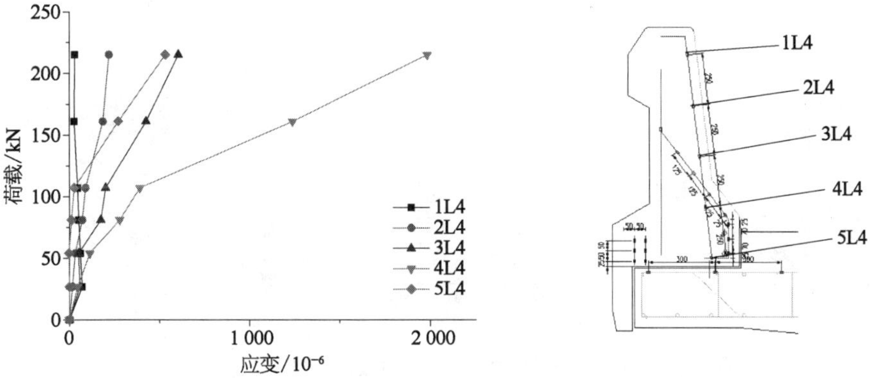

图 6.31　预制防撞墙四点加载墙体前面竖向钢筋应变

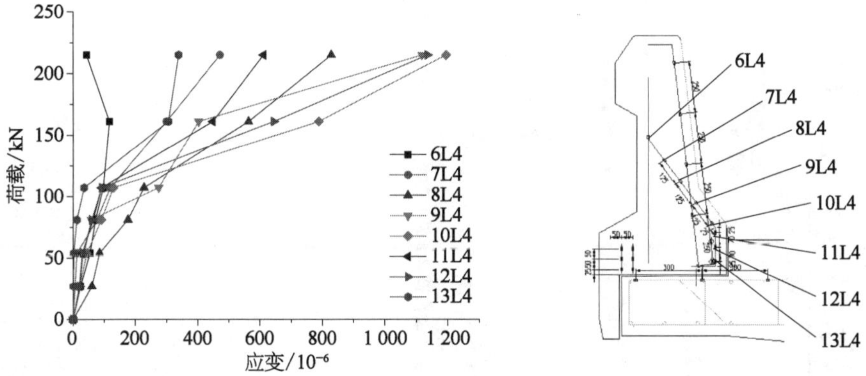

图 6.32　预制防撞墙四点加载墙体斜筋应变

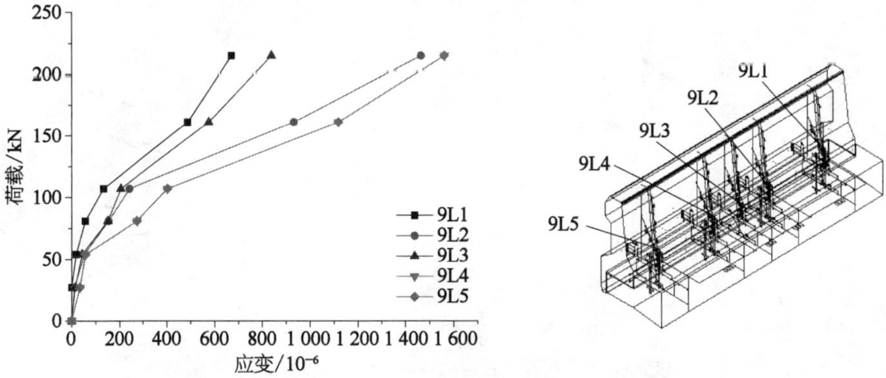

图 6.33　预制防撞墙四点加载墙体前面水平向钢筋应变

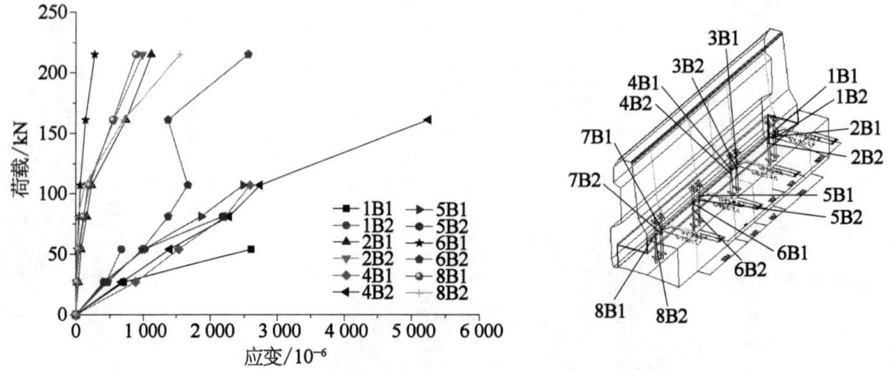

图 6.34　预制防撞墙四点加载锚固螺栓应变

图 6.35～图 6.40 给出了现浇防撞墙单点集中加载下主要受力部位钢筋的应变规律。从图中看，墙体前边竖向筋底部和斜筋在边宽度部位底部应变较大，因而表明受力较大。总体来看，中心加载至 430 kN，钢筋应变较小，基本保持弹性。单点偏心加载下，钢筋应变显著增大，接近屈服或已屈服。

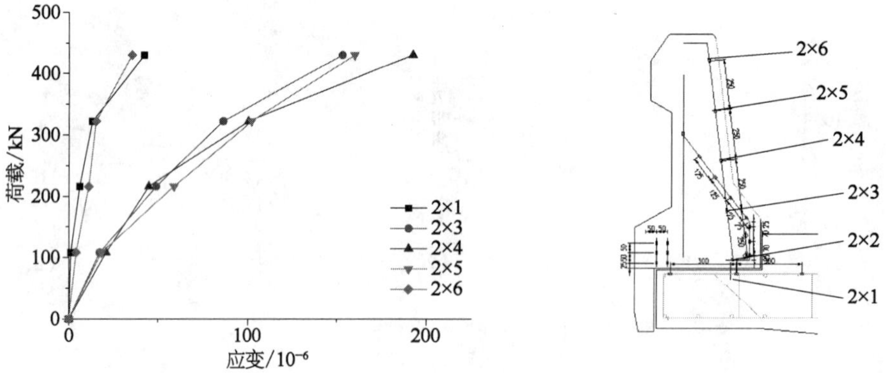

图 6.35　现浇防撞墙单点中心加载墙体前面竖向钢筋应变

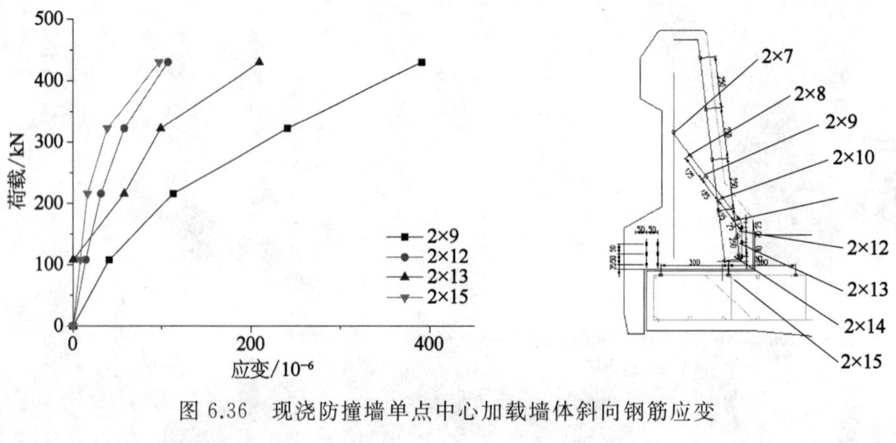

图 6.36　现浇防撞墙单点中心加载墙体斜向钢筋应变

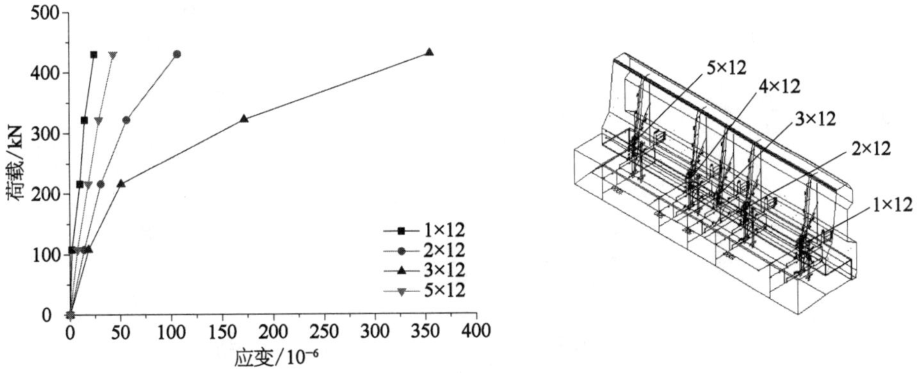

图 6.37　现浇防撞墙单点中心加载墙体前面水平向钢筋应变

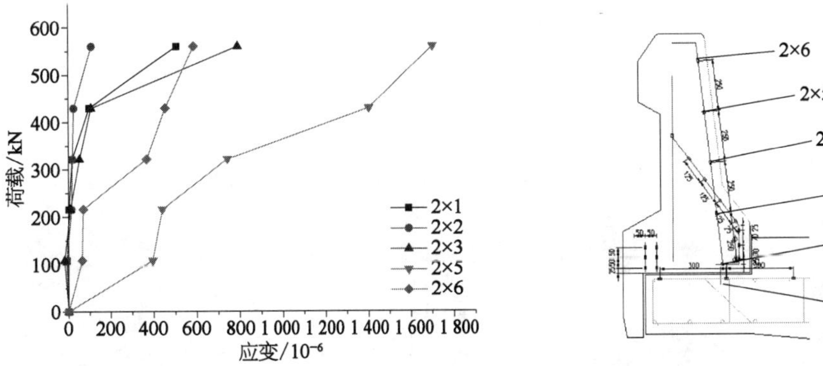

图 6.38　现浇防撞墙单点偏心加载墙体前面竖向钢筋应变

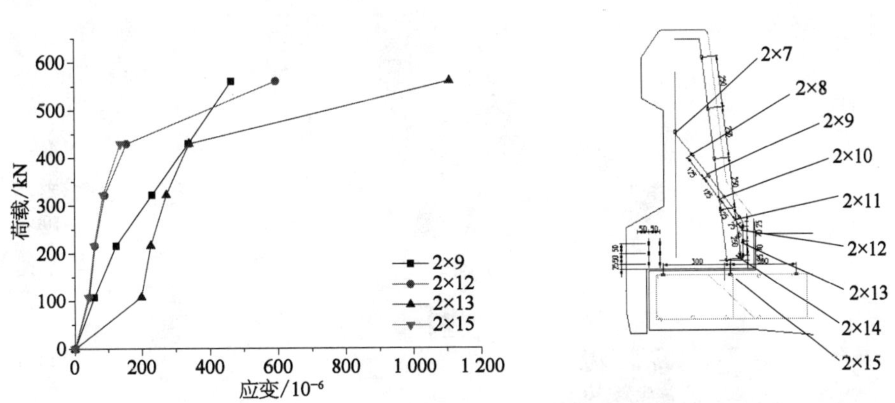

图 6.39　现浇防撞墙单点偏心加载墙体斜向钢筋应变

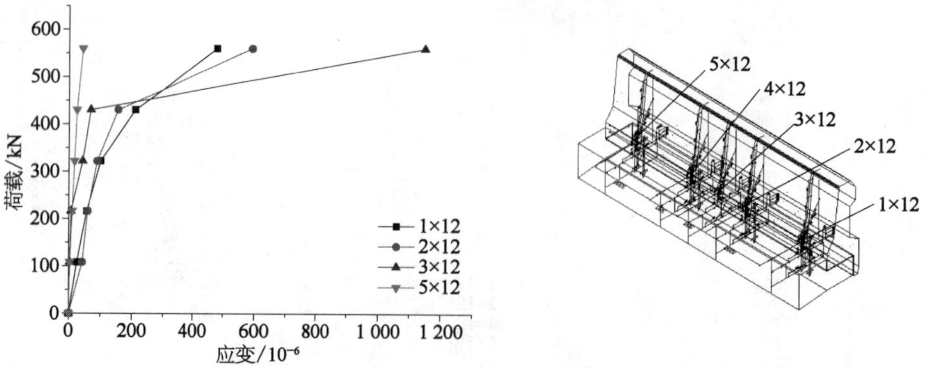

图 6.40　现浇防撞墙单点偏心加载墙体前面水平向钢筋应变

图 6.41～图 6.48 给出了预制防撞墙单点集中加载下主要受力部位钢筋及锚固螺栓的应变规律。从中可以看出，在集中对称荷载作用下，墙体前边竖向筋底部和斜筋在底部和变宽度部位应变较小。总体来看，中心加载至 430 kN，钢筋应变较小，基本保持弹性，但水平向钢筋受力相对较大。单点偏心加载下，钢筋应变显著增大，水平向钢筋接近屈服或屈服，锚固螺栓应变表明部分螺栓发生接近或发生屈服。

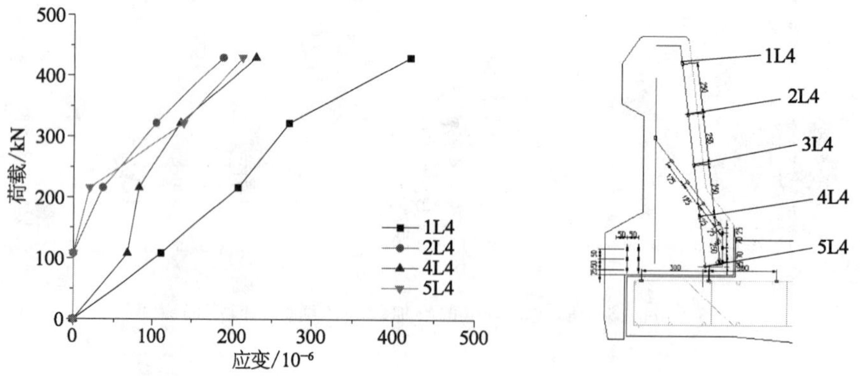

图 6.41　预制防撞墙单点中心加载墙体前面竖向钢筋应变

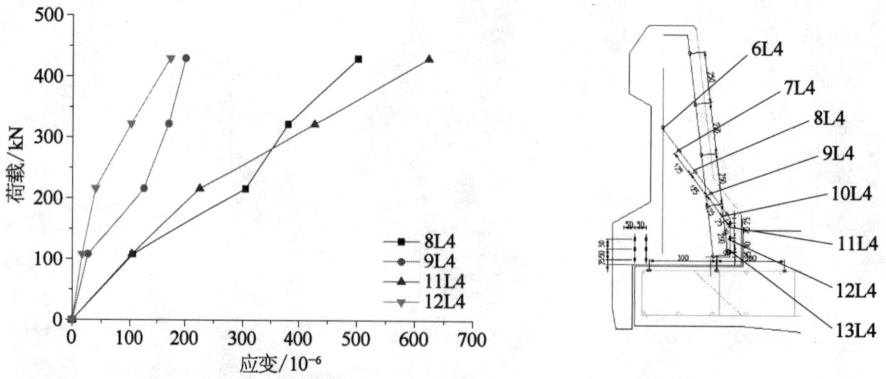

图 6.42　预制防撞墙单点中心加载墙体斜向钢筋应变

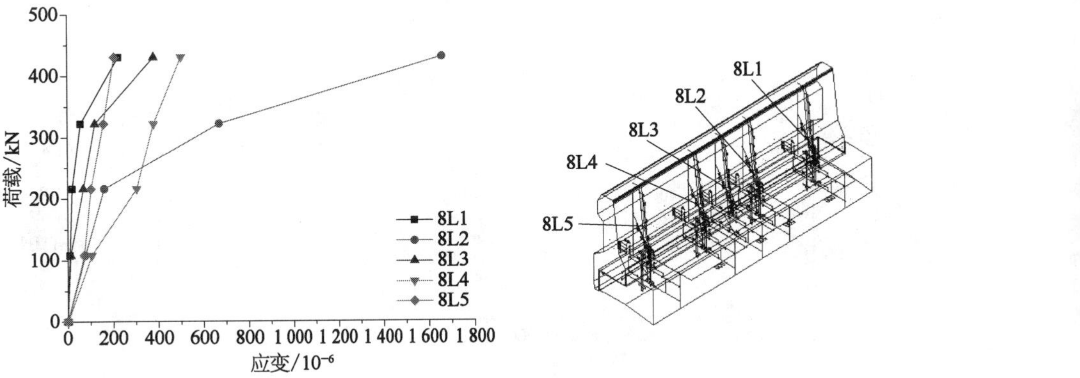

图 6.43 预制防撞墙单点中心加载墙体前面水平向钢筋应变

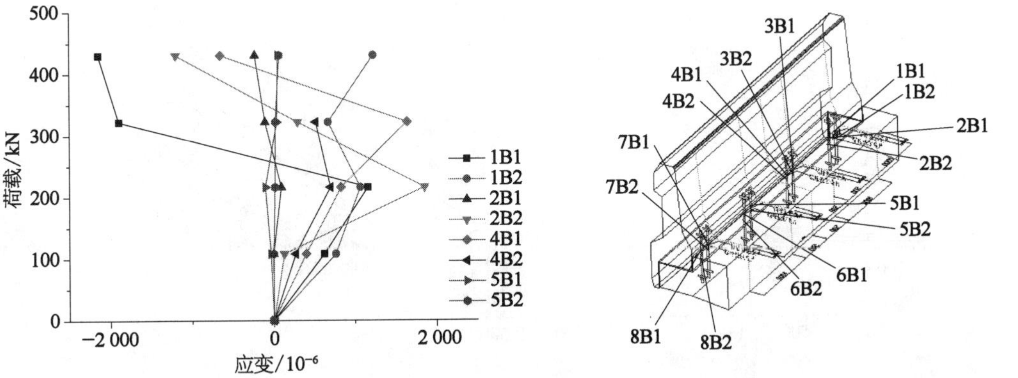

图 6.44 预制防撞墙单点中心加载锚固螺栓应变

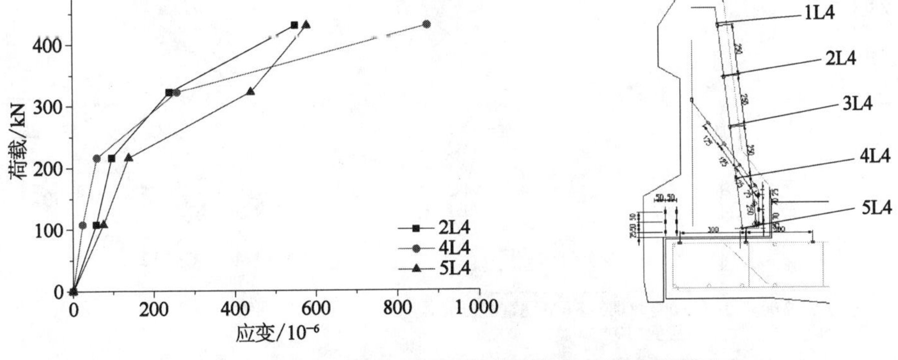

图 6.45 预制防撞墙单点偏心加载墙体前面竖向钢筋应变

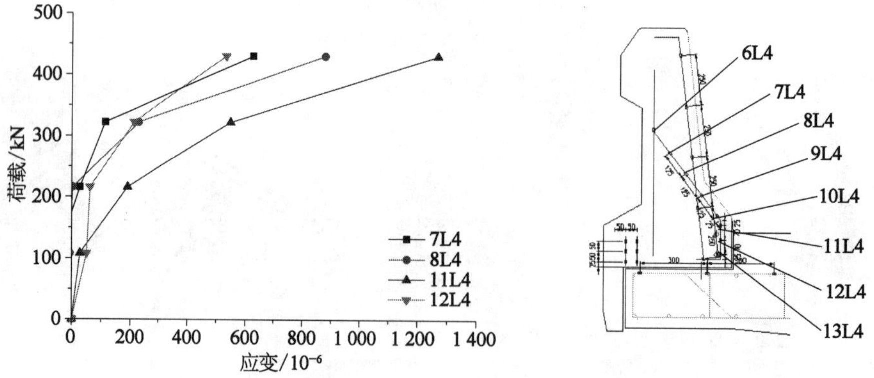

图 6.46　预制防撞墙单点偏心加载墙体斜向钢筋应变

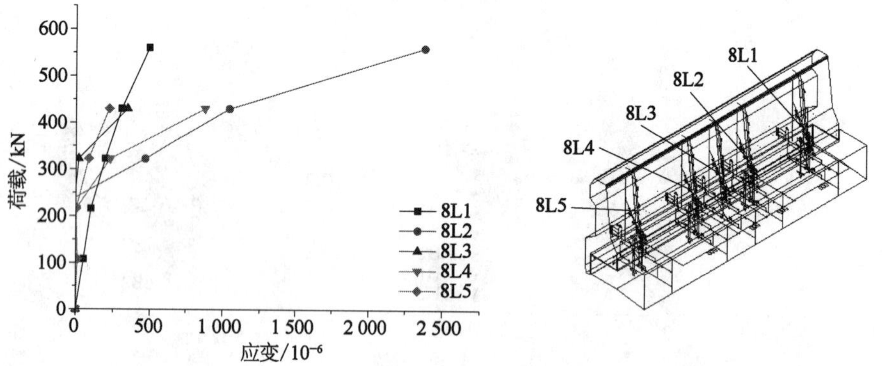

图 6.47　预制防撞墙单点偏心加载墙体前面水平向钢筋应变

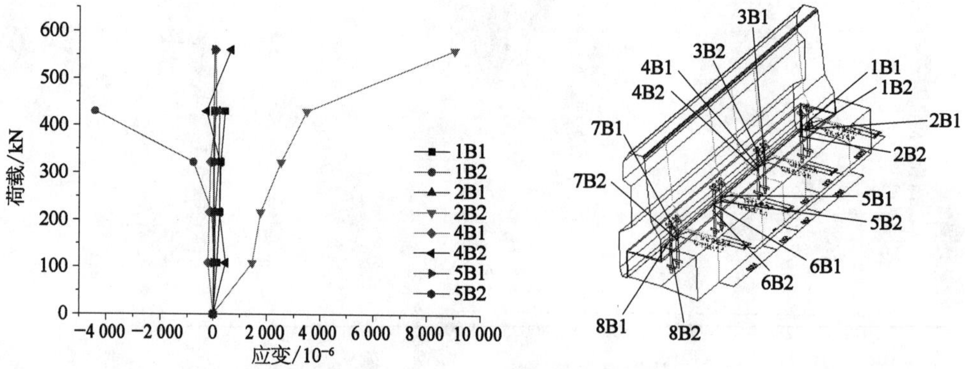

图 6.48　预制防撞墙单点偏心加载锚固螺栓应变

3）混凝土应变

下面给出四片防撞墙粘贴于混凝土表面应变的测试数据。

图 6.49 和图 6.50 给出的现浇防撞墙均布加载下混凝土表面的应变值，表明在变宽段处混凝土受力应变较大，发生开裂，受压混凝土应变较小。

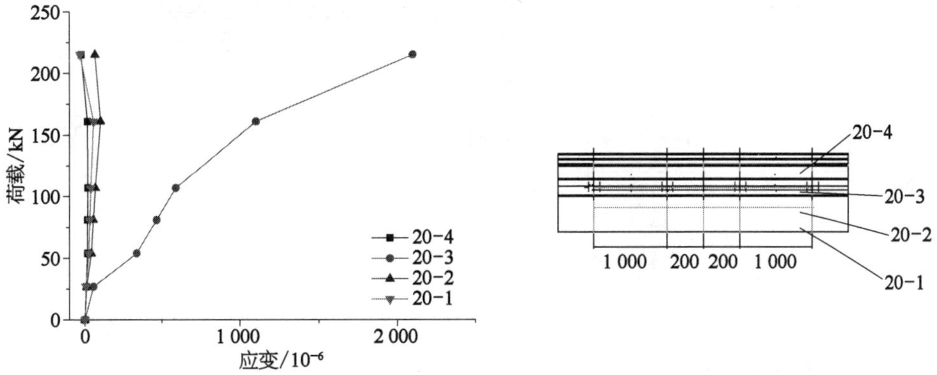

图 6.49　现浇防撞墙四点均布加载混凝土表明应变（防撞墙正面）

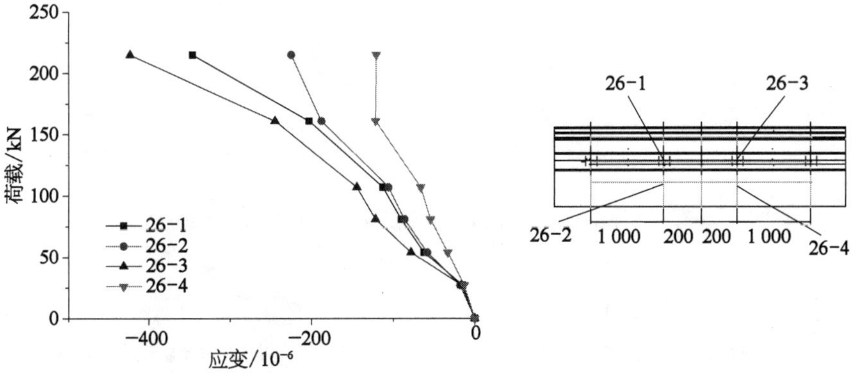

图 6.50　现浇防撞墙四点均布加载混凝土表面应变（防撞墙背面）

图 6.51 和图 6.52 给出的预制防撞墙均布加载下混凝土表面的应变值，表明在变宽段处混凝土受力应变较大，发生开裂，受压混凝土应变较小。

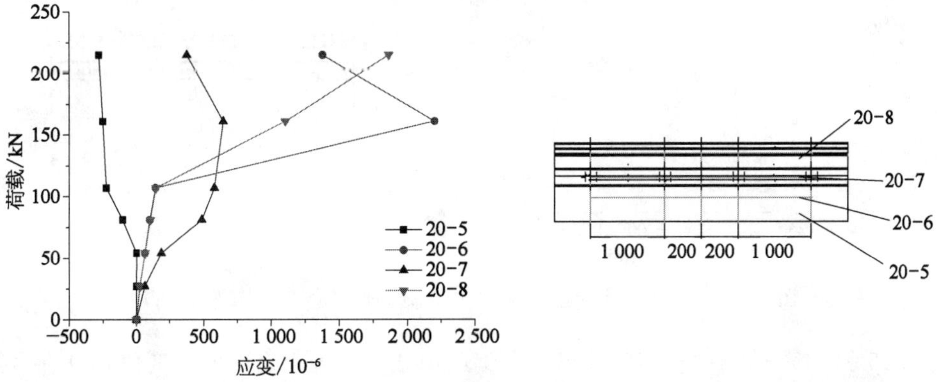

图 6.51　预制防撞墙四点均布加载混凝土表面应变（防撞墙正面）

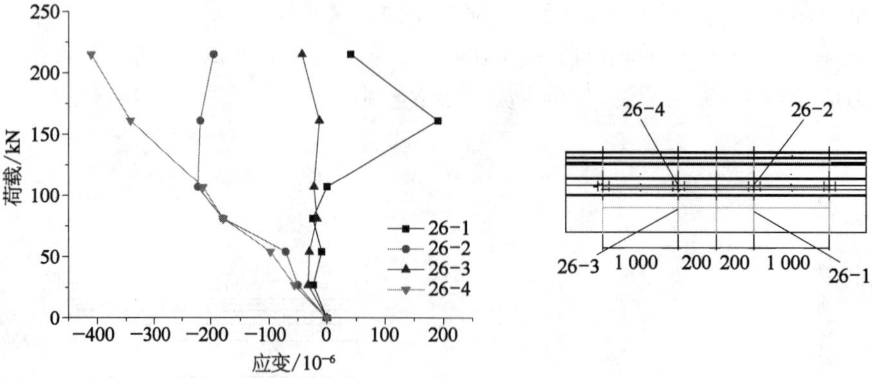

图 6.52 预制防撞墙四点均布加载混凝土表面应变(防撞墙背面)

图 6.53 和图 6.54 给出的现浇防撞墙对称加载下混凝土表面的应变值,表明受拉和受压混凝土应变均较小,受拉侧表面发生轻微开裂。

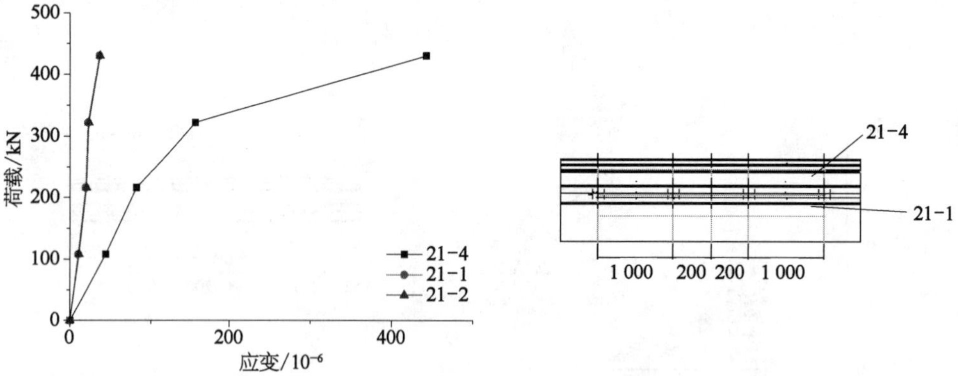

图 6.53 现浇防撞墙单点对称加载混凝土表面应变(防撞墙正面)

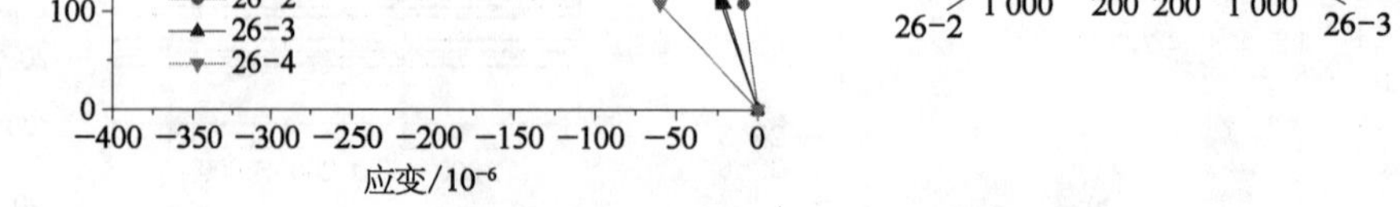

图 6.54 现浇防撞墙单点对称加载混凝土表面应变(防撞墙背面)

图 6.55 和 6.56 给出的现浇防撞墙单点偏载加载下混凝土表面的应变值,表明受拉和受压混凝土应变均较大,受拉侧表面发生严重开裂,受压混凝土发生压碎。

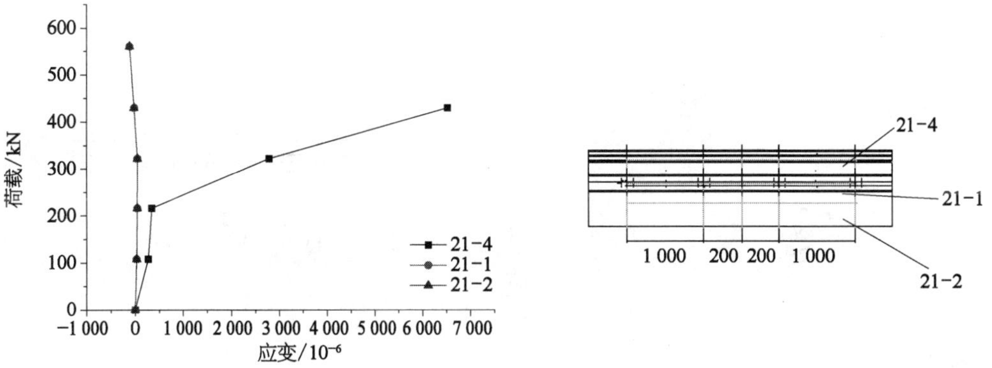

图 6.55　现浇防撞墙单点偏心加载混凝土表面应变(防撞墙正面)

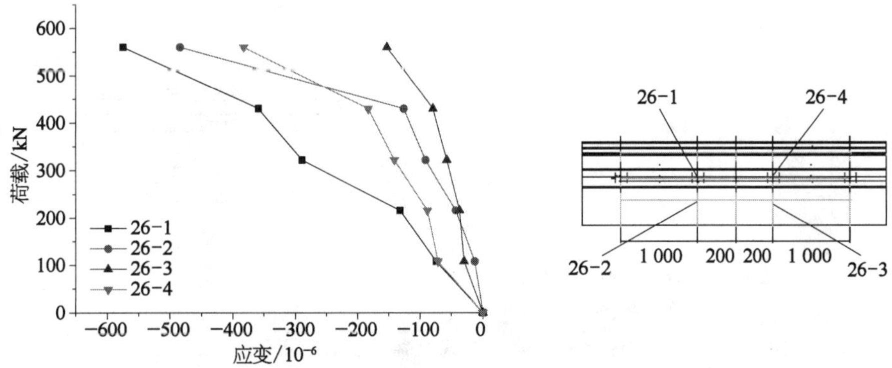

图 6.56　现浇防撞墙单点偏心加载混凝土表面应变(防撞墙背面)

图 6.57 和图 6.58 给出的预制防撞墙对称加载下混凝土表面的应变值,表明受拉和受压混凝土应变均较小,受拉侧表面发生轻微开裂。

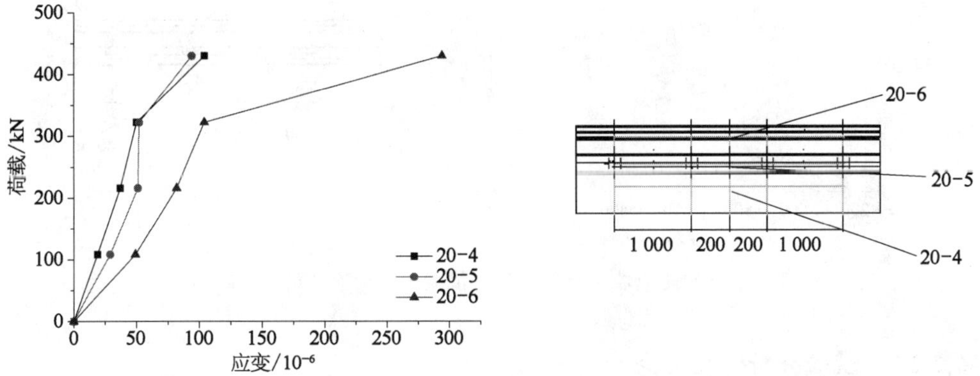

图 6.57　预制防撞墙单点对称加载混凝土表面应变(防撞墙正面)

图 6.59 和图 6.60 给出的预制防撞墙单点偏载加载下混凝土表面的应变值,表明受拉和受压混凝土应变均较大,受拉侧表面发生严重开裂,受压混凝土发生压碎。

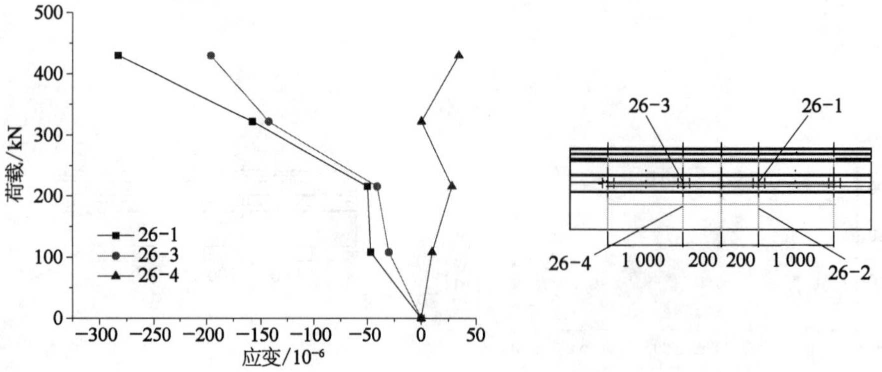

图 6.58　预制防撞墙单点对称加载混凝土表面应变(防撞墙背面)

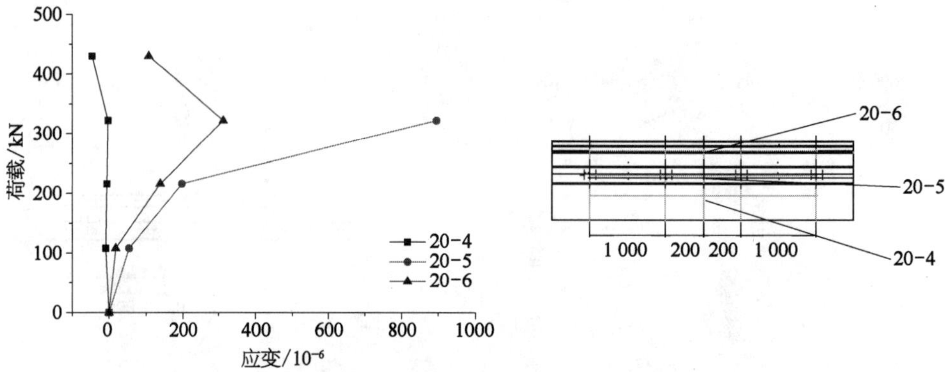

图 6.59　预制防撞墙单点偏心加载混凝土表面应变(防撞墙正面)

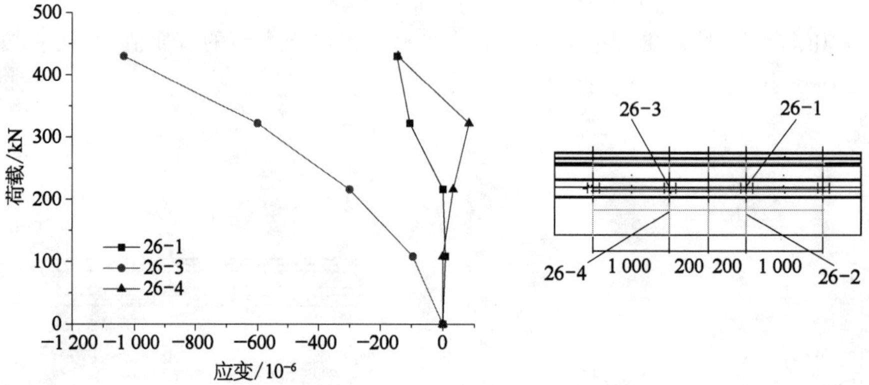

图 6.60　预制防撞墙单点偏心加载混凝土表面应变(防撞墙背面)

6.2.2.8　试验分析研究结论

通过对试验数据分析,表明在不同加载条件下,预制防撞墙在承载力方面优于现浇防撞墙,或与现浇防撞墙相同,没有发现锚固螺栓损伤。相同荷载作用下,预制防撞墙的变形大于现浇防撞墙,两者损伤和破坏模式存在差异,详细结论分述如下:

(1) 在四点均布加载下，现浇防撞墙最大水平承载力是 999.6 kN，预制防撞墙最大水平承载力是 1 236 kN，预置防撞墙水平承载力优于现浇防撞墙，底座破坏成为防撞墙体系最终的破坏控制因素。

(2) 从变形看，四点均布加载条件下，现浇防撞墙破坏时位移为 10.4 mm，预制防撞墙位移为 42.3 mm，预制防撞墙变形大于现浇防撞墙，预制防撞墙相对于底座发生相对位移。此外，预制防撞墙在荷载很小的情况下，装配交接面处就出现裂缝。

(3) 单点对称加载试验表明，在 430 kN 时，现浇防撞墙和预制防撞墙均有裂缝，发生轻微损伤，预制防撞墙损伤相对严重一些。

(4) 单点偏载加载情况下，现浇防撞墙和预制防撞墙最大水平承载力分别是 613.0 kN 和 591.9 kN，两者水平承载力基本相同，最终破坏模式为墙身破坏，并伴有底座损伤。

(5) 从变形看，单点偏载加载条件下，现浇防撞墙破坏时位移为 4.519 mm，预制防撞墙位移为 58.594 mm，预制防撞墙变形大于现浇防撞墙。预制防撞墙相对于底座发生相对位移，且相对底座发生扭转。预制防撞墙在荷载很小的情况下，装配交接面处出现裂缝。

CHAPTER 7

第七章

BIM 在预制装配项目中的应用

7.1 基于 BIM 的城市高架桥梁预制工厂信息化管理技术

全预制高架路桥工程，由于其预制立柱和盖梁等构件十分庞大、精度要求高，制作、运输和吊装各个过程难度大、耗费长；缺乏信息化、精细化的管理，易导致工厂、施工项目部等参与方沟通协调不畅，从而产生构件堆积、进度延误、质量不合格等问题，对工程质量、工期和成本带来不利影响，阻碍全预制模式的推广。

以建筑信息模型（building information modeling, BIM）为代表的建筑信息技术得到住房和城乡建设部、上海市等地方政府和企业的大力支持，已成为建筑业最热门的新兴技术之一。2017 年 10 月底，上海市政府发布《关于在本市推进建筑信息模型（BIM）技术应用的指导意见》，明确指出“BIM 技术是促进绿色建筑发展、提高建筑产业信息化水平、推进智慧城市建设和实现建筑业转型升级的基础性技术”，要求“2017 年起，本市投资额 1 亿元以上或单体建筑面积 20 000 m^2 以上的政府投资工程、大型公共建筑、市重大工程，实施设计、施工阶段 BIM 技术应用”。可见，以 BIM 为代表的建筑信息技术已成为施工行业转型升级、实现绿色施工的必要技术支撑，发展和应用信息技术成为迫切需求。但由于工程建造管理过程标准化程度低、相关信息系统成熟度不够、从业人员水平参差不齐等原因，目前 BIM 与整个建造过程难以有机融合，存在“两层皮”的问题。城市高架路工程工业化建造过程比一般建筑的建造过程更简单、更标准，是探索建筑行业工业化和信息化深度融合的绝佳突破口，可为建筑产业的信息化技术应用提供示范作用。

针对全预制高架路桥工程建设中存在的问题，通过引入 BIM、云计算和二维码等新兴信息技术，研究和开发全预制高架路桥工程建设管理信息系统技术，支持高架路工程预制、储运和施工全过程的信息化、精细化管理。鉴于混凝土结构是我国高架路桥工程中应用最广泛的结构体系，通过对城市高架路桥工程中装配式构件进行基于 BIM 的钢筋深化设计，实现钢筋数字化、批量化的加工和管理。

7.1.1 基于 BIM 的混凝土预制构件深化设计

混凝土预制构件（简称 PC 构件）内部包括配筋、预埋件、预留管道、连接插件等，加工精度要求高；尤其是大型市政工程构件，配筋构造更复杂，精度要求控制在 ±2 mm。二维设计、手动加工的传统作业方式已经难以满足高精度的要求。通过研究构件分类体系，构建企业族库管理系统，从而实现快速建立 PC 构件 BIM 模型，进行钢筋深化设计、碰撞检测分析与优化，提高加工精度，减少二次加工，并为钢筋数字化加工和 PC 构件信息化管理提供基础数据支持。

1）构件分类体系研究

BIM 是应用三维数字化技术对建筑产品和过程（包括建筑全生命期的各类信息）进行标准化表达，从而支持跨阶段、多参与方的信息共享，提高生产效率和建筑性能。BIM 以构件为基本要素，因此构件的分类体系是 BIM 中最重要的信息之一，决定了 BIM 中信息的组织架构，也对信息的查询和应用影响较大。清华大学编制的中国 BIM 标准体系 CBIMS 将信息分类体系作为中国 BIM 标准框架的重要组成部分，建议建立包括建筑构件分类体系在内的建筑信息模型分类标准，为不同阶段的 BIM 信息交换和共享 BIM 提供基础。

国际标准组织(ISO)为各国建立自己的建筑信息分类体系制定了一个国际标准：ISO/DIS12006-2 框架。它定义和规定了建筑信息分类体系的基本概念和框架。它不是一个分类体系，而是一个按建筑信息面分法生成分类体系的模板，为各国根据自己国情制定相应分类体系而又能互相沟通提供了条件，已经成了英国 UN ICLASS、美国 OCCS 分类体系的基础。目前，我国正在根据 Omni Class 编制《建筑工程设计信息模型分类和编码标准》，已完成送审稿，还未发布。但该标准是针对设计建立的构件分类体系，与我国在长期施工管理过程中形成的一系列分类方法差别较大；若完全采用该分类体系构建 BIM 施工模型，将导致 BIM 应用过程中信息难以分类、过滤，影响使用效率和定制化应用。

在对已有分类体系深入分析的基础上，以《建筑工程设计信息模型分类和编码标准》为基础，结合《建设工程工程量清单计价规范》、分部分项工程划分规则，添加施工元素信息，形成 BIM 施工模型构件分类体系。

该体系为一种三层分类体系架构，如图 7.1 所示。第一层级按专业区分，第二层按功能体系划分，第三层根据构件类型划分，确保整体分类体系各个层级的划分依据明确、内容完整。

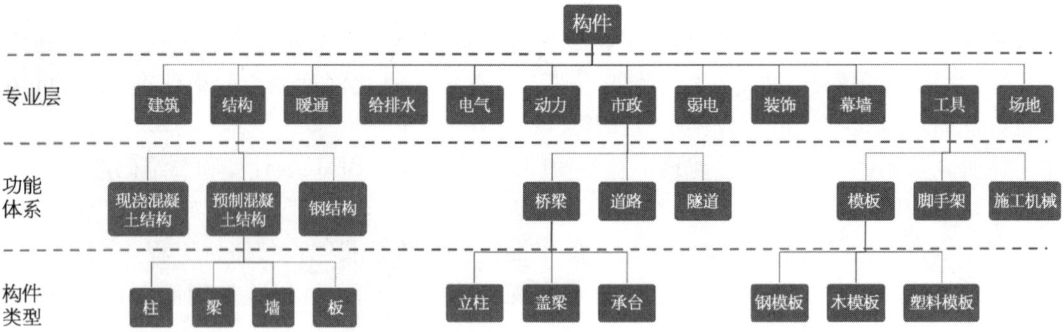

图 7.1　BIM 施工模型构件分类体系

2）预制构件族库管理系统

族库管理系统是对族文件进行管理的一个系统，支持用户对族库中的族文件进行下载、上传等操作。族是目前 BIM 应用中使用最广泛的软件：Revit 中特有的概念，也是很重要的一个概念。它是一个包含参数和相关图形表示的图元组，如果前期在族中添加分类信息，那么在后期 BIM 应用中就不需要再次添加信息，节省了很大的工作量。通过自行创建、网络下载和内部收集等方式，丰富族库系统中的预制构件族文件，可以大大减少建立 BIM 模型时的工作量。

在综合考虑构件库管理系统的文件搜索和下载两个主要功能需求和性能需求的基础上，一个基于局域网文件传输协议(File Transfer Protocol，FTP)服务和云计算服务的构件库管理系统架构，包括 FTP 服务器、系统管理端、Revit 族数据库、构件库管理服务器和用户端(Revit 工具包)5 个模块，如图 7.2 所示，具体说明如下：

(1) FTP 服务器：运行在四建集团企业局域网的服务器系统，采用 FTP 协议实现构件

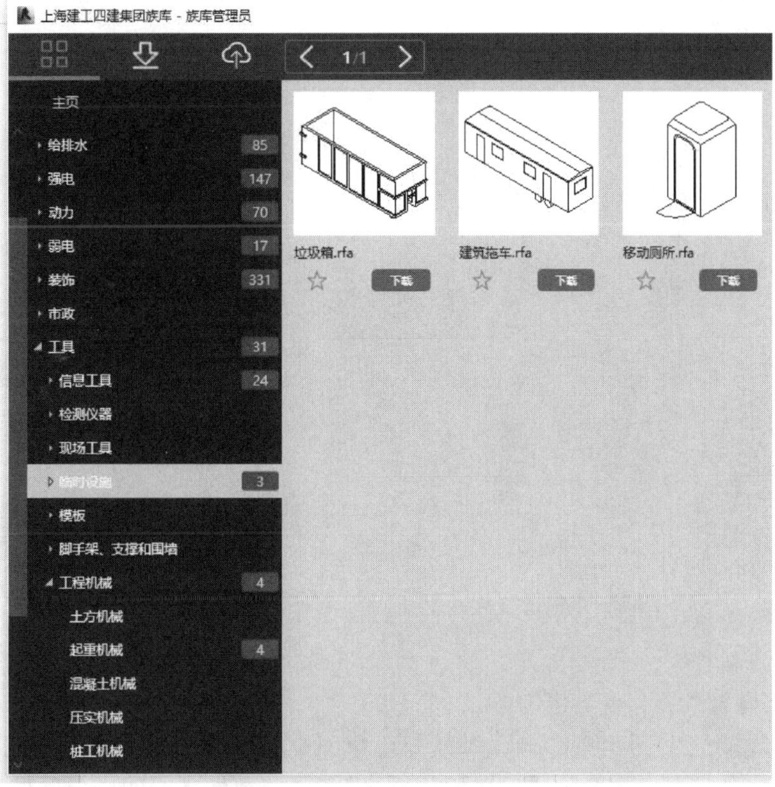

图 7.2　构件库管理系统客户端主页

库等内部文件的管理和共享，与客户端直接连接完成 Revit 族文件上传和下载任务。

(2) 系统管理端：一个运行 FTP 服务器的后台管理端，方便构件库管理人员更新构件库分类信息和目录，维护构件库文件分类信息的一致性，查看构件库的使用记录等。

(3) Revit 族数据库：运行在阿里云服务器的分布式关系数据库，用于存储构件库、分类体系及族使用日志等信息。

(4) 构件库管理服务器：运行在阿里云端服务器的后台服务模块，接收用户端、系统管理端的浏览、检索、下载、上传命令，维护族数据库的族文件、分类和使用日志信息，完成族文件自动分类计算等功能。

(5) 用户端：一个基于 Revit 二次开发的工具包，支持用户登录构件库系统，浏览、搜索、下载和上传族文件；也可根据构件库中分类信息为本地 Rcvit 族文件增加分类信息。

3) 钢筋 BIM 深化设计

钢筋 BIM 模型的建立是钢筋数字化加工的重要基础和前提，模型的质量和精细度直接影响钢筋的成品精度，对于企业族库中不存在的 BIM 模型，需要选用合适的钢筋建模工具，并规定严格的 BIM 模型建模深度及录入详细的钢筋属性信息要求。

常用的钢筋建模软件包括 Allplan、Tekla、Revit 等。Revit 以其普及性和经济性成为目前应用最多的钢筋建模工具。同时 Revit 拥有丰富的 API 接口，可扩展性好，易实现与工厂管理平台的数据传递。在总结基于 Revit 的钢筋深化设计模型创建经验基础上，形成了钢筋深化设计指南，包括准备工作、钢筋建模和碰撞优化三大步骤。实际钢筋深化过程中，由专业钢筋翻样员在指南指导下，结合其翻样经验和实际需求，钢筋建模流程如下：

(1) 钢筋建模准备工作

① 读图。

② 创建钢筋主体。

③ 创建剖面。

④ 设置钢筋全局参数。

(2) 钢筋 BIM 建模

① 选择工作平面。

② 设置钢筋形状。

③ 选择钢筋类型。

④ 设置弯曲半径。

⑤ 设置弯钩长度。

⑥ 选择弯头类型。

⑦ 放置钢筋。

⑧ 设置形状、尺寸。

⑨ 设置钢筋布置规则。

⑩ 编辑限制条件。

(3) 钢筋碰撞检测分析与优化

基于 Revit 建立的预制构件钢筋 BIM 模型仍不能直接进行加工生产，模型内部还存在诸多碰撞问题，如钢筋与钢筋之间的碰撞问题、钢筋同预埋件之间的碰撞问题、钢筋的保护层厚度问题等。

图 7.3 碰撞问题

完成一个构件所有钢筋的建模后，可以在 Revit 中通过 3D 视图、剖面图等初步判断空间冲突问题。先检查同一构件内钢筋的碰撞，再检查构件间拼接处的碰撞，同样按照同一类型钢筋的方式检查，如图 7.3 所示。

Revit 到 Navisworks 之间的数据传递必须保证钢筋及其他构件的形体稳定性和整体性。通过对不同格式文件（如 ifc、nwc、fbx 等）导入 Navisworks 后的效果发现，fbx 格式的文件能够有效保证模型构件的形体稳定性和整体性。将 Revit 导出的 fbx 格式模型文件导入到 Naviswork 中，并结合工程经验和软碰撞知识设置碰撞检测条件，如考虑到钢筋的保护层厚度而设置的公差值等，得到钢筋 BIM 模型的碰撞报告，见表 7.1。

通过碰撞报告检测分析钢筋之间存在的冲突问题，也可分析钢筋与预埋件、吊点、构造筋等的空间冲突，将产生的碰撞问题反馈给 Revit 软件，并对设计问题进行优化，可保证钢筋 BIM 模型不存在任何形式的碰撞，提高后续自动化加工生产的质量，有效减少绑扎过程中的二次加工。

表 7.1　钢筋 BIM 模型碰撞检测报告

Revit 钢筋翻样问题总结(试件 1 环氧焊缝)

序号	位　置	样　例　图　片	情况说明
1	加载端-③号筋	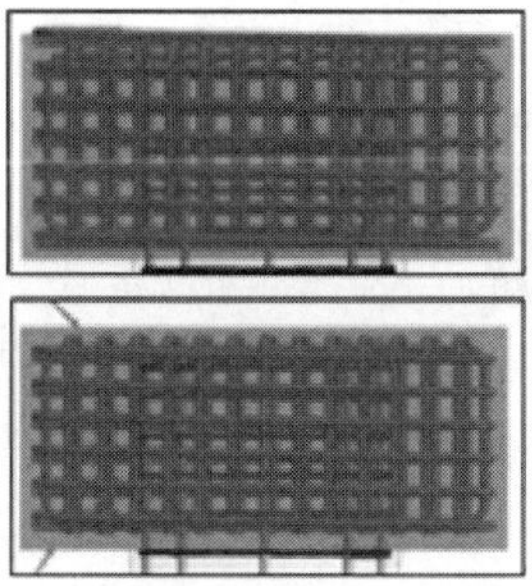	上图按设计图纸布置 7 根，但部分钢筋露出混凝土，且不能箍住内部钢筋。 遇到这种问题，应该修改钢筋数量还是修改钢筋间距？ 上下两端位置的箍筋按保护层厚度往下调整，箍筋数量尽量不变(谁调整？)
2	底座-①、①c 号筋	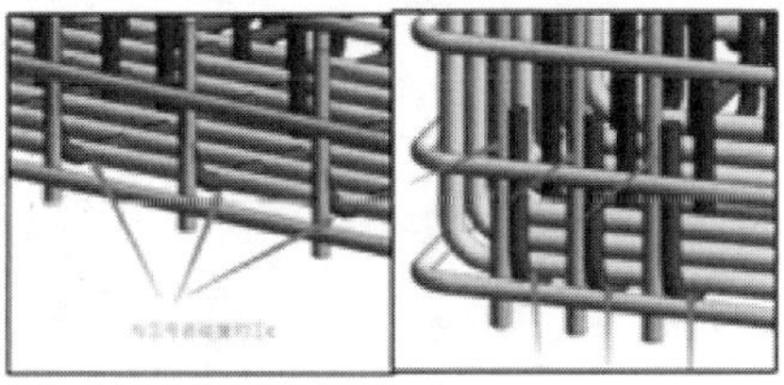	上下钢筋搭接问题。 二维图纸未考虑钢筋的空间尺寸，建模的时候需要将上下层钢筋错位一个直径的问题。可以的。
3	底座-拉筋①d	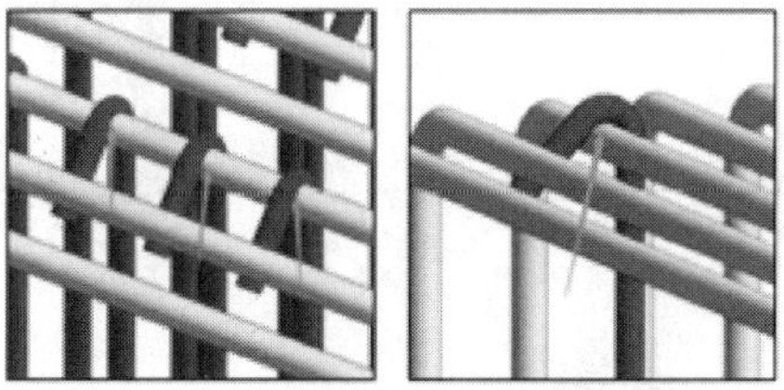	拉筋的搭接处理。 本例中按照图纸设计，拉筋纵向长度应为 560 mm，但弯钩处与上下筋碰撞。是否增大长度以避免碰撞？增大长度会使算量也增大。 可以增大避免碰撞。(深化与翻样的前后)
4	加载端-立柱拼接段箍筋	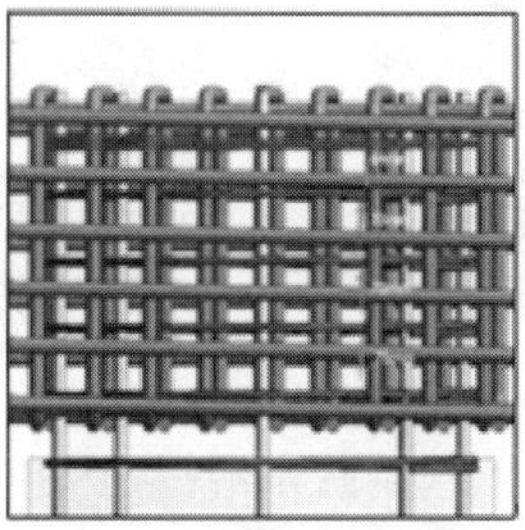	拼接端最上方箍筋与加载端钢筋碰撞，箍筋间距发生变化。 箍筋间距可以调节，可适当增加若干箍筋保证调节后间距不小于要求值。
5	底座-波纹管	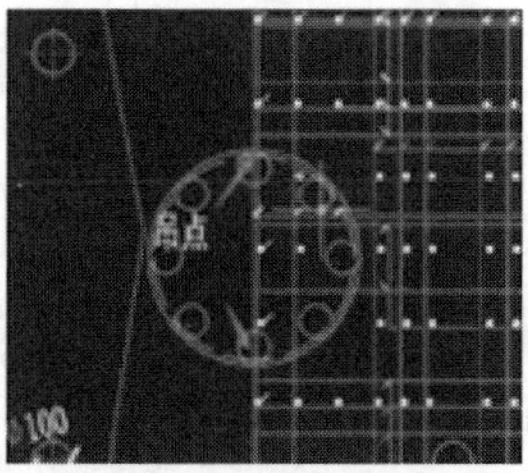	波纹管上下和①、①c 相碰。 原则上碰到波纹管的钢筋要割断，原钢筋两侧各加密一根。

7.1.2 基于BIM的PC构件数字化加工技术

目前主流的钢筋自动化加工设备一般以扫描二维码的方式录入bvbs格式的钢筋信息，自动选择钢筋原材料，完成钢筋调直、弯曲、剪切、收集等工作。bvbs格式钢筋编码包括构件编码、项目编码、直径、等级、几何形状，满足加工所需的所有信息，并可保证其唯一性。

本项目建立了BIM模型与钢筋自动化加工设备之间的数据交互方式，实现了基于BIM技术中钢筋信息完成数字化加工和加工过程信息集成，如图7.4所示。首先基于BIM模型生成二维码格式钢筋加工单，如图7.5所示；其次，应用钢筋自动化加工设备的二维码扫描枪批量录入钢筋信息；再次，加工设备根据钢筋信息自动选择原材料，完成钢筋弯剪操作，形成纵筋、箍筋等半成品，实现数字化加工；最后，将二维码加工单绑在钢筋半成品上作为后续交付、仓储的身份牌，支持钢筋加工全过程的监控与管理。

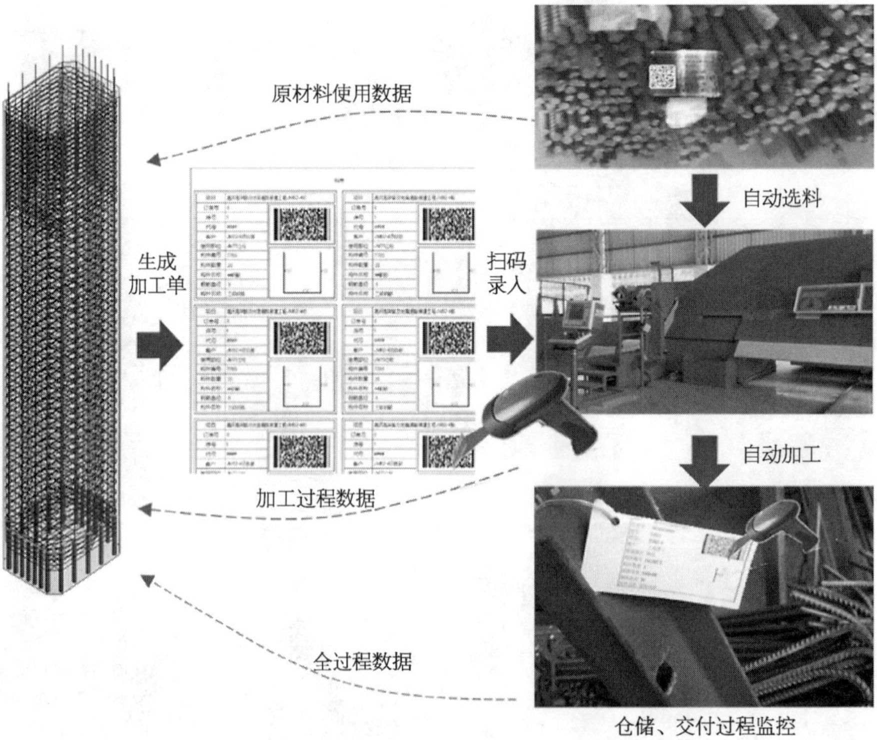

图7.4 钢筋数字化加工技术原理

7.1.3 基于BIM和物联网技术的城市高架预制工厂信息化管理系统

基于物联网的全过程精益建造管理技术的出发点在于，通过物联网技术实现对每个预制构件建造过程的实时监控，为精益建造管理提供构件级别的数据。当预制工厂规模化生产后，可支持工厂经理快速掌握各个预制构件的生产状态、各个生产线的负荷状况，从而规划生产，保障工期，避免库存积压；或当城市高架路工程线路较长时，项目经理可快速了解和

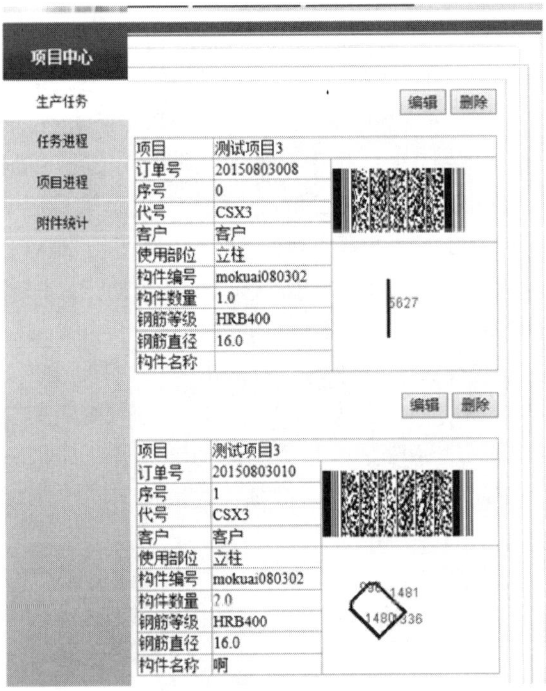

图 7.5　二维码格式的钢筋加工单

直观展示动态的施工状况，便于制订生产计划。

工厂信息化管理平台（见图 7.6）通过基于二维码的扫描定位技术，实现 PC 构件和生产材料的全流程跟踪、与数字化加工设备数据共享与交换，从而提高生产效率和管理水平。平台采用 B/S 架构，工厂各部门管理人员可通过浏览器和网络直接访问该平台，应用智能手机等移动设备通过扫描预制构件的二维码输入其状态、位置等信息，实现物流管理和过程监控。工厂管理平台面向的用户主要包括工厂的经理、总工、技术部、质量部、材料部、生产部和试验部等部门。

图 7.6　城市高架预制工厂信息化管理系统首页

1）基于 BIM 的预制构件订单管理

为支持预制工厂或钢筋加工中心对钢筋加工任务进行订单、生产、材料和仓储的信息化管理，本项目研发了钢筋加工管理系统，作为预制工厂管理信息平台的子系统之一。该系统包括钢筋数据接口、钢筋生产任务规划、钢筋加工单生成、加工过程监控等模块。

预制构件钢筋 BIM 模型存储了大量且丰富的钢筋尺寸、类型等信息，必须通过数据接口将此信息从 BIM 模型转换为准确的加工信息，才能为预制工厂管理信息平台所用。目前国际主流的转换形式为 bvbs 格式。基于 bvbs 格式，开发基于 Revit 软件的转换接口，将构件中的钢筋信息导出为 bvbs 格式和 Excel 格式钢筋信息文档。前者用于钢筋加工设备的信息录入，后者便于管理人员查看。

（1）BIM 软件钢筋信息导出接口。考虑到目前 Revit 软件导出钢筋信息的接口不成熟等问题，开发基于 Revit 软件钢筋信息导出接口，支持 Revit 软件钢筋信息的交互，包括钢筋等级、直径、几何形状等。该接口将 Revit 模型中每个构件的钢筋信息导出为一个 Excel 文件，Excel 中每行表示构件中的一类钢筋，并采用 BVBS 数据格式数据钢筋信息，如 7.7 所示。

C	D	E	F	G
钢筋编号	钢筋直径	钢筋等级	数量	几何描述（bvbs）
0	16	HRB400	3	Gl526@w270@l1514@w270@l526@w0@
1	16	HRB400	3	Gl129@w270@l1514@w270@l129@w0@
2	16	HRB400	3	Gl34@w293@l74@r40@w293@l464@w315@l57@r40@w315@l52@w0@
3	20	HRB400	3	Gl140@w315@l71@r-50@w315@l1452@w270@l512@w270@l1510@w270@l452@w315@l71@r-50@w315@l140@w

图 7.7　导出钢筋信息文件

（2）钢筋数据导入接口。钢筋数字化加工订单管理系统可解析 bvbs 格式文档内容获得钢筋类型、直径、长度、弯折等详细信息，自动生成钢筋加工生产任务，形成一项钢筋加工单，如图 7.8 所示。

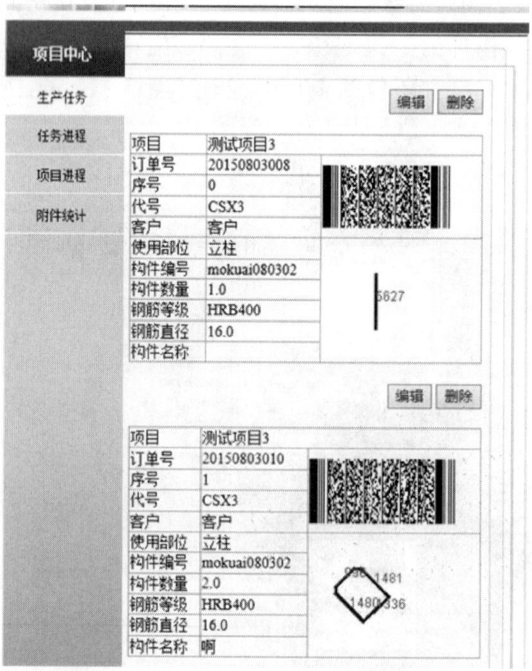

图 7.8　解析后获得的钢筋信息

(3) 订单导向的钢筋加工任务规划。预制工厂管理信息平台可以根据工厂加工能力、加工需求和生产计划进行统一的调度安排,实行订单式管理模式,可以做到“统一采购,统一生产,统一堆场,统一出厂”。

平台还可根据工厂堆场情况、原材料进场情况和预制构件外运情况合理控制现场的钢筋加工生产进度;根据混凝土的养护周期错峰进行生产订单任务;根据订单内容,调节每单加工任务的构件数来控制实际加工生产;合理规划加工订单,制定最佳加工次序,并保证预制工厂空间的高效利用,如图 7.9 所示。

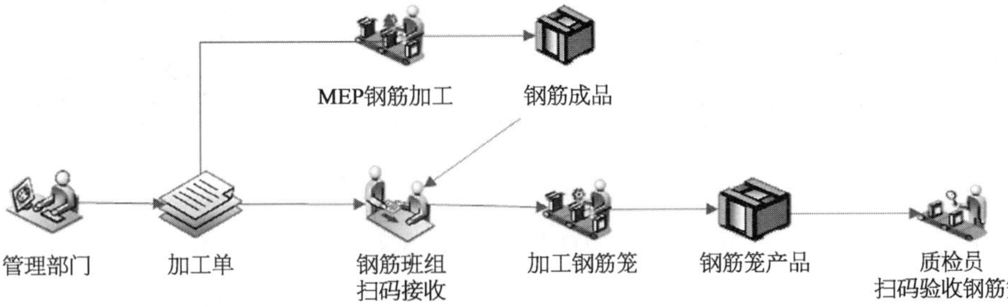

图 7.9　订单导向的钢筋加工任务规划

(4) 精确控制加工生产。钢筋数字化加工订单管理系统导出的钢筋上面附有各种类型钢筋的详细信息及对应二维码。其中,二维码根据钢筋类型、直径、尺寸等信息生成的 bvbs 字符串转换而成,包含所需加工的精确信息。钢筋自动加工设备通过扫描二维码读取钢筋信息并录入,进行钢筋的精准加工,如图 7.10 所示。

项目	嘉闵高架路及地面道路新建工程JMB2-4标
订单号	8
序号	1
代号	####
客户	JMB2-4项目部
使用部位	JM75立柱
构件编号	7765
构件数量	20
构件名称	##钢筋
钢筋直径	8
构件名称	三级钢筋

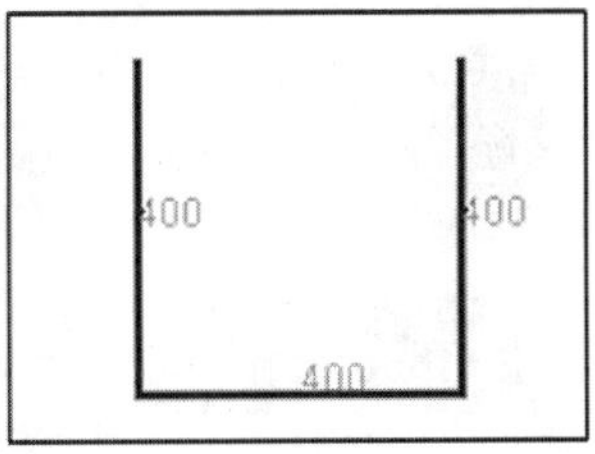

图 7.10　钢筋的二维码加工单

(5) 钢筋加工状态监控与统计分析。生成钢筋的加工订单会对应生成唯一的身份标识二维码。身份标识二维码包含钢筋的几何信息和所属的构件信息。通过 PDA/智能手机设备扫描标识二维码,并选择钢筋的状态,用户可在信息平台中实时更新此订单钢筋的状态信息,同时也可准确监控钢筋的加工、堆场、出厂、绑扎等状态,如图 7.11 所示。

2) 预制构件全过程监控管理

(1) 技术背景。预制混凝土构件加工周期长,特别是桥梁的预制立柱和盖梁,重量达

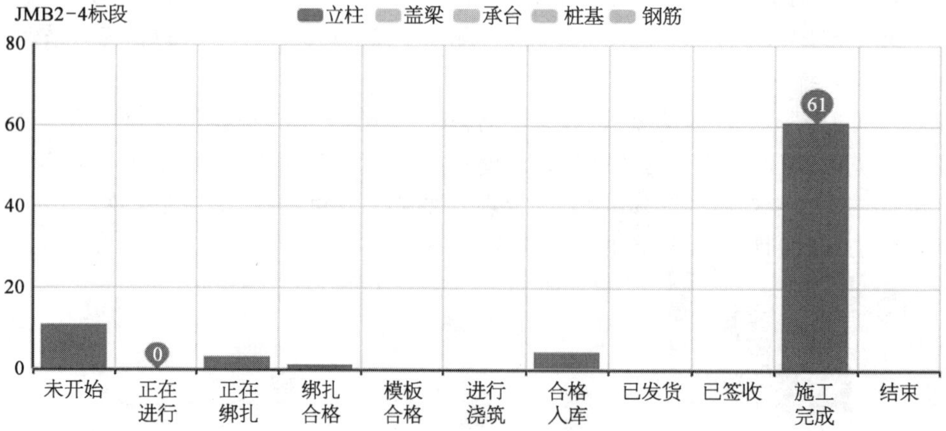

图 7.11　钢筋加工状态统计

100～200 t，加工周期至少 15 d，需要在构件吊装前 20 d 安排构件加工任务。然而，工程施工变化性大，构件厂常常因为与施工现场进度协调不及时，导致构件积压严重，库存占地面积大，影响工厂生产效率和成本。此外，预制工厂漏加工个别构件，也会导致工程进度延误或现场施工预制改现浇。因此，如何加强 PC 构件生产过程的监控，与工程进度保持有效协调，保障 PC 构件按时交付的同时减少库存，是目前预制工厂管理的一个难点。

传统标识方法人工选择构件编号，录入构件状态完成 PC 构件生产过程监控的方式，费时费力，且容易出现错误。本项目探索基于二维码、GPS、RFID、WiFi 定位等物联网技术的构件标识方法，实现 PC 构件的全过程信息集成和状态监控，提高数据采集的及时性和准确性，积累成为大数据模型，为各个环节的生产效率分析提供基础，提高管理水平，降低管理成本。

(2) 基于物联网的 PC 构件全过程监控技术。基于物联网的 PC 构件监控技术路线如图 7.12 所示，每个 PC 构件单独拥有一个二维码身份牌。在加工阶段，二维码身份牌随管理部

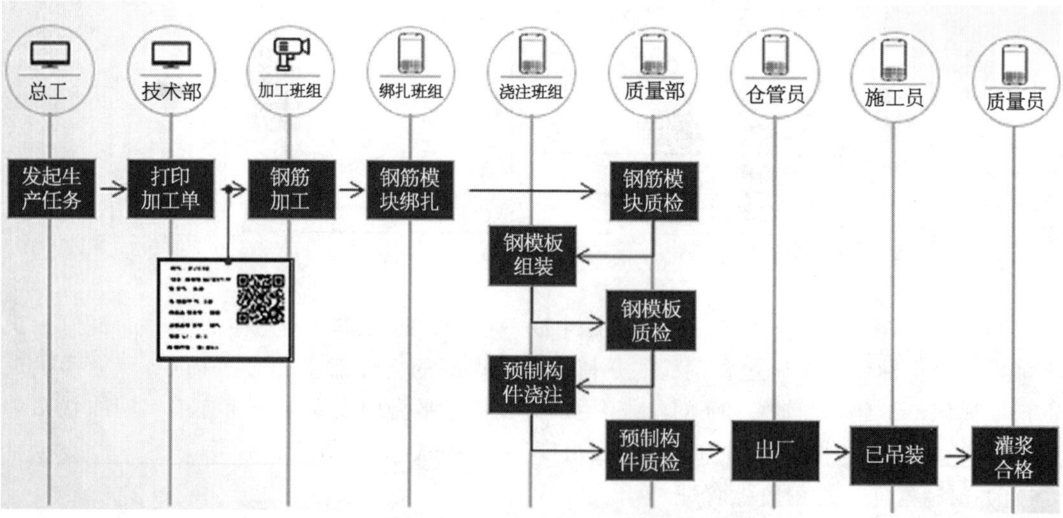

图 7.12　PC 构件监控管理流程

门打印的加工单交付操作班组，伴随制作过程在钢筋加工班组、绑扎班组、浇筑班组中流转，最后张贴在PC构件成品上，作为仓储和运输的身份标识；在施工阶段，现场质量员接收进场构件，确认构件进场质量验收合格后再录入状态；相对应地，构件吊装、灌浆合格时，施工员录入构件对应的状态。此外，管理人员在录入状态时可借助PDA、智能手机等设备的WiFi或A-GPS定位技术自动分析所处台座，构建包括构件生产过程的信息模型，实现施工现场的信息集成和共享。

每个PC构件生成独有的二维码身份牌，并打印在具有防水、防滑、防晒性能的亚银标签纸上。亚银标签纸成本低廉，易于推广。应用Wi-Fi、RFID等位置指纹技术，为每个预制台座、存储区域生成一个位置参数数据，用于支持自动匹配PC构件所处位置。预制台座和存储区域数量有限，且区域空间大，对自动定位精度要求低，可在投入较少成本情况下完成位置信息自动录入，保障管理人员在现场录入数据，避免在办公室随意录入。

工厂经理根据各个订单的优先级和工厂生产能力安排各个预制构件的生产计划，发起生产流程。相关部门管理人员通过扫描二维码的方式，对钢筋加工、钢筋笼绑扎、构件浇筑、养护等过程进行实时监控，支持精细化的生产管理。

7.2 基于BIM的城市高架智慧建造技术

与传统现浇结构的施工方式有所区别，装配式建筑在建造过程中涉及预制构件生产、构件运输出厂、构件吊装安装等多个环节，参建方众多，协调工作量大，现浇与预制节点复杂，对其施工作业水平、进度管理、质量管理、安全管理等方面提出了较高的要求。

在提高施工作业水平方面，结合BIM和虚拟现实技术，对复杂工况和复杂施工方案进行模拟，为技术和管理人员进行方案分析和优化提供可视化的平台，可在施工前发现方案中存在的问题，避免返工、窝工等问题。

在进度管理、质量管理、安全管理等方面，通过引入统一的BIM协同管理平台，可实现施工过程信息的快速采集，包括构件进场时间、吊装时间等进度信息，堆放位置等仓储信息，质量问题照片、质量检验表单等质量信息，安全问题照片、安全问题处理情况等安全管理信息，并将实际信息与虚拟的BIM进行集成，实现信息的集成存储和统一访问，提高信息传递和共享的效率。基于BIM应用信息化技术进行智能分析和自动预警，并反馈给智能末端设备，支持智慧建造管理和施工控制，提高管理水平和施工效率。

7.2.1 施工方案模拟

城市主干路施工，交通流量大，应用虚拟现实技术清晰展现施工过程中路口的临时交通组织方法，便于向交警展示交通组织方案是如何做到“借一还一”、将影响降到最小的，从而尽快确定最终方案，保障建造工期。

1）道路翻交模拟

在设计模型基础上，通过Autodesk Revit 2014建立相应的场布模型、道路翻交各阶段模型、道路设施路牌、道路设施等一系列相关模型。接着将模型与Unity平台进行对接，通过Unity引擎布置道路翻交的场景，附加相应的声、光、电的效果，最终生成一套市政道路翻交的展示平台(见图7.13)。

图7.13　交通路口的动态交通组织模拟

图7.14　翔殷路第三阶段翻交

通过展示平台详细展示道路施工对周围交通的影响及交通组织状态的应对方案，包括占用车道情况、临时围挡结构、路口交通导向、警示交通指示，并通过虚拟现实技术对翻交方案的结果进行展示，可同道路交警主管部门高效地沟通协商方案的可行性，解决翻交方案中不科学之处(图7.14)。

2）吊装方案模拟

在Revit中建立工程高架路周边现场的实际物体的三维模型，包括路灯、高压电线等市政设施，并基于Unity引擎，实现模拟操作吊装机械，实现对复杂情况下预制构件吊装工序进行精细化模拟，分析吊装方案的可行性和难易程度，并预判实际吊装中可能存在的碰撞问题和危险状况，辅助吊装方案优化和技术交底。

项目现场初步方案定稿之后，技术员通过登录系统平台选择方案中相应的吊机设备，接着按照方案内的路线进行吊装动作，在进行吊装模拟的过程中，有多个镜头能对于机械的几何参数进行追踪(见图7.15、图7.16)。若机械的几何模型与道路设施发生碰撞，则方案会被终止并发生警报。

图7.15　立柱翻转吊装模拟

图7.16　WS10钢箱梁吊装模拟

针对周围有高压线、路灯等市政设施的复杂工况下大吨位预制构件吊装的难题，通过精细的吊装过程虚拟仿真，分析吊装过程中预制构件或吊装设备是否会与周围设施碰撞或在安全距离内，确定施工方案的可行性和优化方法，辅助制定最终的吊装方案，从而避免不必要的市政设施搬迁，减少对城市生活和出行的影响(见图 7.17)。另外，虚拟仿真成果还可作为技术交底的材料，方便工人严格按照方案施工，保证施工质量。

图 7.17　复杂工况下的预制构件吊装模拟

7.2.2　基于 BIM 的智慧建造管理平台

施工现场信息化管理平台旨在通过智能手机、Pad 等移动端，远程数据采集模块，互联网等技术，实现施工过程的动态监控和数据采集，并在位于云端的 BIM 数据库进行数据的集成、存储、管理和应用，为施工进度、质量、场地、设备、周转材料的信息化、智慧化管理提供可视化、集成化、定制化的平台。

施工现场信息管理平台包括部署在云平台的服务端，以及部署在 PC、Web 和智能手机等设备上的客户端，其物理架构如图 7.18 所示。

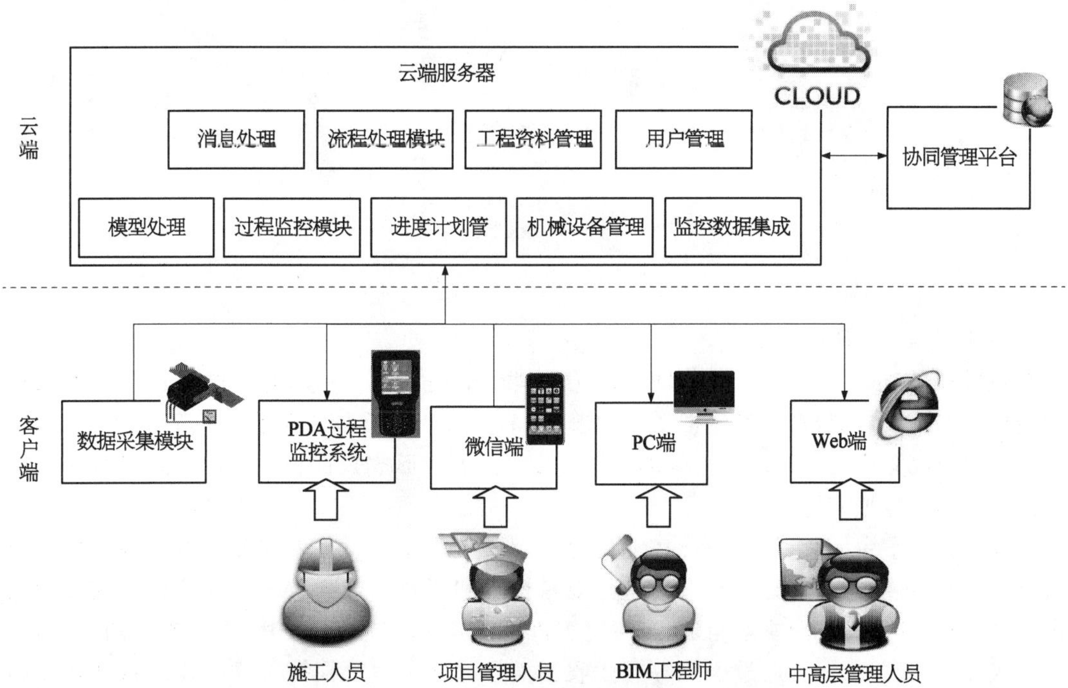

图 7.18　施工现场信息管理平台物理架构

1）进度管理

通过与工厂信息平台的信息共享，可实时监控预制构件的订购、浇筑完成和出厂等制作过程。施工现场管理中，在进场、堆放、吊装等过程中通过扫描二维码监控构件的施工进度。通过对所有预制构件的进度统计，分析项目的总体进度情况。通过实际进度与施工计划的对比分析，可为管理人员了解当前施工进度情况提供支持。当实际进度影响到里程碑节点按时完成时，会自动进行进度预警。

网页端的三维模型视图中，以可见性、透明、颜色等的区别表示构件的未施工、施工中、施工完成等不同的状态，展现当前时间或用户选择的某个时间点的4D施工状态，如图7.19所示。在时间轴上选择不同的时间，可以显示任意选定时间的4D施工状态。采用树状结构展示项目的WBS、施工进度与计划信息。支持修改和选择任务的开始和完成时间，支持添加新任务。可通过对接预制构件的扫描信息自动修改施工任务的完成时间，也可通过传统的甘特图模式展现施工计划、实际进度及进度对比情况。

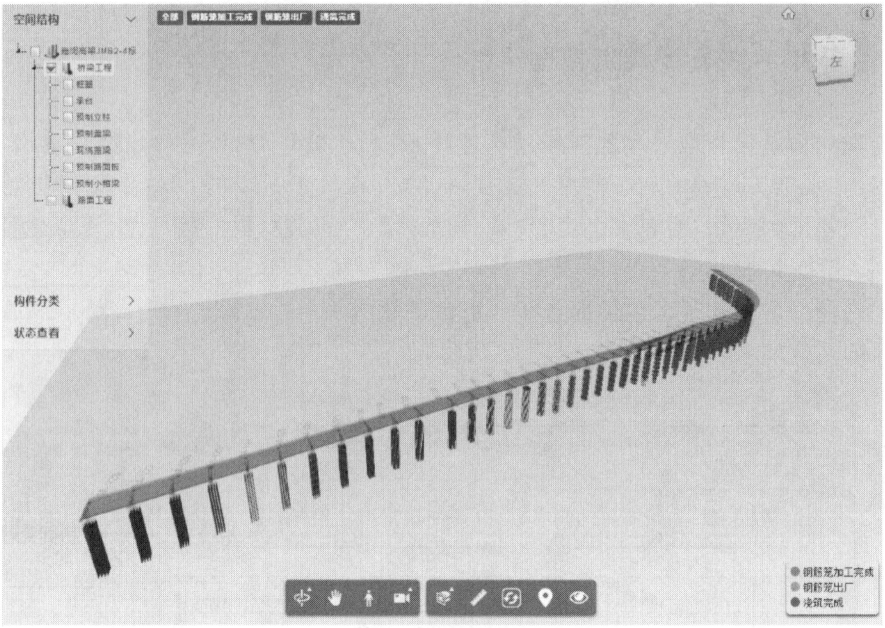

图7.19　施工进度管理

2）质量、安全管理

在质量、安全管理方面，传统以电话或微信群的问题处理方式有很多弊端：① 问题处理的结果后期难以追溯，极易发生推诿、扯皮现象；② 太依赖管理人员自身的管理水平，问题是否得以解决完全依赖管理者自身的执行力度；③ 无法形成数据积累，形成知识库，为后期数据分析提供数据支持。

通过信息平台针对每个预制构件预先设定质量检验的关键点和必须提交的质量控制资料，根据施工进度及时提醒管理人员进行质量检验和资料归档。质量管理人员在施工现场进行质量检查时，若发现质量问题，可通过手机等智能移动端上传照片，发出整改通知单，发起整改流程，相关人员可通过手机等方式收到消息通知。然后根据关联的构件自动转给相关分包进行处理。分包处理完问题后，可以通过上传照片、填写说明等方式，表示该问题已处理完成，等待总包关闭问题的阶段。最后，总包审核分包处理完的质量问题后，可以关闭问题，也可以返回重新处理。所有的流程流转自动完成，所有的操作可以在移动端和网页端完成。相关人员可以通过手机、浏览器随时随地查看质量安全问题的处理过程，如图 7.20、图 7.21 所示。

图 7.20　发起质量问题

图 7.21　安全问题详细信息查看

3）资料管理

在建设工程中，工程资料是建设施工中的一项重要组成部分，是工程建设及竣工验收的必备条件，也是对工程进行检查、维护、管理、使用、改建和扩建的原始依据。如图 7.22 所示，在资料管理板块，管理者可以看到在工程发生过程中记录的所有文件，包括业主资料、监理资料、设计资料，以及在工程建设中进度管理、质量管理、安全管理、技术管理、模型管理、会议中心的相关资料。

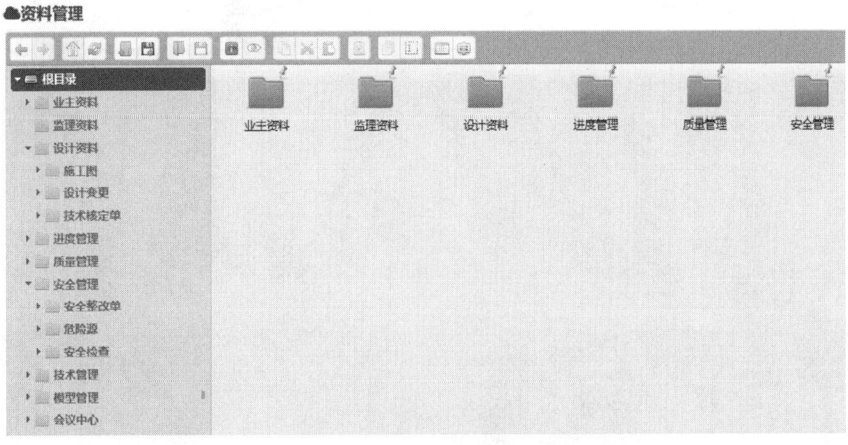

图 7.22　档案和资料管理

4）信息化平台配套应用制度建设

信息化平台的实施需要管理人员依照标准化流程实际作业，会改变当前的工作习惯。因此，管理制度是成果应用的保障。在实施过程中，研究小组结合实际工厂管理情况，制定了以下配套的应用和管理制度：

（1）负责人牵头：经理作为工厂管理一把手，应全权负责信息平台应用推广工作，且应了解平台应用对工厂管理及其自身工作的价值。

（2）各项工作落实到人：扫码、信息录入等各项工作落实到人，明确每个人员的具体职责。

（3）及时录入：要求各种信息应用及时录入，特别是过程监控中的信息，尽量避免后补，否则将导致数据严重失真，影响数据的使用价值。

（4）实时监督：建立相应的监督机制，实际应用中发现数据录入存在错误或不及时等问题时，应通知相关负责人进行及时补充或修正。

参 考 文 献

[1] 程庆国.予应力钢筋混凝土桥梁的应用与发展[J].铁路标准设计通讯,1962(9): 1-10.

[2]《近代国外桥梁发展概述》编写组.近代国外桥梁发展概述[J]. 国外桥梁,1976,3.

[3] Jean M Muller, James M Barker. Design and Construction of Linn Cove Viaduct[J]. PCI Journal, 1985, 30(5).

[4] Jean M Muller, James M Barker. Joint Heating Allows Winter Construction on Linn Cove Viaduct[J]. PCI Journal, 1982, 27(5): 120-130.

[5] Billington S L, Barnes R W, Breen J E. A precast segmental substructure system for standard bridges[J]. PCI Journal, 1999, 44(4): 56-73.

[6] Jose I Restrepo, Matthew J Tobolski, Eric E Matsumoto. Development of a precast bent cap system for seismic regions. NCHRP Report 681, Transportation Research Board, Washington D.C., 2011.

[7] M Lee Marsh, Markus Wernli, et al. Application of accelerated Bridge Construction Connections in Moderate-to-High Seismic Regions. NCHRP Report 698, Transportation Research Board, Washington, D.C., 2011.

[8] Michael P Culmo, P E. Connection details for prefabricated bridge elements and systems. Report No. FHWA-IF-09-010, 2009.

[9] Lloyd M Wolf, P E. Texas DOT experience with prefabricated bridge construction, 2005.

[10] 刘岚,严国敏.城市内高架桥桥墩预制化的建议方案[J].国外桥梁,1997(3): 49-61.

[11] 闫明吉,殷天军,等.上海长江大桥工程墩柱分节预制安装施工技术[J].中国港湾建设,2010(3): 39-44.

[12] 卢永成,邵长宇,等.上海长江大桥预制装配结构设计与施工要点[J].中国市政工程,2010(1): 24-26.

[13] 沈阳云.东海大桥墩身节段预制安装的关键技术[J].公路,2005(8): 7-12.

[14] 朱治宝,刘英.跨海大桥大型预制墩柱的施工技术[J].桥梁建设,2004(5): 50-52.

[15] 曾平喜,唐衡,冯永明.杭州湾跨海大桥预制墩身施工技术[C]//中国公路学会桥梁和结构工程分会 2005 年全国桥梁学术会议论文集,2005: 510-522.

[16] 葛继平.节段拼装桥墩抗震性能试验研究与理论分析[C].上海: 同济大学,2008.

[17] Wang Zhiqiang, Ge Jiping, Wei Hongyi. Shake table tests of segmental bridge column with match-cast dry joints[C]. 14th World Conference on Earthquake Engineering, Beijing, 2008.

[18] Wei Hongyi, Ge Jiping, Wang Zhiqiang. Cyclic tests research on seismic performance of precast concrete segmental bridge piers[C]. 14th World Conference on Earthquake Engineering, Beijing, 2008.

[19] Zhiqiang Wang, Wei Song, Y Y Wang, Hongyi Wei. Numerical analytical model for seismic behavior of prestressed concrete bridge column systems[C]. The 12th East Asia-Pacific Conference on Structural Engineering and Construction, Hong Kong, China, 2011.

[20] 布占宇,唐光武.无粘结预应力带耗能钢筋节段拼装桥墩抗震性能研究[J].中国铁道科学,2011,32(3): 33-41.

[21] 张荻薇,黄炳勳.预铸桥墩工法之应用——台中生活圈四号线工程[J].中华技术,2011(89): 81-91.

[22] 王润台,庄博文,陈威翰.预铸节块桥墩之施工技术[J].中华技术,2010,No.87: 85-93.

[23] 李田田.城市高架节段拼装桥墩构造及抗震性能研究[C].上海: 同济大学,2013.

[24] Francisco J. Brenes, Sharon L. Wood, Michael E. Kreger, Anchorage Requirements for Grouted Vertical-Duct Connectors in Precast Bent Cap Systems S, Center for Transportation Research at the University of Texas at Austin, May 2006.

[25] Hewes J T. Seismic design and performance of precast concrete segmental bridge columns[C]. University of California, San Diego, C.A., 2002.

[26] Ikeda S, Hirose S, Yamaguchi T, Nonaka S. Seismic performance of concrete piers prestressed in the critical section [J]. Proceedings of the First Fib Congress, Osaka, 2002: 207-214.

[27] Cheng C T, Mander J B. Seismic design of bridge columns based on control and repairability of damage[R]. Buffalo: State University of New York, 1997.

[28] 赵宁.预制节段拼装空心混凝土桥墩拟静力试验和分析研究[C].上海: 同济大学,2009.

[29] Mander J B, Cheng C T. Seismic resistance of bridge piers based on damage avoidance design[R]. Buffalo: State

University of New York, 1997.
[30] Iemura H, Takahashi Y, Sogabe N. Development of unbonded bar reinforced concrete structure[J]. 13th World Conference on Earthquake Engineering, 2004: 1537.
[31] Billington S L, Barnes R W, Breen J E. Alternative substructure systems for standard highway bridges[J]. Journal of Bridge Engineering, 2001, 6(2): 87-94.
[32] Billington S L, Breen J E. Improving standard highway bridges with attention to cast in place substructures[J]. Journal of Bridge Engineering, 2000, 5(4): 344-351.
[33] Yu-Chen Ou. Precast segmental post-tensioned concrete bridge columns for seismic regions[C]. Buffalo: State University of New York, 2007.
[34] Yoshihiko Taira, Junichi Sakai, Jun-ichi Hosikuma. A study on restorable precast and prestressed hybrid piers[M]. Washington: Seattle, 2009.
[35] Palermo A, Pampanin S, Calvi G M. Concept and development of hybrid solutions for seismic resistant bridge systems[J]. J. Earthquake Eng., 2005, 9(5): 1-23.
[36] 王媛媛.节段拼装预应力混凝土桥梁抗震数值分析模型研究[C].上海：同济大学,2010.
[37] Palermo A, Pampanin S, Marriott D. Design, modeling, and experimental response of seismic resistant bridge piers with posttensioned dissipating connections[J]. Journal of Structural Engineering, ASCE, 2007: 1648-1661.
[38] W Phillip Yen, G C L. Proceeding of the special international workshop on seismic connection details for segmental bridge construction[M]. Washington: Seattle, 2009.
[39] Jun-ichi Hoshikuma. State-of-practice and research of precast segmental concrete bridge columns in Japan[M]. Washington: Seattle, 2009.
[40] Junichi Sakai, Shigeki Unjoh, Jun-ichi Hoshikuma. Development of seismic design method for precast segmental concrete bridge column[M]. Washington: Seattle, 2009.
[41] Lloyd M Wolf, P E. Texas DOT experience with prefabricated bridge construction[R]. Texas American, Texas Department of Transportation, 2005.
[42] Kuochun Chang, Yuchen Ou, et al. Research and application of precast segmental concrete bridge columns in Taiwan [M].Washington: Seattle, 2009.
[43] Jugesh Kapur, Bijan Khaleghi. Seismic connection of precast concrete bridges in Washington State. Technical Report MCEER-09-0012, Seattle, Washington, 2009.
[44] Yael D Hose, Pedro Silva, Frieder Seible. Development of a Performance Evaluation Database for Concrete Bridge Components and Systems under Simulated Seismic Loads[J].Earthquake Spectra, 2000, 16(2): 413-442.
[45] 朱伯龙.结构抗震试验[M].北京：地震出版社,1988.
[46] 李福和,等.工程项目管理标准化[M].北京：中国建筑工业出版社,2013.
[47] 李坚,陆元春.预制节段混凝土桥梁的设计与工程实践[J].城市道桥与防洪,2003(6): 35-38.
[48] 过震文,黄少文,邵长宇.预制装配技术在上海长江大桥中的应用[J].世界桥梁,2009,(z1): 22-26.
[49] 李奇男.桥梁工厂化技术研究[C].天津：河北工业大学,2015.
[50] 项海帆.世界桥梁发展中的主要技术创新[J].广西交通科技,2003,28(5): 5-6.
[51] 余峰.生产控制与制造跟踪管理解决方案[J].中国科技博览,2011(35): 464-465.
[52] 康庄,姜海西.基于二维码技术的桥梁预制装配追踪管理系统[J].城市道桥与防洪,2005(8): 77-80.